HISTOIRE
DE
St-Valery

LE BIENHEUREUX — L'ABBAYE — LA VILLE

Par l'Abbé CARON

CURÉ-DOYEN DE SAINT-VULFRAN, ARCHIPRÊTRE D'ABBEVILLE
ANCIEN CURÉ-DOYEN DE SAINT-VALERY

ABBEVILLE

C. PAILLART, IMPRIMEUR-ÉDITEUR

1893

SAINT-VALERY

HISTOIRE

DU BIENHEUREUX, DE L'ABBAYE ET DE LA VILLE

HISTOIRE

DE

St-Valery

LE BIENHEUREUX — L'ABBAYE — LA VILLE

PAR L'ABBÉ CARON

CURÉ-DOYEN DE SAINT-VULFRAN, ARCHIPRÊTRE D'ABBEVILLE
ANCIEN CURÉ-DOYEN DE SAINT-VALERY

ABBEVILLE

C. PAILLART, IMPRIMEUR-ÉDITEUR

1893

DÉDICACE

A NOS CHERS ET EXCELLENTS PAROISSIENS

DE Saint-Valery

La crainte de résister à la volonté de Dieu a pu, seule, nous déterminer à nous séparer d'une paroisse, où nous aurions été heureux de vivre et de mourir.

Aussi, au jour où il a fallu vous quitter, nous n'avons pas eu la force de vous adresser nos adieux.

Nous aurions dû le faire cependant. Car s'il est vrai que, pendant un séjour de vingt ans et plus, nous nous soyons donné tout à vous, vous avez admirablement répondu à notre dévouement. Les améliorations qu'ensemble et avec la grâce de Dieu, nous avons réalisées, à l'église, au presbytère, à la chapelle de Saint-Valery, à celle de la Ferté, à nos Ecoles chrétiennes et ailleurs en resteront les vivants témoins.

Voilà pourquoi, au jour de notre départ, nous avons pris la résolution de vous laisser un souvenir, qui nous permettra de vivre encore au milieu de vous.

Ce souvenir est *un modeste travail sur la vie d'un saint qui est l'honneur de la cité, et sur le passé d'une ville, qui n'est pas la moindre parmi les villes de Picardie.*

Ce travail, composé au début de notre ministère, nous avons jusqu'ici hésité à le publier. La Providence, aujourd'hui, lève toutes nos hésitations ; et nous venons vous prier d'en accepter *la dédicace* comme *le legs d'un curé*, qui désormais confondra, dans un amour égal, les paroissiens de Saint-Valery avec ceux de Saint-Vulfran.

Nous faisons hommage de ce travail à tous nos paroissiens sans exception. Il nous sera permis aussi de l'offrir spécialement aux magistrats de la cité et aux bienfaiteurs et bienfaitrices de nos Ecoles.

Si nous avons réussi à faire quelque bien, le mérite en revient à leur intelligent concours et à celui de Messieurs les Membres du Conseil de Fabrique, dont le dévouement a toujours été au-dessus de tout éloge.

Puissent ces souvenirs d'un passé, qui ne fut pas sans gloire, faire aimer davantage un pays dont, par le cœur, nous restons l'ami fidèle et dévoué. Puissent Dieu surtout et notre glorieux saint Valery exaucer nos prières, et réunir un jour dans une vie meilleure, ceux qui se sont tant aimés sur la terre !

E. CARON,

Curé de Saint-Vulfran, archiprêtre d'Abbeville,
et ancien Curé de Saint-Valery.

Abbeville, le 12 Décembre 1893, en la fête de Saint Valery.

INTRODUCTION

En écrivant cette histoire de Saint-Valery, nous n'avons pas la prétention de raconter toutes choses nouvelles. Nous voulons, profitant des travaux de nos devanciers, réunir, dans un seul cadre et dans une vue d'ensemble, le passé d'un pays que nous aimons et que nous voudrions faire aimer.

MM. Prarond et Lefils nous ont précédé dans les mêmes études ; mais ils ne se sont guère occupés que de l'histoire civile et plus ou moins profane. Nous ne calomnions certainement pas M. Lefils, en disant que ses jugements sur les faits religieux ne sont pas toujours marqués au coin de l'impartialité.

Dans son *Hagiographie du diocèse d'Amiens*, M. l'abbé Corblet s'est borné à raconter la vie de notre Bienheureux. Personne, jusqu'ici, ne s'est occupé, au moins sérieusement, de l'histoire de la grande institution de la cité pendant douze siècles : nous avons nommé l'*Abbaye Royale de Saint-Valery-sur-Mer*. Nous réparerons cette lacune.

Sur ce point, nos recherches nous ont admirablement servi. Nous avons découvert, parmi les manuscrits de la Bibliothèque Nationale, une *Histoire chronologique de l'Abbaye Royale de Saint-Valery-sur-Mer*, par Dom Rupert de Bournonville, religieux de l'Abbaye. Elle raconte les principaux évènements qui se sont passés depuis la fondation jusqu'en 1644, époque de l'arrivée, à Saint-Valery, des Bénédictins réformés de Saint-Maur.

Cette histoire, dont aucun de nos prédécesseurs ne semble avoir eu connaissance, nous a été signalée par M. le comte de Galametz, d'Abbeville. Sur son indication, nous nous sommes adressé à l'un des conservateurs de la Bibliothèque, M. Michelant, alors en villégiature sur notre plage. Et, grâce à son obligeance, nous avons pu consulter plusieurs autres manuscrits qui nous ont permis de connaître des détails ignorés, et de fixer des points indécis jusqu'alors, faute de renseignements précis.

Qu'il nous soit permis d'adresser ici nos remerciements à M. Michelant et à l'infatigable chercheur, M. de Galametz.

Ces remerciements, nous les adresserons aussi à notre compatriote et ami, M. Ernest Prarond, dont les consciencieuses recherches nous ont beaucoup servi et qui a bien voulu nous faire hommage d'un exemplaire de son *Histoire de Saint-Valery*, dont l'édition est depuis longtemps épuisée. Nous devons remercier encore le savant historien des *Rues d'Amiens*, M. Pinsard, dont l'habile crayon a si bien reproduit le plan du vieux Saint-Valery.

Pour plus de clarté, nous diviserons notre travail en sept parties :

La première se composera de considérations générales sur le passé de la ville de Saint-Valery.

La seconde sera consacrée à raconter les merveilleux détails de la vie du Bienheureux saint Valery et de saint Blimond, son disciple et successeur.

Dans la troisième nous aurons à nous occuper des évènements de l'Abbaye et de la ville, depuis la mort de saint Blimond jusqu'à la restauration de l'Abbaye par Hugues Capet.

La quatrième comprendra l'histoire des seigneurs et des abbés réguliers de Saint-Valery.

Dans la cinquième nous raconterons les faits principaux de l'époque des Abbés commandataires.

Dans la sixième nous nous occuperons de la période révolutionnaire, et dans la septième des évènements contemporains.

Ceux qui nous liront, le feront-ils avec plaisir ? nous l'ignorons ; mais, certainement, leur plaisir n'égalera jamais le nôtre. Heureux, si en rappelant les intéressants souvenirs de notre patrie d'adoption, et les vertus d'un saint dont le culte nous tient au cœur, nous réussissons à intéresser et surtout à être utile.

SAINT-VALERY

HISTOIRE
DU BIENHEUREUX, DE L'ABBAYE ET DE LA VILLE

PREMIÈRE PARTIE

Conditions générales sur le passé de Saint-Valery.

Sur le passé de Saint-Valery, voici ce que nous lisons dans une vie manuscrite du Bienheureux, composée par le R. P. Dom Jean-Baptiste de Boulogne, religieux de l'abbaye, à la fin du XVIIᵉ siècle (1).

« *Leuconau* est tellement située à l'extrémité de la France et sur les bords de la mer à l'embouchure de la *Somme*, qu'à moins de s'embarquer il n'est pas possible de pousser plus avant. Sa situation est merveilleusement avantageuse. Elle a, vers le couchant, la mer qui bat aux pieds d'une terre ou espèce de cap ombragé de grands arbres, cap que la nature a fait pour découvrir au loin les navires, qui voguent sur cet élément qu'on voit quel-

---

(1) Dom J.-B. de Boulogne naquit à Saint-Valery, l'an 1611. Il fit profession à Saint-Remy de Reims, à l'âge de 20 ans, le 25 juin 1631. Il est décédé à Saint-Valery, le 2 janvier 1695.

quefois dans une furie qui surpasse tout ce qu'on peut en dire, et d'autres fois aussi calme qu'un étang.

« La *Somme* qui arrose son rivage, en fait un port plus fameux qu'aucun. Aussi, est-elle presque toujours couverte de bateaux pêcheurs. La raison en est qu'elle est très abondante en poissons, surtout en anguilles et en une sorte de plyes très agréables au goût, et si nombreuses qu'en y pêchant tous les jours on ne se plaint jamais de sa peine.

« La *Somme* donc y coule du côté du septentrion, sur une campagne de sable, qui a une lieue de largeur, pour aller se perdre dans l'Océan, dont le flux, deux fois en vingt-quatre heures, conduit toutes sortes de vaisseaux dans un port assuré, dont le reflux les fait sortir. Le port rafraîchi par un ruisseau qu'un ancien manuscrit de l'abbaye de Saint-Riquier appelle *Scabieux*, et que l'on nomme aujourd'hui la rivière d'*Amboise*, devient un lieu de grand commerce.

« Les palais et les beaux édifices qui sont sur la cime des hautes falaises, qui dominent la rivière et les campagnes de sable que la *Somme* arrose, paraissent, à ceux qui les regardent d'en bas, s'élever jusqu'aux nues, et donner de l'admiration à ceux-là même qui les voient à toute heure.

« Les coteaux, qui sont vers l'Orient et le Midi, offrent un aspect plus doux et plus divertissant que celui de la *Somme* et de ses sables. Ils sont couverts d'une forêt d'assez grande étendue et dont la haute futaie brise la force des vents qui sont impétueux. Aussi la vallée qui est entre les coteaux et les falaises, se trouvant à l'abri, est très fertile et remplie de tant de beaux arbres, qu'il semble que ce ne soit qu'un vaste jardin. »

« L'historien de la *Relation du Corps de St Valery* appelle *Fermeté*, ce que nous appelons aujourd'hui *Ferté*, à cause de la forteresse qui s'y trouvait autrefois pour la défense des navires. Il ne dit rien d'un petit port, qui est situé entre deux caps, et se nomme le Mollenel, où les navires et les barques de pêcheurs se retiraient avant les derniers troubles, pendant lesquels les maisons construites près de la petite rivière d'*Amboise*, ont été ruinées. Mais il remarque qu'entre toutes les solitudes des environs de *Luconau*, le saint évêque Bercond n'en trouvait pas de plus favorable au recueillement, que celle du tertre ou cap qui regarde l'Occident, pour y faire ses retraites de carême. »

La naïve admiration de l'écrivain du XVIIe siècle s'est-elle exagéré l'importance de sa ville natale ? C'est possible.

« A tous les cœurs bien nés, la patrie est si chère ! »

Et vraiment, nous inclinons à admettre cette exagération, en l'entendant parler *de ce port plus fameux qu'aucun*, et *de ces palais qui semblent s'élever jusqu'aux nues*.

L'historien du passé, toutefois, nous semble un peintre assez fidèle du présent. Il est, en effet, peu de pays plus favorisés par la nature. Aussi, aujourd'hui encore, sa situation est merveilleusement avantageuse.

Il est vrai que depuis deux cent cinquante ans,

on ne peut plus dire que Saint-Valery est tellement situé à l'extrémité de la France, qu'à moins de s'embarquer, il est impossible de pousser plus avant. A cet égard le Hourdel a pris la place de Saint-Valery, en attendant que les sables amoncelés à l'entrée de la baie, fassent du Hourdel lui-même un port intérieur ; ce qui ne manquera pas d'arriver, surtout si le projet de diriger la *Somme* à travers les bas champs de Lanchères et de Pendé s'exécute.

Mais, si un nouveau port a surgi au Hourdel, le spectacle n'a rien perdu de sa beauté. Des hauteurs des falaises ou du mont de la chapelle de Saint-Valery, toujours ombragées de grands arbres et de verdure, l'œil ravi peut encore admirer, avec les navires qui se jouent sur le liquide élément, le plus splendide des panoramas.

L'antique abbaye qui a reçu le dernier soupir de tant de religieux, issus des plus illustres familles du pays, a pu changer de destination, à la suite de la tourmente révolutionnaire ; le culte de son bienheureux fondateur a survécu et vit toujours dans le cœur de ses enfants, qui ont tenu à honneur de dignement restaurer le sanctuaire bâti sur son tombeau.

Les murailles et les tours de la vieille cité, si bien conservées encore dans les gravures du commencement du XVIIe siècle (1), ne seront bientôt plus qu'un souvenir de l'histoire ; mais par sa situation exceptionnelle, par ses belles promenades établies

---

(1) Voir la belle gravure de Claude de Chastillon.

le long du chenal, par son port toujours commerçant, par ses maisons coquettes, Saint-Valery reste toujours l'une des plus intéressantes cités de l'ancienne Picardie.

Aussi, chaque année, pendant la saison balnéaire, voyons-nous de nombreux étrangers venir s'y reposer sous l'ombrage de nos bois et respirer l'air vivifiant de la mer. Et, chose digne de remarque, le séjour est si agréable et l'accueil des habitants si sympathique que les baigneurs, en nous quittant, se réjouissent à la pensée d'un prochain retour.

CHAPITRE II

Noms anciens de Saint-Valery. — Etymologie.

La cité, dont nous esquissons l'histoire, ne porte son nom actuel que depuis la *Relation des Reliques* du Bienheureux Saint Valery, faite par Hugues Capet, le 2 juin 981. (*Gallia Christiana,* tome XIII, 1226.)

Avant cette époque, la véritable orthographe du nom n'est pas certaine. Dans la charte de Dagobert, le mont donné à saint Valery est désigné sous le nom de *Montem Leuconum.* « *Mont de Leucone, lieu situé sur le rivage de la mer.* »

Les Bollandistes, dans les *Actes des Saints*, au 1ᵉʳ avril, l'appellent *Leuconaus, Leuconaüs,* et *Legonaus.*

Dom Rupert de Bournonville, l'historien dont nous parlons plus haut, écrit *Leuconaüs*, et il le donne comme « *un lieu désert, plus propre aux bêtes sauvages qu'aux hommes, dans le diocèse d'Amiens, à quatre lieues d'Abbeville.* »

La belle végétation actuelle serait donc l'œuvre des moines.

Un vieux manuscrit de la Bibliothèque Nationale écrit *Lugnau*. Quelle est l'étymologie de ces noms? Leuconus, ou Leuconaus, vient-il, comme le veulent quelques chercheurs, du grec λευκος ναυς, et signifie-t-il : *vaisseau blanc*, ou avec un peu d'extension : *lieu blanc où se rassemblent les navires ?* Ou bien encore ce mot vient-il de *Leak-Ness*, c'est-à-dire *Leak*, rivage et *Ness*, cap ou promontoire, ce qui serait *rivage cornu ou pointu ?* Nous laissons à plus savant que nous de décider laquelle de ces interprétations est la plus ingénieuse ou la plus vraie. Pour nous, sortant du champ des conjectures, nous nous hâtons d'entrer dans le terrain de l'histoire et des réalités.

CHAPITRE III

Antiquités. — Le Camp Romain. — La Pourrière.

Les Grecs ont-ils connu et fait le commerce avec Leucone ou Leuconaus? Plusieurs historiens l'affirment, et ils en trouvent la preuve dans l'étymologie grecque du nom λευκος ναυς.

Ce qui est certain, c'est que d'anciens témoignages attestent que les Grecs, de Marseille, traversaient toute la Gaule pour commercer par la voie de terre avec la Grande-Bretagne. Ces marchands ont donc dû établir des comptoirs sur les côtes de la Manche. Et dans cette hypothèse ces comptoirs ont dû être placés à l'embouchure de la *Somme*, le seul fleuve important qui se jette dans la mer, à proximité de la Grande-Bretagne, le seul port formé par la nature, sur nos côtes.

Le port se trouvait-il alors au Chantier, ou bien dans l'anse où s'élèvent aujourd'hui les maisons du Romerel, le jardin de l'hôpital et le cimetière? L'une et l'autre hypothèse peuvent se soutenir. Ce qui paraît incontestable, c'est que les navires auront trouvé là un abri, qui n'existait pas au cap *Hornu*. Ce qui est encore certain, c'est que la mer a pénétré dans l'anse comprise entre la ville et le Romerel, et qu'en 1660, lors de la fondation de l'hôpital, le jardin qui est attenant se nommait toujours *les Flaques*.

L'hypothèse d'un camp Romain à Saint-Valery est-elle incontestable? M. Ravin, dont les nombreuses recherches ont été récemment livrées à l'impression par son fils, le prétend. Et il a même eu la précaution de fixer les limites de ce camp (1).

---

(1) *Notices sur divers marins de Saint-Valery*, par le Dr Prosper Ravin. Amiens, 1886.

Dirigé du Nord-Ouest au Sud-Est sur une longueur d'environ 2,900 mètres, le retranchement, selon lui, s'étend en lignes courbes, lignes saillantes et rentrantes, depuis la falaise du cap Hornu, que la mer baigne, jusqu'à la côte de Rossigny, qui domine la vallée d'Amboise.

Le fait est que les traces de ce retranchement ou *vallum* subsistent à l'heure présente. Et en réalité, il occupe toute la partie de l'île ou de la presqu'île qui avait le plus besoin d'être défendue.

Cet ouvrage connu dans le pays sous le nom de Chemin Vert ou de Fossé de Saint-Valery, forme une espèce de boulevard couvert d'herbes. Une vieille tradition prétend que c'était la promenade habituelle du pieux ermite, et c'est à ce souvenir, sans doute, que l'on en doit la conservation : preuve de plus comme quoi les saints servent à quelque chose.

A la droite de l'enceinte, au-dessous de la Ferté, tout près du Chantier, dans un vallon aujourd'hui cultivé, le docteur Ravin a trouvé des tombeaux et des médailles assez nombreuses qui donnent à l'existence du camp Romain le caractère de la probabilité.

Les médailles recueillies sont à l'effigie de Tibère, de Caligula, de Claude, de Néron, de Vespasien, de Titus, de Trajan, de Marc-Aurèle, etc., etc. Selon les calculs du savant Docteur, les tombeaux appartiennent certainement à l'époque romaine et remontent au moins au IIIe siècle de l'ère chrétienne.

Le nom même du vallon, dans lequel ont été trouvés les tombeaux et les médailles, confirme l'existence de la station dont il s'agit. Aujourd'hui encore il s'appelle la *Pourrière*. Et il y a lieu de supposer qu'il était le cimetière de la station.

L'existence de ce camp donnerait la raison des voies romaines entre Amiens et Saint-Valery d'une part, et d'autre part entre Saint-Valery et Beauvais en passant par Estrebœuf, Arrest, Valines, le Translay, Villers-Campsart et Poix. (Lebeuf, *Histoire de la ville d'Eu.*)

Ajoutons encore qu'il y a lieu de croire qu'à côté du camp destiné à protéger les transports de vivres et de munitions, les Romains avaient à l'embouchure de la Somme un établissement maritime important. Selon Danville (*Notice de la Gaule*), un officier portant le titre de *Præfectus Classis Sambricæ*, résidait au Crotoy et commandait les flottes de ce port et de celui de Leuconaus.

Une découverte récente viendrait à l'appui de ces données. Nous voulons parler de la découverte d'un *saumon d'étain*, trouvé dans les fouilles pratiquées dans la maison de M. Chatelain. Cette maison, l'une des plus anciennes et des plus importantes du port, a servi autrefois aux bureaux de la Douane. Le saumon dont il s'agit, portait en caractères romains très lisibles, l'inscription suivante : *Neronis aug. Britannia. LII* (1).

Ce vieux témoin, dont l'existence remonte à l'an LII de notre ère, semble attester, une fois de plus, un fait déjà connu : c'est que, sous Néron,

---

(1) Le saumon est aujourd'hui la propriété du musée de Saint-Germain-en-Laye.

les Romains faisaient avec la Grande-Bretagne ou le pays de Galles, le commerce de l'étain, et ensuite que ce commerce se faisait par le port de Saint-Valery ou de Leucone.

Le territoire de Saint-Valery formait-il à cette époque une île, au moins à la marée haute? Certains historiens sont portés à le croire et ils peuvent avoir raison. Selon eux, la Somme aurait eu alors deux embouchures, celle de l'Ouest qui subsiste toujours et celle du Sud. Cette dernière, passant par la vallée d'Amboise, aurait contourné la butte de Leucone, en se dirigeant le long de la côte de Lanchères pour aller se jeter dans le hable d'Ault.

Cette hypothèse est possible, mais il nous semble difficile de l'élever à la hauteur de la certitude.

Il paraît certain qu'à l'époque où saint Valery vint fixer à Leucone le siège de ses courses apostoliques, le pays était couvert de bois. Le monastère devint bientôt le centre d'une agglomération d'habitants qui forma la ville actuelle. « L'avantage d'y trouver un port, dit Labourt, engagea les seigneurs du Vimeu à y fixer leur résidence, et Leucone devint la ville que nous voyons. »

Mais à vrai dire, la période historique de Leucone ne commence que vers la fin du vi^e siècle, au jour où saint Valery et saint Valdolen, envoyés par saint Colomban, du monastère de Luxeuil, vinrent s'y établir pour évangéliser nos ancêtres.

Avant d'aller plus loin toutefois et d'écrire l'histoire de l'apôtre du Vimeu, il convient de rappeler ce qu'était alors le pays qui porte ce nom.

CHAPITRE IV

Le Vimeu, le Ponthieu et les Saints contemporains de Saint Valery.

La partie de la Picardie comprise entre la *Bresle* et la *Canche* d'une part, la *Manche* et l'*Amiennois* d'autre part, est désignée, au vi° et au xiii° siècle, sous le nom latin de *Pagus Pontivus, Ponticum* et *provincia Pontiva.* (*Acta sanctorum; ordinis sancti Benedicti*, Passim.)

Le mot *Pontivus, Ponticum* vient du latin *Pontus*, mer. Aussi le gouverneur du pays portait le titre de *Dux Franciæ maritimæ seu Ponticæ*, gouverneur ou comte de la France maritime ou du Ponthieu.

Le *Pagus*, on le sait, constituait une certaine étendue de pays, une région distincte correspondant, dans le langage ecclésiastique, à une subdivision diocésaine, telle que l'archidiaconé et parfois le doyenné, qui était alors plus étendu souvent qu'aujourd'hui.

La *Cité* se composait de *Pagi* et le chef-lieu s'appelait *Castrum*. Dès le vi° siècle, le *Castellum* était un bourg fortifié (Ampère, II, 337). Le village, enfin, s'appelait le plus souvent *Oppidum* et simplement *Villa*.

C'est ainsi que dans la vie de saint Salve, évêque d'Amiens, il est question de *Augusta, Villa Ambia-*

norum, in pago Vinemaco posita, donnée au saint évêque par Théodoric.

L'*Augusta* de saint Salve est-il Aouste près de la ville d'Eu, ou le bourg d'Ault actuel? Peu importe. Ce qui est certain, c'est qu'il existait à cette époque un pays du Vimeu ou *pagus Vinemacus*.

On désignait et on désigne encore sous ce nom, la partie du Ponthieu située entre la *Somme* et la *Bresle*, avec à peu près vingt lieues carrées de superficie.

M. Dargnies de Fresne croit que l'étymologie de ce nom vient du mot latin *vimera*, signifiant osier et bois flexible, parce qu'à l'origine il y aurait eu de nombreuses oseraies aux environs de Vismes, qui aurait donné son nom à ce pays. M. Prarond se demande si c'est le village qui a donné son nom à la rivière ou la rivière qui aurait donné le sien au pays.

Le savant Huet, évêque d'Avranches, prétend que la terminaison *Eu* qui se retrouve dans nombre de noms du pays: *Eu, Vimeu, Ponthieu, Franleu, Buleu, Acheu, Envermeu, Laleu,* etc., aurait été latinisée *Auga* et prononcée *Augt*. Auga proviendrait du celte *al* pomme et *gaez* arbres, à cause des nombreux pommiers de cette contrée. C'est ainsi qu'il y a dans la Basse-Normandie le pays d'*Auge*, également abondant en pommiers (1).

Tel est le pays dont saint Valery va devenir l'apôtre.

(1) Lefils, page 15.

Disons cependant qu'avant lui la bonne nouvelle avait été annoncée dans nos contrées par saint Firmin d'abord, et ensuite par saint Quentin, l'un des compagnons de saint Lucien de Beauvais.

Le passage de saint Quentin dans le Vimeu lui a fait ériger une église au village d'*Otrainville,* qui, depuis, a changé de nom comme Leucone, et s'est appelé *Saint-Quentin-La-Motte-Croix-au-Bailly.* Plus tard encore, saint Mellon, saint Victrice, saint Germain l'Écossais et saint Leu arrosèrent nos contrées de leurs sueurs et y firent de fervents prosélytes. Chacun sait en particulier comment l'illustre évêque de Sens a été exilé au village d'Ansennes, près de la *Bresle,* où sa mémoire est toujours en vénération.

Ajoutons qu'à l'époque où parut saint Valery, au vi^e et au viie siècle, il se fit dans le Nord de la France une admirable efflorescence de saints.

Sans parler de saint Valery, de saint Valdolen et de saint Blimond, le siège de saint Firmin était alors occupé par saint Berchund ou Bercund. Plus tard nous y trouvons saint Honoré, la gloire de Port-le-Grand, et saint Salve, le fondateur de l'abbaye de Montreuil.

Dans le Ponthieu, à Centule, il n'était bruit que des merveilles de sainteté qui éclataient en la vie de saint Riquier ; à Saint-Josse-au-Bois, les mêmes merveilles se reproduisaient en la personne du Saint de ce nom, et Rue était embaumé par la bonne odeur des vertus et de la pénitence admirable de saint Vulphy, son curé, devenu son patron.

Sans parler de saint Omer, qui, sur le siège de Boulogne et de Thérouane, évangélisait les populations de l'Artois, le Ponthieu était encore favorisé par la présence de beaucoup d'autres saints qui ont illustré nos contrées, et dont la plupart venaient de la Grande-Bretagne.

Saint Colomban, dans ses courses apostoliques, s'arrêtait à Centule, où sans doute il rencontrait saint Fricor et saint Caïdoc, tous deux ses disciples.

Pourrions-nous oublier les noms de saint Millefort, évêque d'Hibernie, qui vint se cacher comme domestique chez un colon du Ponthieu ; celui de saint Boniface qui débarquait à Quentovic, à l'embouchure de la *Canche;* celui de saint Fursy, l'ami du duc Haymon, qu'il visite à Mayoc ; celui de saint Condède, qui, avant de fonder l'abbaye de Fontenelle, vint se sanctifier dans la solitude auprès de la fontaine de Saint-Valery ; et enfin, celui de saint Vulgan, évêque de Douvres, qui vint rejoindre saint Mauguille, dans sa solitude de Monstrelet, et dont les reliques ont été conservées à Saint-Valery, jusqu'à l'époque de la Révolution?

C'est assez nous être arrêté sur ces glorieux souvenirs. Il nous tarde de redire maintenant la vie et les vertus d'un Saint qui est la gloire et l'honneur de la cité.

Avant d'entrer dans le détail, toutefois, nous tenons à indiquer les sources où nous avons puisé.

Nous mettons en première ligne le Martyrologe romain, qui, à la date du 1er avril, atteste ainsi la

sainteté de notre glorieux patron : « *Dans l'Amien-
« nois, saint Valery abbé, dont le tombeau est tou-
« jours glorifié par de nombreux miracles.* »

Baronius, en ses annotations, fait remarquer que Usuard place la fête de notre Bienheureux au 12 décembre. Ainsi que nous le verrons plus tard, le 12 décembre est, en effet, le jour de sa mort, et le 1er avril est celui de la translation de ses reliques par saint Blimond, dans l'église construite en son honneur, quelques années après son décès.

Pour la liste de tous les ouvrages que nous avons consultés, afin d'écrire cette histoire, nous renverrons le lecteur à l'*Hagiographie* de M. l'abbé Corblet (tome IV, p. 93 et 94). Je me contenterai d'ajouter que l'auteur à qui nous avons le plus emprunté est un religieux de l'abbaye, dont nous avons parlé plus haut, *Dom Rupert de Bournonville,* dont le manuscrit reste à la Bibliothèque Nationale (1).

Voici, du reste, la préface de cet intéressant ouvrage :

« *Histoire chronologique de l'Abbaye royale de Saint-Valery-sur-Mer*, où il est traité de la fondation, augmentation et des divers événements de cette Abbaye.

« Ensemble des Abbés qui l'ont gouvernée, depuis sa fondation jusqu'à présent, et de plusieurs anciennes familles du pays, bienfaiteurs du Monastère.

. . . .

---

(1) Fonds latin. (*N° 12704 de la page 144 à 215.*)

« Quoique l'abbaye de Saint-Valery soit une des plus célèbres communautés de religieux de la province, on peut dire néanmoins qu'elle est peu connue, puisque si, d'une part, on en voit le nom, et si on la voit subsister aujourd'hui dans l'observance régulière, de l'autre, peu de personnes sont informées de sa première origine et de ses anciens évènements. Aussi, ne s'en trouve-t-il que fort peu de choses chez les écrivains de l'histoire de Picardie; soit qu'il faille attribuer ce défaut à leur négligence, ou qu'on doive le regarder comme un effet des incendies, des diverses disgrâces qui ont désolé ce monastère, lesquels l'ayant réduit en un état pitoyable, ont été cause que les auteurs se sont mis peu en peine d'en écrire, jugeant qu'il était inutile de transmettre à la postérité le souvenir des affaires d'une maison que, pour ainsi dire, ils voyaient approcher de sa fin, et être comme ensevelie dans ses propres ruines.

« Que si cette considération les a rendus négligents à conserver la mémoire de ce qui touchait à cette abbaye, une raison toute opposée m'invite à rechercher avec soin ce qu'ils ont omis dans leurs livres, puisque non-seulement ce lieu sacré subsiste encore, mais que depuis plusieurs années, la piété s'y étant heureusement rétablie, on y voit reluire avec éclat la pureté de la discipline régulière. »

« Me promettant que j'obtiendrai la bonté du lecteur, qu'il excusera favorablement les défauts tant de mes expressions que des erreurs du temps qu'il y pourra trouver, je commencerai à écrire ce que j'ai pu apprendre sur cet illustre monastère, par un abrégé de l'éloge de saint Valery, renvoyant le dévot lecteur à la vie du Saint nouvellement traduite du latin en français, par un des religieux du monastère (1). »

(1) La vie dont il est question est celle publiée par Surius, au 1ᵉʳ avril (t. IV, p. 10) et Mabillon, *Acta Sanctorum* (t. III, p. 76).

DEUXIÈME PARTIE

La Vie de Saint Valery et celle de Saint Blimond.

CHAPITRE PREMIER

Portrait physique et moral de saint Valery.

Séparés d'un père chéri, des enfants prennent plaisir à se rappeler le souvenir de ses traits vénérés et celui de ses vertus. Enfant de saint Valery, nous allons commencer par esquisser le portrait physique et les vertus principales du père dont nous voulons retracer la vie.

« Son maintien, dit le premier de ses historiens, était grave et modeste, son abord agréable, son front gai, sa taille élevée. Il avait des mains délicates, des doigts allongés, de beaux yeux, le teint mat. Cette pâleur des traits provenait des jeûnes prolongés qu'il s'imposait, parfois pendant une semaine entière, jusqu'au dimanche. On a remarqué que son visage, d'ordinaire si pâle, devenait vermeil comme une rose éclatante, lorsqu'il révélait l'avenir, ou bien lorsque, revêtu d'une puissance divine, il commandait en maître aux maladies. Il semblait alors transfiguré sous l'action de l'Esprit Saint. »

« Favorisé au point de vue physique, notre Bienheureux l'était également au point de vue moral. Il semblait un ange dans un corps mortel. La pureté se reflétait dans ses yeux et l'innocence sur son visage. Impossible de résister aux charmes de sa conversation. Sa prudence était admirable et son humilité le portait toujours à suivre le conseil des sages. Modèle de tempérance, il n'usait des choses de la vie que pour s'empêcher de mourir, et, en toute circonstance, il s'abstenait de celles qui flattaient les sens. Aussi a-t-il conservé toujours sans tache la blanche robe de son innocence. »

Le portrait connu, nous allons successivement étudier dans saint Valery l'enfant du peuple, le religieux, l'apôtre et le saint, fondateur de monastère.

CHAPITRE II

L'Enfant du Peuple.

Le premier titre du saint dont nous écrivons la vie, c'est d'être un enfant du peuple.

Ne demandez pas à l'histoire les noms de son père et de sa mère. L'histoire les ignore. Ne lui demandez même pas le nom du pays où il a vu le jour. Elle ne pourrait vous répondre, au moins d'une manière précise.

Ce que nous savons, c'est qu'il naquit en Auvergne, dans les environs d'Issoires et vers l'an 565. Ce que nous savons, c'est que ses parents, pauvres des biens de la terre, étaient plus favorisés du côté des biens de la grâce. Ce que nous savons, c'est que par sa naissance il fut un simple enfant du peuple, comme on dirait aujourd'hui, et qu'il devint en même temps un enfant de l'Eglise, qui toujours a aimé le peuple.

Au jour de son baptême, il reçut le nom de Vallery ou Valery (1), et dès sa plus tendre enfance, comme autrefois le jeune David, il fut occupé à la garde des brebis de son père. Humainement parlant, il devait donc passer inaperçu dans le monde. Mais Dieu qui avait sur lui de grands desseins lui inspira un vif désir de s'instruire.

A cette fin, Valery va trouver le maître d'école du lieu de sa naissance, et il lui demande de vouloir bien lui apprendre les éléments des lettres humaines. Le maître était chrétien, aussi est-il heureux de se prêter aux désirs d'un enfant qui manifeste de si belles dispositions. De sa main, il trace sur un tableau les lettres de l'alphabet : à l'aide de ce tableau, l'élève s'applique à l'étude avec une telle ardeur qu'il y fait de rapides et merveilleux progrès.

---

(1) Le nom de Valery a subi de multiples transformations : *Gualaricus, Gualericus, Valericus, Valaricus, Gualaric, Gualeric, Valeri, Valari, Wallery, Waleri, Valery* (L'abbé Corblet).

Ajoutons qu'il ne faut pas confondre notre apôtre avec un autre S. Valericus, vulgairement appelé saint Vaulry, ermite de la même époque en Aquitaine et dont la fête vient le 10 janvier (Bollandistes, 1er avril).

Sans négliger le soin de son troupeau, il apprend en peu de temps à lire et à écrire. Bien plus, il acquiert une intelligence si parfaite du livre des psaumes et des chants de l'Eglise, qu'il semble que le Saint-Esprit lui-même se soit constitué son maître.

Aussi son âme s'embrase-t-elle de plus en plus de ce beau feu de l'amour divin, dont Notre-Seigneur a dit : « Je suis venu apporter le feu sur la terre, et que désirai-je sinon qu'il s'embrase ? »

Admirable enfant, admirable jeune homme, il réalise dans sa personne ce qui a été et sera toujours le plus beau des spectacles de la terre, la chasteté unie à l'intelligence, dans un cœur de quinze à vingt ans.

Aussi bien ne sommes-nous pas étonné qu'à cet âge le jeune Valery se sente épris d'un désir ardent de se consacrer tout à Dieu. Pour les âmes d'élite le monde n'a pas de charmes capables de les retenir. Nous le voyons donc alors, docile à la voix de Dieu, venir frapper à la porte du monastère d'*Autum* ou d'*Autoingt*, près d'Issoires, où il avait un de ses oncles religieux (1).

Bientôt le père de Valery arrive et réclame son fils. L'abbé qui était expérimenté dans la conduite des âmes, est heureux de cette épreuve, afin de bien constater la vocation du jeune novice.

Aux sollicitations du père l'enfant répond : « Dieu « m'appelle, mon père ; ne trouvez donc pas mauvais « que je réponde à sa voix. Jamais plus je ne dois

---

(1) D'après Dom Rupert de Bournonville, le monastère suivait la règle de saint Benoît.

« revoir la maison paternelle. Mais je ne vous aime-
« rai que plus et mieux. »

Vaincu du côté de son fils, le père en appelle au supérieur, et il le supplie de l'aider à triompher de ce qu'il appelle l'obstination d'un enfant. L'abbé intervient alors, et il représente à cet enfant son jeune âge et la vie austère qui l'attend en communauté. Il lui demande aussi si, un jour, il ne regrettera pas d'avoir abandonné la maison paternelle. « Mon Père, répond le jeune novice, cessez de me parler des peines de la vie religieuse. Si je désire me donner à Dieu, c'est précisément afin de fuir les plaisirs du monde et d'embrasser les peines et les souffrances, qui, je le sais, sont nécessaires à mon salut. En ce qui concerne le regret de quitter mon père, ce regret je l'éprouve vivement, mais ce qui me donne la force de ce sacrifice, c'est la parole de Notre-Seigneur : « *Celui qui aime son père et sa mère plus que* « *Dieu n'est pas digne de moi !* »

Désarmé par cette admirable réponse, l'abbé en appelle à l'appréciation des religieux ses frères et tous, d'une voix unanime, furent d'avis qu'ils ne pouvaient refuser ce frère que Dieu leur envoyait, avec tous les signes d'une véritable vocation.

Peu de jours après, Valery était admis à l'honneur du saint habit religieux, en présence et du consentement de son père. Nouvel Abraham, il voulait lui-même immoler son Isaac au Seigneur. Le jeune novice avait seize ans.

CHAPITRE III

Saint Valery religieux : Autoingt, Auxerre, Luxeuil. — Estime de saint Colomban pour saint Valery.

Il n'en est pas des saints, comme des âmes ordinaires. Les âmes ordinaires facilement se persuadent que la sagesse consiste à ne pas sortir de la vie commune, qu'après tout Dieu ne demande pas des actions héroïques.

Les pensées des âmes d'élite sont tout autres. Comptant pour rien ce qu'elles ont fait, elles aspirent toujours à faire plus et mieux. Si extraordinaire que soit leur vie, elle leur semble toujours très ordinaire. Et voilà pourquoi le repos pour elles est chose inconnue. Pour elles une vertu appelle une autre vertu, le mieux un autre mieux, le progrès un autre progrès.

On a parlé beaucoup de progrès dans notre siècle. Disons, sans crainte de démenti, que le progrès est le propre du christianisme. Les hommes de véritable progrès ce sont les saints, parce que sans cesse une pensée les poursuit : faire plus et mieux, s'élever, s'élever toujours, s'élever jusqu'à Dieu.

Tel fut précisément saint Valery. A mesure qu'il avançait en âge, il avançait en vertu. Aussi devint-il bientôt à Autoingt pour ses frères un modèle de toutes les vertus qui font le religieux parfait. Mais, si parfaite que fût sa vie, elle ne l'était pas assez pour sa ferveur. Il désire d'ailleurs échapper à l'estime et à la considération dont l'entouraient ses frères. Tous ces honneurs effraient son humilité. Et voilà pourquoi il quitte cet asile, afin d'aller se cacher au monastère de Saint-Germain d'Auxerre, dont saint Aunaire, évêque de cette ville, était resté l'abbé (1).

A Saint-Germain, saint Valery eût désiré se faire oublier. Mais sa vertu y brilla d'un si vif éclat que le monastère et les lieux les plus éloignés en furent éclairés et échauffés. Aussi l'auteur de sa vie, pour exprimer sa sainteté, n'hésite pas à dire qu'il vivait sur la terre comme les anges vivent dans le ciel.

La renommée de sa sainteté se répandit au loin. Ce fut alors qu'un jeune gentilhomme, nommé Bobon, vint le trouver. Le serviteur de Dieu lui parla si bien de la vanité des richesses et des grandeurs de la terre, que Bobon converti y renonça, et se résolut à embrasser la vie religieuse.

Effrayé des honneurs dont il est l'objet, Valery estime que l'abbaye d'Auxerre ne peut plus être pour lui la solitude dont son âme a besoin. C'est pourquoi, avec l'autorisation de son Abbé, il va de Saint-Germain à Luxeuil, qui passait alors pour le

---

(1) M. l'abbé Corblet semble affirmer que saint Aunaire ne pouvait plus être abbé de Saint-Germain, à l'époque où saint Valery s'y présenta. Il en donne pour raison que saint Aunaire a été élu évêque dès 571, alors que notre bienheureux gardait encore ses moutons. Mais, dans l'hypothèse où saint Aunaire, élevé à l'épiscopat, avait conservé le titre d'abbé, rien n'empêche qu'il n'ait reçu saint Valery vers 592, puisque nous savons que son décès est arrivé seulement en 605.

premier et le plus sévère des monastères de la Gaule.

Au jour où saint Valery se présentait à Luxeuil, accompagné de Bobon son fidèle disciple, le monastère était dirigé par un saint dont la vertu était universellement connue. Nous avons nommé saint Colomban. Aussi, rien n'était beau comme la vie des deux cent vingt religieux dont il avait la direction.

Dignes disciples d'un tel maître, les enfants de saint Colomban ne conservaient, des biens du siècle, que ce qui était absolument indispensable pour ne pas mourir. Occupés de Dieu seul, ils vivaient dans une pénitence qui était un vrai martyre. Ils passaient les jours et les nuits dans la prière et le travail des mains. L'observance de la règle était si exacte que les fautes les plus légères y étaient punies, avec une sévérité qui paraissait excessive.

Dans ce milieu, saint Valery se trouve dans son élément. Ce qui met le comble à son bonheur, c'est que saint Colomban, sans doute pour éprouver sa vertu, l'a tout d'abord chargé des travaux du jardin. Il est donc au comble de ses vœux. Dans une obédience qui répond si bien à toutes ses aspirations, il va pouvoir vivre et mourir connu de Dieu seul.

C'est en vain que les saints essaient de se soustraire à la gloire. Plus ils se cachent, plus ils s'abaissent, et plus Dieu prend plaisir à les mettre en évidence. Et si aujourd'hui, pèlerin plus ou moins inconnu, vous allez frapper à la porte de ce qui fut l'abbaye de Luxeuil, on vous montrera encore la partie du jardin autrefois confiée à l'humble religieux, qui semblait avoir pris à tâche de réaliser le mot de l'Imitation : « *Aimez à être inconnu et à être compté pour rien.* » Chose merveilleuse, vous dira-t-on, « tandis que les chenilles et les insectes de « tout genre ravageaient les jardinages voisins, « seule la partie confiée à saint Valery, était préservée et produisait des légumes et des fruits de « toute beauté ! »

Le saint religieux attribuait ce résultat aux mérites et aux prières de ses frères ; mais saint Colomban reconnut à ce signe la bénédiction de Dieu, qui tenait à manifester la sainteté de son serviteur.

Il fut, du reste, confirmé dans son opinion, par un autre fait extraordinaire.

En vue de compléter l'instruction de ses frères, saint Colomban avait coutume de donner à certaines heures des conférences à tous ses religieux, et des leçons d'Écriture Sainte à ceux qu'il destinait aux missions. Comme il présidait un jour à ces pieux exercices, il arriva que saint Valery se présenta le dernier de tous. Or voici qu'au moment même où il entre dans la salle de communauté, saint Colomban la sent embaumée par une odeur merveilleusement agréable. Sachant qu'elle provient des vertus de l'humble religieux, le Saint, dans son admiration, ne peut s'empêcher de s'écrier : « *Valery, mon frère, vous êtes digne d'être l'abbé et le maître de ce monastère et nous vous devons tous respecter !* »

A partir de cette époque, Valery exerça les principales charges dans les monastères de Luxeuil et de Fontaines : et il s'en acquitta avec un succès tel qu'il est regardé, avec saint Eustase, comme le restaurateur de ces deux illustres abbayes.

Les circonstances de cette restauration sont connues. Nous sommes à la fin du VIe siècle. Deux femmes alors se disputaient l'empire des Gaules, Brunehaut et Frédégonde. La première de ces deux femmes gouvernait la Bourgogne sous le nom de Théodoric ou Thierry, son petit-fils. La conduite de ce dernier laissant à désirer, saint Colomban eut l'audace de le reprendre de ses désordres. Les tyrans ne peuvent supporter les reproches de ce genre, et voilà pourquoi les mauvais princes, presque toujours, finissent par persécuter les saints. C'est ce qui arriva pour Luxeuil et saint Colomban. Brunehaut irritée fit disperser les religieux, et saint Colomban fut conduit en exil.

Embarqué à Nantes, il devait être transporté en Irlande, mais les vents contraires le jetèrent sur les côtes de la Neustrie, où le roi Clotaire II faisait son séjour. Saint Colomban lui prédit que dans trois ans, il triompherait de Théodoric et de Théodebert, et qu'il deviendrait seul prince de la monarchie française (Baronius et Locrius, ad annum 612, R. P. Yspez, ad annum 612.).

Les évènements ayant confirmé cette prophétie, en l'absence de saint Colomban, occupé à évangéliser l'Allemagne, saint Eustase et saint Valery entreprirent de rétablir l'observance dans le monastère de Luxeuil et de Fontaines.

Profitant de la persécution, des séculiers s'étaient emparés des deux maisons et ils désiraient s'y maintenir. Saint Valery fit si bien, par ses remontrances et par ses prières, qu'il réussit à les persuader de se retirer sans scandale.

Un de ses religieux, moins patient, aurait voulu chasser les intrus de vive force. Mais l'homme de Dieu lui prêchait toujours la patience et la douceur. Le religieux refusant de céder : « Prenez garde, dit le Saint, surtout ne les poursuivez pas, il vous arriverait malheur, et vous reviendriez au monastère avec des marques ineffaçables de votre imprudence! » Le religieux, trop ardent, voulut quand même poursuivre les séculiers. Il arriva qu'il reçut un coup de pierre, qui amena la perte d'un de ses petits doigts. Et ainsi fut réalisée la prophétie de notre Bienheureux.

CHAPITRE IV

Saint Valery, Apôtre. — Saint Valery et saint Valdolen se consacrent aux Missions. Ils obtiennent du roi Clotaire et de saint Berchund, l'autorisation de se fixer a Leucone.

A la suite des victoires de Clotaire, saint Colomban eut la liberté de rentrer dans son cher Luxeuil. C'est alors qu'un religieux nommé Valdolen (1), qui

(1) Les antécédents de saint Valdolen sont incertains. Mabillon et Dom Grenier supposent qu'il naquit dans le Vimeu. Il est plus probable qu'il est originaire de l'Irlande ou de l'Ecosse, et qu'il vint

se destinait aux missions, lui demanda la permission de suivre son attrait et d'emmener avec lui, pour le seconder dans cette entreprise, le bon religieux Valery. Saint Colomban aurait bien désiré conserver près de lui un religieux si précieux pour le monastère. Mais, d'autre part, il craignait de résister à la voix de Dieu. Le saint Abbé accéda donc aux désirs de Valdolen. Mais, en lui accordant saint Valery, il ajouta : « N'oubliez pas, surtout, que Valery est un « grand serviteur de Dieu, et prenez garde de lui « donner jamais le moindre sujet de mauvaise édi- « fication. »

Les deux apôtres, sortis de Luxeuil, s'en allèrent répandant, dans les villes et les bourgades, la bonne semence de l'Évangile. Arrivés en Neustrie, ils jugèrent utile de se placer sous la protection de Clotaire. En considération de saint Colomban, leur supérieur, le prince les accueillit avec bienveillance. Enhardi par cette bienveillance, saint Valery demande au roi la permission de se fixer près de *Leuconaus*, dans une solitude admirablement disposée, disait-on, pour y vivre en religieux et, en même temps, pour évangéliser les infidèles, qui restaient encore nombreux, dans les pays qui l'entouraient.

Le roi accède à cette demande, à la condition que

---

en France avec saint Colomban. On croit qu'il mourut peu de temps avant saint Valery, et qu'il fut enseveli dans son ermitage. Plus tard ses reliques furent, en partie, transportées à Montreuil.

D'anciennes traditions nous le montrent traversant la baie et allant prêcher l'Evangile à Favières, et sur la rive droite de la *Somme*.

les deux religieux obtiendront l'autorisation de l'évêque d'Amiens, dans le diocèse duquel se trouve la solitude en question.

Nos deux apôtres se dirigent vers Amiens. Or voilà que passant en un pays appelé *Galimaco* (Gamaches probablement), Sigobart (1) présidait une de ces assemblées de justice appelées *le mals*. Le criminel attaché à l'infâme poteau, venait de rendre le dernier soupir. Saint Valery ému de compassion, à la vue de ce spectacle, fend la foule, il arrive jusqu'au cadavre, il coupe la corde qui le retient et il le reçoit dans ses bras.

L'ayant alors déposé à terre, il se met en prières, et avec instances il supplie Notre Seigneur de ressusciter le coupable. Ce qu'il obtient à la grande admiration de la foule, témoin de ce prodige !

Le bruit de ce miracle s'était répandu dans Amiens avant l'arrivée des deux religieux. C'est assez dire avec quels sentiments ils furent accueillis par la population et par l'évêque, qui était alors saint Berchundus.

Aussi bien, ce dernier, leur accorda-t-il, avec empressement, l'autorisation sollicitée. Il ajouta encore que lui-même connaissait parfaitement la solitude dont il s'agit; qu'il l'avait choisie pour en faire chaque année sa retraite de carême. « Ainsi, le séjour des religieux lui serait un puissant attrait

---

(1) Le Sigobart dont il est ici question, est-il le même que le Sigobart, l'un des plus riches leudes du Ponthieu, qui, quelques années plus tard, se retirait avec saint Riquier, dans la solitude de Forestmontiers ?

pour s'y rendre plus souvent, afin de prier, en leur compagnie, pour les âmes dont la Providence lui avait donné la charge (1). »

Ainsi que déjà nous l'avons dit, la solitude choisie par les deux apôtres portait le nom de *Leuconaus*. Situé sur une montagne à l'embouchure de la *Somme*, écarté des grands chemins, assez éloigné de la ville et du port, si toutefois il existait alors une ville et un port, nul endroit n'était plus convenable à leur dessein; nul endroit ne se prêtait mieux au recueillement et à l'élévation de l'âme vers les hauteurs divines. L'eau potable seule y manquait. Le Seigneur y pourvoira, en leur faisant découvrir une source ou fontaine. Creusée par saint Valery, dit l'auteur de la Relation du corps du Bienheureux, l'eau n'y fera jamais défaut; et son usage a toujours été salutaire aux malades, qui en boivent avec dévotion.

Aussi, avec quel amour saint Valery, contemplant le splendide spectacle qui se déroule à ses yeux des hauteurs du cap Hornu, s'écrie : « C'est ici le lieu de mon repos; je l'habiterai parce que je l'ai choisi ! »

C'est qu'en effet la solitude est le berceau des grands hommes et surtout des grands saints. Après les avoir perdus de vue pendant quelque temps, on est en droit d'en attendre de grands exemples et de grandes lumières. Voilà pourquoi nous enten-

---

(1) Selon J.-B. de Boulogne, saint Berchond avait évangélisé ces contrées, et il est compté au nombre des missionnaires du Vimeu.

dons souvent les saints répéter qu'ils doivent tout à la solitude.

Là, tout tend à élever les âmes, tout est temple pour la prière, tout est autel pour le sacrifice. Tout, jusqu'au silence, chante la gloire du Créateur.

La solitude de Leuconaus avait tous ces avantages. La grandeur de Dieu s'y manifestait dans la hauteur des arbres, sa fécondité dans l'abondance et le cours des eaux, sa puissance dans les éclats du tonnerre ou les soulèvements de la mer, son immensité, enfin, dans l'étendue de l'espace que l'œil peut à peine mesurer.

Telle est la solitude où se fixent saint Valery et saint Valdolen, en 611. Avec eux, voici venir toutes les rigueurs, toutes les austérités, toutes les vertus sévères armées des instruments de la pénitence. Un oratoire et deux cellules (1), voilà les commencements de l'abbaye dont nous allons rappeler l'histoire. Dans ces deux cellules, point d'autre lit que la terre nue, point d'autre habit qu'un rude cilice, point d'autre boisson que l'eau de source, point d'autre nourriture que du pain ou des racines, point d'autre vie qu'une mort continuelle !

Il est assez difficile de préciser le lieu où nos deux saints élevèrent leurs premières cellules. Dom Grenier donne à entendre que l'habitation ordinaire de saint Valery était à Vaudricourt, dont l'étymologie serait *Valerici curtis*, habitation des champs de saint Valery. Il nous semble difficile à nous

---

(1) Baronius, ad annum 613.

d'admettre que la demeure ordinaire et première de notre Bienheureux n'ait pas été près de la fontaine qui porte son nom, et de la chapelle qui domine le cap Hornu.

Ce qui est certain, c'est que cette chapelle où aujourd'hui encore saint Valery est particulièrement honoré, et où tant de miracles ont été obtenus par son intercession, est le lieu de la sépulture qu'il choisit et désigna lui-même.

CHAPITRE V

Apostolat de saint Valery

Si notre Bienheureux n'eût consulté que son attrait, jamais il n'aurait quitté sa chère solitude. Il y aurait vécu et il y serait mort inconnu des hommes. Mais les saints ne s'appartiennent pas. Ils se doivent au salut des hommes leurs frères et à la gloire de Dieu.

La solitude de Leucone d'ailleurs devint bientôt un lieu de pèlerinage, où Dieu opérait des prodiges qui rappelaient les beaux jours de la Thébaïde.

Les deux serviteurs de Dieu y menaient une vie si sainte, que bientôt nombre de chrétiens les supplièrent de leur permettre de vivre près d'eux; c'est à cette époque, sans doute, que, au témoignage du P. Ignace, le roi Dagobert, pour l'honneur qu'il portait à saint Valery, lui bâtit, en 613, un ermitage.

A l'ermitage il fallut ajouter d'autres cellules, et c'est là l'origine de la célèbre abbaye de saint Valery

Le pays alors était boisé. Les religieux s'y montrèrent ce qu'ils ont été partout, à Saint-Josse, à Saint-Riquier, à Montreuil, etc., apôtres et défricheurs. Nous leur devons non seulement l'évangélisation, mais la mise en culture des contrées qui nous environnent.

Dans les pays voisins, il n'était bruit que de la vie merveilleuse de saint Valery et de ses disciples. Aussi les dons et les offrandes affluaient-ils au monastère. Le Roi d'abord leur faisait régulièrement distribuer des aumônes. Saint Berchund aussi heureux de posséder un tel centre de vie religieuse, dans une contrée où le paganisme conservait encore de nombreux adhérents, y multipliait ses visites. Et son histoire nous apprend que son bonheur était de venir chaque année, pendant le Carême, se livrer à la contemplation et à la prière, près d'un arbre situé sur l'emplacement où saint Valery voulut être enseveli.

La même histoire rapporte que saint Berchund suspendait des reliques à l'arbre dont il est ici question. Il est probable que cet arbre était un objet de superstition pour les habitants du pays ; et nos deux saints auront voulu en éloigner les payens, et assurer ainsi aux reliques des saints les hommages rendus autrefois au vieux chêne, idole des Gaulois nos ancêtres.

D'autres personnes encore joignaient leurs aumônes à celles du Roi et de saint Berchund. Et parmi elles, nous devons citer une illustre matrone qui faisait à saint Valery de grandes charités, à des époques régulières.

Malheureusement elle avait affaire à un intermédiaire infidèle. Or il arriva qu'un jour, chargé de porter des provisions de pain et de vin, l'intermédiaire crut pouvoir en cacher une partie et porter le reste à saint Valery. Le Bienheureux après l'avoir chargé de remercier la charitable bienfaitrice, ajouta: « Maintenant, mon ami, laissez-moi vous donner un conseil. Surtout gardez-vous bien de manger le pain ou de boire le vin que vous avez dérobé. Le pain est empoisonné et il y a un serpent dans le flacon de vin. » Le serviteur effrayé et confus s'en alla à l'endroit où il avait caché son larcin. Ayant renversé la bouteille, il en vit sortir un serpent; ce fait l'étonna au point que sans expérimenter si le pain était réellement empoisonné il l'enterra sur le champ. En même temps, revenant sur ses pas, il tombe aux genoux du saint, en lui demandant pardon, et il lui promet d'être fidèle à l'avenir.

Il serait trop long de raconter en détail tous les miracles opérés par la puissance de notre Bienheureux. Nous nous bornerons à en citer quelques-uns, et avant tout, la guérison du Bienheureux saint Blimond.

Blimond ou *Gogon*, naquit vers la fin du vi*e* siècle, d'une famille illustre du Dauphiné, sur les bords de l'Isère (1).

---

(1) *C'est à tort que Louandre et Lefils traduisent* ISARA, *par l'Oise.*

Dès sa jeunesse, il fut affligé d'une telle paralysie des membres qu'il lui était impossible de faire aucun mouvement. Les remèdes même ne firent qu'aggraver le mal.

Dieu, qui avait de grands desseins sur le jeune seigneur, ne permit pas qu'il fût guéri par des moyens humains. Sur ces entrefaites, ses parents ayant entendu parler des merveilles opérées par saint Valery n'hésitent pas, malgré la distance, à venir vers lui et à lui présenter l'enfant que la science estimait incurable.

Le saint, après l'avoir reçu et examiné, ordonne de le déposer dans son oratoire. Là s'étant enfermé avec lui, il se met en prières, et il touche de ses mains les membres paralysés.

Chose merveilleuse, les membres ainsi touchés se trouvent délivrés de toute douleur, et les nerfs contractés reprennent leur élasticité naturelle ! Le pauvre malade était guéri. Nous sommes en 614, et saint Blimond avait alors seize à dix-sept ans.

D'après une tradition que nous sommes loin de garantir, dit l'abbé Corblet, ce serait à la suite de ce miracle que *Gogus* ou *Gogon* aurait changé son nom de famille, pour prendre celui de *Blitmundus* ou Βλαισος *mundus*, l'*impotent guéri*.

Quoiqu'il en soit de cette étymologie, il est certain que ce fut à l'occasion de cette guérison que le jeune miraculé voulut témoigner à Dieu sa reconnaissance en se donnant à lui, dans la vie religieuse, et en demeurant sous la conduite de Valery, dont il deviendra le successeur, ainsi que nous le verrons plus tard.

Disons encore que ses parents se soumirent généreusement à la volonté de Dieu, et d'après une tradition, ils fixèrent leur résidence à Gouy, près de Saigneville. Ils établirent aussi, dans une plaine voisine, cinq maisons de culture, qui donnèrent naissance au village connu plus tard sous le nom de Saint-Blimond.

Une autre guérison remarquable est celle du jeune Ursin. qui lui aussi appartenait à une famille seigneuriale. Ce jeune gentilhomme souffrait à la cuisse d'une plaie affreuse. Chaque jour elle s'étendait davantage et la mort du pauvre malade semblait inévitable. Son père, qui n'avait pas la foi, ne croyait pas aux miracles. Mais les autres membres de sa famille, mieux inspirés, réussirent à conduire l'enfant auprès de saint Valery. A peine le Bienheureux eut-il touché la plaie qu'elle fut instantanément guérie.

Citons encore la guérison d'un autre gentilhomme nommé Audebert. Il souffrait depuis longtemps d'une dyssenterie si violente qu'elle l'avait réduit à l'extrémité, et que sa vie était devenue un véritable martyre. Le serviteur de Dieu le guérit encore par le seul attouchement de ses mains, et il le rendit à ses parents, qui ne pouvaient croire à leur bonheur.

A l'exemple de saint Blimond le jeune Audebert devenu grand, se consacra à Dieu dans la vie religieuse.

Les miracles les plus fréquents, opérés par notre

Bienheureux, étaient particulièrement en faveur de ceux qui avaient mal aux yeux. Il les guérissait souvent, soit avec un simple signe de croix, soit en touchant la partie malade avec un peu de salive.

Notons en passant que l'eau de la fontaine près de la chapelle a toujours eu une vertu miraculeuse pour la guérison de ces sortes de maladies.

Le serviteur de Dieu, du reste, ne guérissait les corps que pour sauver les âmes. Les âmes, voilà le grand objectif de son zèle !

Aussi le voyons-nous souvent sortir de sa solitude avec cet air mortifié, si propre à impressionner les foules. Tel un fleuve longtemps contenu dans son lit parvient à rompre ses digues et déborde sur ses rives. Tel un incendie, comprimé faute d'air, finit enfin par éclater au dehors et à tout embraser. Ainsi le grand serviteur de Dieu paraît dans le monde, au sortir de la solitude, et répand autour de lui le feu dont il est intérieurement dévoré.

Il existait dans les contrées qui nous entourent une triple moisson à recueillir : il y avait des idolâtres à évangéliser, des pécheurs à convertir, des indifférents à exciter au bien.

L'histoire nous montre notre Apôtre se dévouant à cette triple tâche dans le Ponthieu, dans le Vimeu, dans le comté d'Eu, dans toute la Basse-Normandie et principalement dans le pays de Caux, où il a donné de nombreuses missions, en compagnie de ses religieux.

Aussi son nom reste-t-il en vénération, non seulement dans le Vimeu, mais aussi dans cette partie de la Normandie, où nombre d'églises ont été bâties en son honneur. Fécamp comptait une paroisse érigée sous son patronage. Saint-Valery-en-Caux, autrement dit Saint-Valery-les-Plaines, à cause de sa situation, lui doit son nom. Graincourt, dans le vallon de Berneval, s'honore de l'avoir pour patron et tous les habitants portent son nom, dit l'abbé Cochet. Ajoutons encore que Fontaines-le-Malet près d'Harfleur, Etretat, Anneville, Saint-Valery-sous-Bures, lui ont élevé des églises ou des chapelles. Aussi l'abbé Cochet n'hésite-t-il pas à le déclarer l'apôtre de la Basse-Normandie.

C'est dans l'une de ces missions qu'est arrivé le grand prodige dont parlent tous les historiens de sa vie.

Un jour, aux environs de la ville d'Eu, à *Augusta*, le saint Apôtre rencontra un arbre de hauteur et grosseur prodigieuses, que les habitants adoraient comme une idole. A la vue de cette idolâtrie, l'homme de Dieu ne peut maîtriser son indignation : « Mon enfant, dit-il au jeune religieux qui l'accompagne, va, et par un simple attouchement renverse ce repaire des démons. » Chose merveilleuse, par le seul attouchement de la main du disciple obéissant, l'arbre que tous les efforts des hommes n'auraient pû ébranler, tombe de lui-même et couvre la terre de ses vastes débris !

Au bruit de sa chûte, les habitants se rassemblent. Transportés de colère, ils veulent venger sur le saint ce qu'ils appellent un sacrilège. Déjà leurs bras sont levés pour le mettre à mort. Mais voici que, par un autre prodige, ces bras levés restent immobiles, jusqu'à ce que les idolâtres, tombant aux pieds du saint, lui demandent le baptême.

Plus tard, après la mort de l'Apôtre, en témoignage de leur reconnaissance, ils ont élevé sur le lieu même du prodige une église en son honneur. L'histoire ajoute que, près de cette église, il y avait une fontaine, qui, d'après la tradition, aurait servi aux besoins du saint. « Cette fontaine, paraît-il, était douée d'admirables propriétés. Les fiévreux surtout, très nombreux en la vallée, y trouvaient la guérison par l'usage de son eau, quand ils la buvaient avec foi. »

Ainsi parle l'auteur de la vie de saint Valery. Que faut-il entendre ici par l'*Augusta* dont il est question? Est-ce le bourg d'Ault, ou bien est-ce le village d'Aoust?

D. de Boulogne opine en faveur de la seconde hypothèse ; et d'après lui l'église bâtie en l'honneur de saint Valery, serait celle de Pont, qui n'est séparée d'Aoust que par la rivière.

Dans une autre circonstance, notre Apôtre, au retour d'une de ses courses, passait en un pays que son historiographe appelle *Caldis*. S'agit-il ici de Cayeux ou du pays de Caux? Dom Boulogne estime qu'à son avis ce ne peut être Cayeux. Il en donne la raison que ce bourg est au bout du monde, et très froid en hiver. Il ne comprend pas que saint Valery y ait passé, au fort de l'hiver, et au retour d'une mission.

Toujours est-il qu'en raison de l'excessive rigueur

du froid, l'homme de Dieu se vit obligé, pour se réchauffer, de s'arrêter dans la maison d'un certain prêtre, où se trouvait le juge du pays. Le prêtre et le juge, au lieu de respecter un tel hôte, se laissent aller à des conversations peu décentes. « Fidèle à sa coutume, dit M. Guizot, de poser sur les plaies corrompues et hideuses, le salutaire remède de la parole de Dieu, le pieux missionnaire essaye de rappeler les coupables à la décence, en leur disant : « Ne savez-vous pas qu'au jour du jugement nous rendrons compte, même des paroles inutiles ? »

Ceux-ci, sans se soucier de ses avis, s'abandonnent de plus en plus. Blessé dans la plus délicate des vertus, le Saint alors secoue la poussière de ses souliers et il sort en disant : « J'ai voulu, à cause du froid, réchauffer à votre feu, mes membres tout glacés. Vos coupables discours me font un devoir de m'éloigner. » En même temps, il sort de la maison inhospitalière, sur laquelle il appelle la colère de Dieu. A l'instant même, le prêtre devint aveugle et le juge fut affligé d'un ulcère honteux.

CHAPITRE VI

Vertus de saint Valery, sa mort, sa sépulture

Un jour, à l'époque de notre pèlerinage à Rome, nous rencontrâmes à Ars le cardinal Villecourt. Le prince de l'Église était chargé de faire une enquête au tombeau du saint Curé, sur les prodiges de sa vie. « Éminence, » lui disons-nous, « avec tant de prodiges, la canonisation ne semble-t-elle pas inévitable ? » — « Ce qui est plus merveilleux que tous les prodiges racontés du saint Curé, » nous répondit l'éminent Cardinal, « c'est sa vie elle-même ! »

Nous aussi nous disons : « Ce qui est plus merveilleux que toutes les merveilles opérées par saint Valery, c'est sa vie, ce sont toutes ces vertus dont il a été un vivant exemple, et qui l'ont rendu si grand aux yeux de ses contemporains. »

Ces vertus, il serait trop long de les rappeler toutes et dans le détail. Nous dirons donc seulement quelques mots de son innocence, de sa mortification, de sa piété, de sa charité et de sa douceur.

La sévérité avec laquelle il reprenait tantôt les coupables, nous donne une idée de l'horreur qu'il éprouvait pour le vice contraire à la belle vertu. Un seul mot suffira à compléter son éloge. Il fût du nombre des âmes d'élite qui jamais ne souillèrent la blanche robe de leur innocence.

Mais aussi comment exprimer sa vigilance et sa mortification, afin de remporter, sur ses sens, la plus belle et la plus glorieuse de toutes les victoires, la victoire sur lui-même et sur ses passions? Une seule couverture avec un lit fait de quelques branches d'arbres étendues sur la terre, voilà ce qui lui suffisait pour prendre son repos de la nuit. Encore ne donnait-il que très peu de temps au sommeil. « La vie est si courte, disait-il, il importe d'en bien employer tous les instants. »

Pendant le jour, il ne s'est jamais servi de vêtements de lin. Un manteau à capuchon, d'étoffe grossière, voilà tout son luxe. Il avait pour principe de ne jamais rester oisif ; aussi consacrait-il tous les instants laissés libres par ses devoirs d'abbé et d'apôtre, soit au travail des mains, soit à la lecture, soit à la prière.

La prière surtout faisait ses délices ; son cœur débordait tellement de l'amour de Dieu que des larmes abondantes tombaient de ses yeux, toutes les fois qu'il annonçait la parole divine ou qu'il se prosternait à terre pour prier. Aussi son bonheur était-il de prier, dans les bois, dans le détour de nos vallées ou derrière un buisson ; seul avec Dieu seul, loin du tumulte des hommes, il était libre de se laisser aller à tous les élans de son cœur. Qui pourrait dire combien il a passé de nuits et de journées, absorbé dans les douceurs de la contemplation ?

Poussant la sévérité pour lui-même jusqu'à l'excès, saint Valery, comme presque tous les saints, était d'une extrême indulgence et miséricorde pour les autres. Les pauvres et les inférieurs surtout étaient les objets de sa bonté. Il les aimait au point de se priver pour eux des habits et des aliments les plus indispensables. Parfois ses Frères s'en étonnaient. « Croyez-moi, leur disait-il ; quiconque va jusqu'à donner même son nécessaire à ceux qui en ont besoin, ne sera jamais abandonné de Dieu. » De fait, malgré ses excessives prodigalités, la Providence a toujours pourvu aux besoins de ses religieux.

Les religieux, ses Frères, saint Valery avait pour eux une tendresse et une bonté de père! Voici comme en parle l'auteur de sa vie : « Ce grand Ser-
« viteur de Dieu, à qui le salut des âmes était si
« cher, apportait une continuelle application à la
« parfaite observation des moindres détails de la
« règle. Son esprit était à tout pour avertir, re-
« prendre et corriger, quand il le fallait. Mais il y
« mettait tant de discrétion et de tendresse que
« jamais sa bonté ne brillait d'un plus vif éclat que
« lorsqu'il faisait l'office de censeur. Il reprenait alors
« le coupable, et il l'admonestait avec une vigueur
« mêlée toutefois d'une merveilleuse bonté. Si par-
« fois la pénitence était humiliante, si le coupable,
« par exemple, avait dû être puni de la discipline,
« ainsi que l'exigeait la règle de saint Colomban,
« l'homme de Dieu l'appelait dans sa cellule, en
« secret et le plus tôt possible, de peur de le laisser
« aller à la tristesse. Alors il lui disait: Cher et
« excellent enfant, bien que vous n'ayez pas sujet de
« vous plaindre, je tiens à vous dire que la répri-
« mande que j'ai dû vous faire m'a été aussi pénible
« qu'à vous-même. Mais ce qui m'a fait agir, c'est le
« désir de vous être utile et l'édification de nos
« Frères, à qui vous et moi nous devions cette satis-
« faction. En ce qui concerne l'humiliation qu'au
« nom de la règle je vous ai imposée, et que volon-
« tiers je subirais pour vous, soyez tranquille, la
« charité de vos Frères est satisfaite et Dieu vous

« en tiendra compte. Par contre, je vous en conjure
« et vous en supplie, de grâce ne retombez plus et
« vous verrez que je vous en aimerai davantage. »

Impossible de résister à des observations faites d'une manière si touchante. Aussi disposait-il en maître du cœur de ses Frères.

Terminons par un détail charmant. Il y avait dans l'âme de saint Valery tant de douceur et de bonté que les oiseaux eux-mêmes en étaient séduits. Aussi venaient-ils sans crainte prendre leur nourriture dans le creux de sa main. Ils oubliaient leur sauvagerie naturelle, et se laissaient saisir et doucement caresser par l'ami de Dieu. C'est là ce qui a porté les peintres à le représenter, dans certaines images, entouré d'oiseaux qui voltigent autour de lui.

Ses religieux s'étonnaient de cette confiance des petits oiseaux. « Mes enfants, leur disait Valery,
« gardons-nous de faire du mal aux créatures du bon
« Dieu, laissons-les plutôt se rassasier de nos
« miettes. » Et le Saint, après les avoir laissé manger dans sa main, les renvoyait chanter les louanges et la bonté de Celui qui les avait créés.

Disons encore que dès le temps de saint Valery, il y avait au monastère une école ouverte à la jeunesse du pays. Il est à remarquer que le Bienheureux voulait que les maîtres usassent envers les élèves, plutôt de douceur que de châtiments et de façons dures et impérieuses (*Histoire littéraire,* tome III, 440, et Louandre, 445). Il nous est agréable de constater ici que saint Valery avait la bonne méthode d'éducation.

Une vie si belle devait être couronnée par une fin extraordinaire. C'est ce qui arriva. Averti par une révélation que son exil touche à son terme, notre Bienheureux quitte un dimanche sa cellule, pour aller au monastère. Là, il annonce à ses Frères que l'heure de la délivrance est proche, et il leur donne ses derniers conseils.

Ensuite, ayant pris avec lui quelques-uns de ses religieux, il les conduit sur la montagne, près du chêne sanctifié par les prières de saint Berchund, et près duquel aussi notre Saint aimait à se retirer souvent, afin de s'y livrer à la contemplation. S'étant arrêté, il prend deux bâtons qu'il fixe en terre, et désignant une place de la longueur de son corps, il dit à ses disciples : « Je sens que Dieu m'appelle à « lui, voici le lieu où vous m'ensevelirez. »

Le dimanche suivant, 12ᵉ jour de décembre de l'an de grâce 622 (1), il rendit sa belle âme à son créateur. Saint Blimond, fidèle aux recommandations de son bienfaiteur et père, déposa sa dépouille mortelle au lieu même qu'il avait désigné, et au-dessus duquel a été élevée la chapelle récemment restaurée. Selon M. Louandre, saint Berchund présida la cérémonie de l'inhumation.

Saint Valery devait être âgé d'environ cinquante-sept ans. Selon J.-B. de Boulogne qui le fait quitter

---

(1) Cette date du 12 décembre est véritable. Ce qui a amené une apparence d'incertitude, c'est que beaucoup d'historiens, avec les martyrologes français, placent la fête de saint Valery au 1ᵉʳ avril, Le 1ᵉʳ avril est non pas la date de sa mort, mais celle de la translation de son corps dans l'église bâtie par saint Blimond, ainsi que nous le verrons bientôt.

Luxeuil en 595, il en aurait passé vingt-sept à Leucone. Mais la plupart des auteurs s'accordent à reculer l'arrivée du Bienheureux dans nos contrées vers l'an 611, date de la fondation de l'abbaye, qui serait ainsi la plus ancienne du diocèse.

CHAPITRE VII

Saint Blimond abbé et second fondateur de l'Abbaye. — Ruine de l'Abbaye. — Tentative de saint Berchund, afin de transporter a Amiens le corps du Bienheureux. — Séjour de saint Blimond a Bobio. — Son retour a Leucone. — Rétablissement du monastère et translation des reliques de saint Valery.

Dom Rupert de Bournonville commence ainsi ce qu'il appelle l'éloge de saint Blimond : « La vertu a tant d'attraits qu'elle se fait connaître et admirer de tous. Plus elle se cache, plus il semble que Dieu prenne de complaisance à la produire, quand il s'agit de sa gloire.

« Saint Valery s'était retiré dans la solitude, afin d'éviter le commerce du monde et de se livrer plus librement à la contemplation. Il ne peut empêcher cependant que Dieu ne découvre au monde sa vie merveilleuse, et que le bruit de sa renommée ne vole jusqu'aux extrémités de la France. »

Nous avons dit plus haut comment, en effet, un jeune homme nommé Blimond fut amené des bords de l'Isère, près de notre Bienheureux. Nous avons dit comment, après avoir été miraculeusement guéri d'une paralysie incurable, il résolut de consacrer à Dieu la vie qui lui avait été conservée.

Ajoutons que, sous la direction de saint Valery, son disciple fit de tels progrès dans la perfection qu'à sa mort tous les religieux le proclamèrent son successeur, et le second abbé du monastère.

Cette élection fut providentielle. L'abbaye allait subir de telles épreuves qu'un saint seul pouvait l'aider à les traverser !

Au jour des prédications de l'apôtre du Vimeu, l'idolâtrie avait eu considérablement à souffrir. Pendant la vie de saint Valery toutefois, le prestige de sa sainteté était si considérable que les payens n'osèrent rien entreprendre contre lui. Ils crurent à sa mort le moment favorable. Ne rien tenter, c'était laisser aux religieux la possibilité de continuer l'œuvre du saint apôtre et la ruine de l'idolâtrie. Il fallait donc frapper un grand coup.

Sous cette impression, dès la première ou seconde année de l'abbatiat de saint Blimond, les payens se précipitent un jour sur le monastère. Leur fureur est si grande que rien n'y échappe. Le monastère est détruit de fond en comble et les religieux, contraints de l'abandonner, doivent chercher ailleurs un asile.

Dans cette extrémité, saint Blimond se réfugia en Italie, avec quelques-uns de ses religieux. Ils y furent reçus par le bon abbé Attale, qui gouvernait alors l'abbaye de Bobbio.

Informé de ces tristes évènements, saint Berchund voulut au moins soustraire à la profanation les restes vénérés de son saint ami, en les transportant dans sa ville épiscopale.

Il arriva donc à Leucone à cette intention. Par son ordre, la terre qui recouvre la tombe est enlevée et le cercueil à découvert. Or voici que, par un prodige surprenant, ce cercueil se trouve si pesant que tous les efforts ne peuvent le soulever! En vain, le pieux évêque se met en prières; en vain, il demande à la foule qui l'entoure de s'unir à lui, afin de triompher de la force invisible qui lui fait obstacle; en vain, par trois fois, la même tentative est renouvelée. Efforts inutiles! Le bras de Dieu, dit l'auteur de la vie de notre Bienheureux, continue d'affaiblir le bras des hommes.

En présence de ce prodige, saint Berchund comprend que celui qui, pendant sa vie, avait si fort affectionné ce désert, ne veut pas le quitter après sa mort. Il laisse donc en son lieu et place le précieux trésor, afin qu'il en soit après sa mort le tutélaire et le patron, comme il en avait été le maître et l'apôtre pendant sa vie.

Pendant que ces évènements se passaient à Leucone, saint Blimond, en Italie, était poursuivi par le désir d'y retourner. Saint Attale, dominé peut-être par une affection trop naturelle, s'efforçait au contraire de conserver un religieux si parfait. Or, voici qu'un jour où le saint vieillard se dirigeait vers l'église, appuyé sur le bras de saint Blimond, il voit apparaître saint Valery, resplendissant d'une céleste clarté. Cette vision lève toutes ses hésitations, et il accorde à saint Blimond la permission si souvent sollicitée. Dieu cependant ne refusa pas à saint Attale la consolation de se sentir fermer les yeux par le saint abbé de Leucone. En effet, quelques jours après, il voyait le ciel s'entr'ouvrir et, dans le ciel, il apercevait la place qu'il devait y occuper le lendemain. Saint Attale rendit sa belle âme à Dieu le 10 mars 627.

Après avoir procédé aux cérémonies de la sépulture, Blimond partit aussitôt pour le Vimeu. Du monastère il ne restait plus que des ruines désolées, et ce fut avec une peine sans égale que le disciple retrouva, tout couvert de ronces et d'épines, le tombeau de son maître tant aimé.

Mais quand on lui raconta la tentative de saint Berchund et son résultat surprenant, sa résolution fut prise : « Il honorera, se dit-il, ce tombeau que « Dieu lui-même a honoré ; il l'enfermera dans une « chapelle, et près de cette chapelle il construira « une modeste cellule, afin de s'y adonner aux « rigueurs de la pénitence et aux douceurs de la « contemplation ! »

L'ermitage de saint Blimond avait succédé à celui de saint Valery. Le disciple y vécut près d'un an, dans la plus complète solitude.

L'année écoulée, saint Blimond, mû par le désir de procurer la gloire de Dieu, l'honneur de son maître et le salut des âmes, quitte sa chère solitude et va trouver l'évêque d'Amiens et le roi Clotaire. Il leur demande en même temps l'autorisation de relever le monastère de ses ruines et d'ériger une église en l'honneur de saint Valery (1).

Non content d'accorder l'autorisation sollicitée, le roi voulut encore contribuer à la bonne œuvre. Les familles chrétiennes de la contrée aussi, et surtout les familles nobles et riches, tinrent à honneur, après le roi, d'en devenir les bienfaiteurs.

L'église et le monastère construits, la plupart des anciens religieux revinrent se placer sous la direction de leur ancien abbé. D'autres chrétiens se joignirent à eux; et c'est alors que les reliques de saint Valery furent solennellement transférées, de la chapelle de l'ermitage, dans l'église nouvelle.

Cette translation eut lieu le 1er avril. L'évêque d'Amiens, qui était encore saint Berchund, s'y rendit, accompagné d'une foule innombrable de fidèles venus de tous côtés. Arrivé à la chapelle, le saint prélat se mit en prières près du tombeau. La dépouille mortelle fut ensuite découverte et soulevée cette fois avec une facilité surprenante. Elle fut alors portée en triomphe, dans la nouvelle et splendide église.

Le peuple, témoin de la solennité, était au comble de la joie, et la joie se traduisait par des chants d'allégresse et des larmes de bonheur. Dès lors, ce fut autour du tombeau un mouvement admirable, qui fit

---

(1) D'après M. Corblet, la nouvelle construction aurait été élevée entre Saint-Blimond et Lanchères, sur un emplacement nommé la *Plaine d'Argent*. L'abbaye n'aurait été rebâtie à Leucone que lors de la relation des reliques par Hugues-Capet. Nous ne savons sur quelle autorité s'appuie le savant historiographe.

du pèlerinage de saint Valery l'un des grands pèlerinages de nos contrées.

Remarquons toutefois, avec Dom Rupert de Bournonville, que bien que le corps de saint Valery ait été transféré dans l'abbaye, la dévotion des peuples se portait toujours vers la chapelle bâtie sur son tombeau. Et c'est en ce lieu même que Dieu se plaisait à récompenser la foi des pèlerins par de nombreux miracles, ainsi que l'atteste le martyrologe romain.

Parmi ces miracles nous en citerons un seul ; la guérison d'une jeune fille aveugle depuis trois ans.

Ses parents, informés des merveilles obtenues par l'intercession de saint Valery, résolurent de la conduire à son tombeau. Parvenue à quelque distance de la chapelle, l'enfant sent comme un voile qui lui tombe des yeux. S'adressant à ses parents : « Quelle est donc, dit-elle, cette lumière qui frappe mes yeux ? — C'est l'oratoire de saint Valery, répondent les parents hors d'eux-mêmes ! » La jeune fille était guérie. Et parents et enfant entonnent l'hymne de la reconnaissance, en l'honneur de Dieu et de son serviteur saint Valery !

Sur ces entrefaites, Clotaire II étant mort, Dagobert son fils tint à honneur de continuer l'œuvre de son père. Non seulement, il confirma les libéralités de Clotaire, qui avait donné à saint Valery et à saint Blimond le Mont et toute la banlieue de Leuconaus, mais il en ajouta de nouvelles, ainsi que nous le voyons dans la charte qui a survécu aux multiples incendies et aux désastres de tout genre, dont l'abbaye a été la victime. De sorte que si Clotaire est reconnu comme le fondateur, Dagobert peut être regardé comme le principal bienfaiteur de l'abbaye.

Voici, du reste, la charte qui constate une partie de ses libéralités :

« Dagobert, ci-devant roi d'Austrasie et depuis de tous les Etats de Clotaire, mon seigneur et mon père, à tous présents et à venir, savoir faisons :

« Comme le moyen de procurer le salut des âmes, c'est de prendre soin de l'honneur et de l'exaltation des églises, que ce que l'on offre à l'Église on l'offre à Dieu qui est son époux ; c'est pourquoi ayant sérieusement pensé à la mort et à ce qui la suit, je reconnais avoir donné aux moines de saint Valery, auxquels le roi Clotaire avait laissé, pendant la vie de ce saint, la possession du Mont Leuconaus, qui est situé sur la mer, un certain lieu nommé en langue allemande *Balesteing* et en latin *Rathieriville* (villa Rathierii), avec ce qui en peut dépendre, pour le salut de mon âme et des rois mes prédécesseurs. Car il est convenable à la libéralité royale que j'achève ce que mon père a si heureusement commencé. Mon père a donné une demeure à ce saint, pendant qu'il combattait sur la terre, et moi je donne ce qui peut manquer à l'entretien des religieux, qui servent Dieu dans son monastère, en considération des mérites de leur glorieux patron. Et afin que personne ne soit assez osé pour les troubler, en la propriété du don et de la jouissance que nous leur avons faits, nous le confirmons par nos lettres qui ont été souscrites par les ci-dessous nommés : Conrad, Henry, Heriman, Oton, Rupon, Godefroy. Donné à Aix-la-Chapelle l'an de l'Incarnation de Notre-Seigneur 636, indiction 9°, le pape Honoré président de l'Église romaine. Moï, Henry, chancelier, ai souscrit et approuvé ce que dessus. »

Les appréciations des chroniqueurs sont partagées, sur le jugement à porter sur Dagobert. Les uns en ont fait un nouveau Salomon ; les autres au contraire le présentent comme un monstre. Nous n'avons ici à prendre partie ni pour les uns ni pour les autres ; mais, sans faire de comparaison entre le style des chancelleries d'autrefois et celles d'aujourd'hui, il est permis de dire que le langage de nos anciens rois, *pensant sérieusement à cette sage conseillère qui a nom la mort, et à ce qui la suit,* ne manque pas de grandeur. Nous pouvons même ajouter que ces libéralités qui les portaient à donner, *pour le salut de leur âmes et des âmes des rois leurs prédécesseurs,* n'étaient pas de nature à les amoindrir dans la pensée des peuples, à qui ils tenaient un si noble langage.

Le monastère relevé, la sainteté de saint Blimond y attira bientôt un nombre considérable de religieux, heureux de profiter des leçons d'un maître aussi habile. Maître et disciples se reposaient des travaux agricoles, en prêchant l'évangile dans les contrées voisines, où le paganisme comptait encore des adhérents. Soutenue par leurs exemples, leur parole puissante acheva ce qu'avait commencé l'apostolat de saint Valery et de saint Valdolen. Aussi le culte des idoles ne tarda pas à disparaître pour jamais.

Après avoir heureusement gouverné le monastère pendant de longues années, saint Blimond alla jouir au ciel de la récompense due à ses vertus. Sa mort arriva le 3 janvier, de l'an 673 ou 674. On croit que son corps fut déposé dans la chapelle qu'il avait élevée, sur la sépulture de saint Valery.

TROISIÈME PARTIE

Depuis la mort de Saint Blimond jusqu'à la restauration de l'Abbaye, par Hugues Capet.

CHAPITRE PREMIER

Fondation de la ville. — Saint Condède et ses trois compagnons viennent demeurer près de la fontaine de saint Valery.

L'existence de la ville de Saint-Valery est-elle antérieure à l'arrivée du saint Apôtre dans nos contrées ? La chose est probable. Dom Boulogne même prétend que Leuconaus a toujours été un lieu de grand commerce. Ce qui paraît certain c'est qu'à l'époque où le disciple de saint Colomban vint s'y établir, le mont Leucone avait été jusque là inhabité et couvert de forêts. Mais le monastère devint bientôt le centre d'une agglomération d'habitants. Ce qui attire, c'est le bonheur de vivre près des religieux, à proximité d'un tombeau, d'où s'échappe une vertu qui multiplie sans cesse les prodiges et les guérisons.

C'est en effet un fait remarquable que la plupart des anachorètes, tout en cherchant l'isolement, ont peuplé les solitudes. Le secret de leur retraite connu, les pauvres venaient leur demander des secours, les malades et les infirmes, des prières et la guérison. Enfin, il venait des disciples que la charité interdisait de refuser. L'ermitage se changeait alors en monastère, ou bien le monastère se fondait à côté de l'ermitage. En même temps, à côté de l'ermitage ou du monastère, on voyait se grouper une ville ou un bourg. C'est ce qui arriva à Leucone.

« Plus tard, » dit Dom Rupert, en son abrégé de l'histoire de l'abbaye, « le lieu étant commode pour « établir un port, on l'a défendu avec des murailles, « et plus tard encore on y bâtit un château fortifié « pour la défense du port. »

A quelle époque ces améliorations se sont-elles produites? c'est ce qu'il est difficile de déterminer.

Coquart prétend, il est vrai, que la ville aurait été bâtie en 614. — Sur quelle preuve? — Nous l'ignorons.

De son côté l'historien de saint Valery rapporte que de son temps, au VIIIe siècle, il y avait des maisons construites autour de l'abbaye ; mais on ignore, dit Dom Grenier, si le nombre de ces maisons était assez considérable pour former une ville ou un bourg.

Les Bollandistes de leur côté, à la date du 1er avril, disent qu'après la mort de saint Blimond : *Monaste-* « *rio accrevit oppidum, idque satis munitum, cum* « *Ecclesia parochiali, admodum præclara, sancto* « *Martino dicata* : Au monastère s'adjoignit une « ville assez fortifiée, avec une fort belle église « paroissiale dédiée à saint Martin. »

La citation qui suit des mêmes auteurs nous paraît

moins exacte : *In suburbiis, erectus est conventus Fratrum prædicatorum, qui post urbem Teroanam deletam, eo migraverunt.* N'y a-t-il pas dans cette affirmation une confusion avec l'établissement, non pas des *Dominicains,* mais des *Dominicaines*, qui vinrent à Saint-Valery, après la destruction de Thérouanne, pour y soigner les malades? Nous sommes portés à le croire.

Disons encore qu'il est possible qu'à l'époque de saint Valery il ait existé à quelque distance du mont Leucone, dans les environs du chantier, par exemple, un comptoir de commerce, qui serait l'ancien comptoir grec ou romain, où les étrangers abordaient en grand nombre.

Ce qui semble certain, c'est que ces trafiquants, qui vinrent du temps de saint Valery ou peu de temps après sa mort, avaient porté sa réputation au delà des mers, et qu'elle fut très célèbre en Angleterre. Elle ne laissa pas aussi de s'accroître notablement, par le bruit des merveilles que Dieu opéra, à l'occasion de la translation des reliques du saint Abbé.

Parmi ceux qui en furent le plus touchés, l'histoire fait mention d'un vénérable prêtre nommé Condède et de ses trois disciples, Cinomaïl, Zachée et Jean, qui passèrent en France pour vivre en la solitude sanctifiée par le Bienheureux.

« Aussitôt donc, » dit le texte de la vie de saint Condède, « qu'il eut traversé l'Océan, il alla se
« livrer, pendant plusieurs années, à la vie con-

« templative dans la solitude qui portait le nom de
« fontaine de Saint-Valery. »

Il est vrai que M. Corblet affirme qu'il faut entendre par ce mot *Fontana Valarici*, la fontaine de Saint-Valery, située entre Gouy et Cambron, au bas du bois de la Motte. Il suit en cela l'opinion de M. Prarond (*Saint-Valery et les cantons voisins*, page 53), mais M. Prarond ne fait qu'une hypothèse. Aussi bien, préférons-nous expliquer le texte par la tradition, et admettre que c'est près de la fontaine miraculeuse, creusée par le Bienheureux lui-même, et près de la chapelle du tombeau, que se retira saint Condède avec ses disciples. C'est là, dit Dom Boulogne, qu'ils dressèrent leurs pauvres cellules, où ils demeurèrent quelques années, probablement de l'an 667 à 683 ; car, à cette époque, nous voyons saint Condède arriver à Fontenelle, où il prit l'habit monastique.

CHAPITRE II

Raimbert, troisième Abbé. — Période d'incertitude. — Raimbert écrit la vie de saint Valery. — L'auteur de cette vie fut-il évêque d'Amiens.

De la mort de saint Blimond à la relation des reliques de saint Valery par Hugues Capet, l'histoire de l'abbaye et de la ville présentent de nombreuses lacunes. Les documents originaux auront

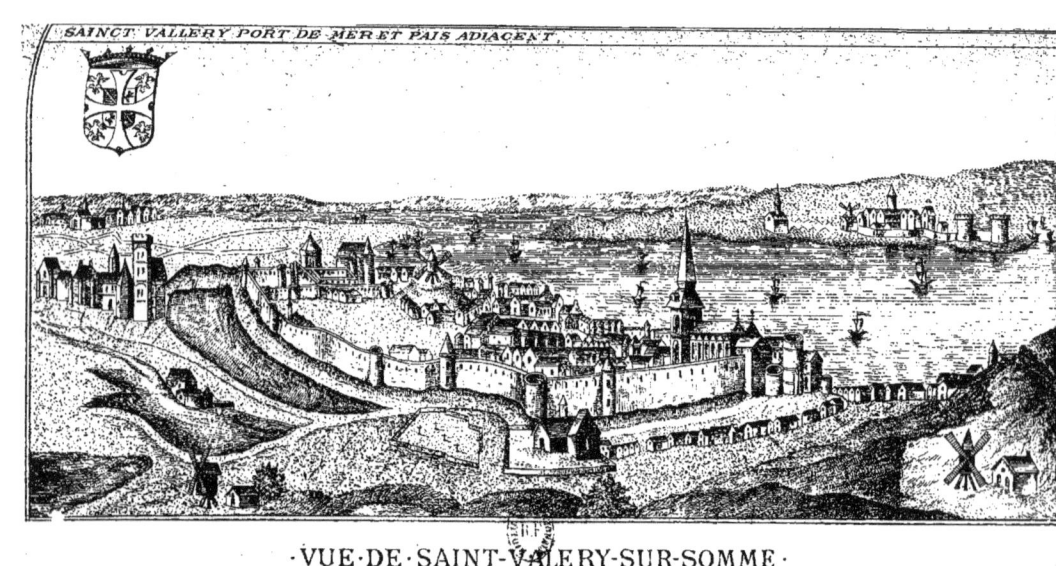

VUE DE SAINT-VALERY-SUR-SOMME

Réduction d'une gravure de Claude Chastillon, du commencement du XVII.ᵉ Siècle

Cette vue représente la haute ville de Saint Valery. A gauche, l'Abbaye; à droite l'Église et la porte appelée de Nevers. De l'autre côté de la Baie, le Crotoy et son Château.

été perdus, sans doute, dans les multiples incendies et dans les accidents de tout genre dont la cité a été la victime, pendant les xiv°, xv° et xvi° siècles.

« Ce que nous savons, dit l'historien de l'abbaye, « c'est qu'ayant été construite par la magnificence « de Clotaire II et de Dagobert, ayant reçu la Règle « de saint Benoît, dès son origine, il ne faut pas « douter que durant ces deux siècles, elle ne fut « pleinement prospère. Ce qui contribua à cette « prospérité, ce fut le bonheur d'être toujours gou-« vernée par des religieux d'une vertu consom-« mée, et aussi la paix dont jouit, pendant ce temps, « la province qui ne ressentit alors que fort peu les « funestes effets de la guerre. » (Dom Rupert de Bournonville.)

Les deux premiers abbés ont mérité l'honneur d'être inscrits au catalogue des saints. Ils eurent pour successeur un religieux d'une vertu éminente. Il s'appelait *Raimbert*, *Ragimbert* ou *Rambert*.

Voici ce que nous apprend de lui Dom Rupert : « Le successeur de saint Blimond possédait toutes les qualités et toutes les vertus qui font les saints. Discrétion, prudence, humilité, chasteté, mortification, Dieu lui avait accordé ces vertus dans un degré éminent. Sa libéralité, surtout, était si grande, qu'il n'estimait jouir de ses biens que lorsqu'il avait la jouissance de les partager avec les pauvres. Il était docte aussi, et la réputation de sa science faisait qu'on s'adressait à lui comme à un oracle. Ce fut lui qui composa la première vie de saint Valery, dont il était presque le contemporain. En rapportant les miracles qu'il cite, il s'excuse de ne pouvoir les rappeler tous, car le nombre en serait immense. Il ne cite, dit-il, que ceux dont il a eu connaissance, par des témoins dignes de foi, que *saint Valery lui-même avait instruits et même guéris par sa puissance.* »

On peut induire de ces expressions, qu'il a écrit sous la dictée ou du moins sous l'inspiration de saint Blimond.

Ce bon abbé, après avoir gouverné ses religieux en paix et pratiqué les vertus les plus sublimes, alla recevoir la couronne dans le ciel, l'an 700.

Selon Dom Rupert, l'abbé Raimbert aurait ainsi gouverné l'abbaye, de la mort de saint Blimond à l'an 700, environ vingt-six ans par conséquent, puisqu'il place le décès de saint Blimond en 674.

Nous n'avons aucune raison formelle pour contester des dates, données d'une façon si précise, par un écrivain mieux placé que nous pour être renseigné. Nous nous demandons cependant comment concilier ces dates avec l'opinion qui fait de Raimbert, abbé de Saint-Valery, le vingt-cinquième évêque d'Amiens? Comment admettre que le successeur de saint Blimond, décédé en 674, eût été placé sur le siège épiscopal d'Amiens, l'an 747, et surtout qu'il soit mort le 5 des calendes de mars 767? Evidemment, il y a là sinon une impossibilité, au moins de grosses difficultés.

Dirons-nous que l'abbé de Saint-Valery, qui devint évêque d'Amiens, n'a pas été le successeur immédiat de saint Blimond? La chose est possible, et ce que nous savons de l'auteur de la vie de saint Valery s'accorde parfaitement avec ce que l'histoire nous apprend de l'évêque Raimbert, que Aubert Lemire compte parmi les plus illustres pontifes qui vivaient en 748. Mais c'est contredire sans preuve Dom Rupert de Bournonville, qui le fait mourir en 700.

Dans cette incertitude, n'est-il pas plus probable que l'évêque Raimbert est l'un des successeurs du troisième abbé de Saint-Valery, et l'un de ceux dont Dom Rupert déclare ne pas savoir les noms ?

Nous livrons cette hypothèse aux chercheurs futurs. Mais elle nous paraît à nous sinon certaine, au moins possible.

CHAPITRE III

Théodin, quatrième Abbé. — Il écrit a nouveau la vie de saint Valery. — Époque d'incertitudes.

Théodin vivait en l'an 715. Sa haute capacité et sa rare prudence le désignaient au choix des religieux ses frères. Aussi l'élurent-ils pour abbé, après la mort de Raimbert.

Elevé à cette haute dignité et successeur des saints personnages ses prédécesseurs, Théodin aspire à la perfection, avec plus d'ardeur encore que par le passé. Le premier de tous, ne doit-il pas pouvoir répéter à ses frères avec saint Paul : « *Soyez mes imitateurs, comme je le suis moi-même de Jésus-Christ!* »

Le bon abbé, considérant que la vie et les miracles de saint Valery étaient écrits dans un style trop simple et trop diffus, en fit rédiger un abrégé plus littéraire. Les Bollandistes estiment que cette rédaction se fit au xie siècle, sous l'abbatiat de Théodin, deuxième du nom. Mais évidemment, ils sont dans l'erreur, et c'est bien à notre Théodin Ier que s'adresse l'auteur de la vie de saint Valery, *écrite d'abord par l'abbé Raimbert, presque son contemporain, et rédigée ensuite plus élégamment par un autre religieux.*

Le prologue suivant ne laisse aucun doute à cet égard.

« PROLOGUE.

« A mon maître, toujours particulier et attaché par l'indissoluble lien de la charité, à mon maître et père, l'abbé Théodin et à toute la sainte assemblée qui sert le Seigneur, et est heureuse de vivre sous votre parfaite obéissance, votre ami particulier, serviteur de tous les chrétiens, salut en Notre-Seigneur Jésus-Christ.

« Avant tout, prosterné à vos pieds, je vous supplie humblement, près du saint autel, où tous les jours vous adressez à Dieu de longues et ferventes prières, daignez garder une place dans la mémoire de votre cœur, à votre indigne serviteur.

« Ensuite vous savez comment, en ces derniers temps, conversant avec vous, dans votre monastère, votre paternité demandait à notre petitesse de vouloir rédiger en abrégé et dans un style élégant, la vie de notre patron saint Valery ; cette même vie qu'il y a *quelques années*, le Vénérable abbé Raimbert a écrite avec beaucoup de soin, mais dans un style trop long et trop peu soigné. Vous ajoutiez : « Hugues notre archevêque l'ordonne ; autant que nous le pouvons, nous devons nous soumettre à ses ordres. » Nous avons donc un double motif pour nous mettre à l'œuvre : le plaisir que nous vous faisons d'abord, et ensuite l'ordre de notre grand pontife. Aussi bien, avons-nous écrit de manière que notre récit soit coulant et court, pour être compris des intelligences les plus simples, et en même temps qu'il ne soit pas trop négligé, pour ne pas ennuyer les esprits cultivés. »

L'auteur de ce prologue écrivait *quelques années* après Raimbert, alors que *Hugues était archevêque de Rouen*. C'est donc à Théodin Ier et non à Théodin II qu'il s'adressait.

Il est vrai que ceux qui reportent au XIe siècle le travail dont nous parlons, suppriment le prologue.

Le jour et l'année du décès de Théodin sont inconnus. Après lui, l'incertitude commence sur l'histoire de la ville et de l'abbaye. Pendant deux siècles, les renseignements font défaut. La liste des abbés est interrompue. Elle ne compte même pas le nom de Ragembault, que les actes de l'église d'Amiens donnent comme abbé de Saint-Valery, et qui devint le vingt-huitième de nos évêques, de l'an 949 à 972.

Cette époque, du reste, est une époque de décadence pour les monastères. Ils tombent généralement en la possession des comtes Abbés, nommés par les rois et qui ne pensent qu'à s'enrichir, à l'aide de leurs revenus.

CHAPITRE IV

Donation de Charlemagne a l'Abbaye. — Les Normands en France.

Clotaire II et Dagobert ne sont pas les seuls bienfaiteurs royaux de l'abbaye, à cette époque. Charlemagne aussi, le modèle des princes chrétiens et le bienfaiteur insigne de saint Riquier, s'est montré également généreux envers l'abbaye de Leucone.

L'histoire nous apprend que le seigneur de Saint-Valery était au nombre des cinquante-neuf barons créés par l'Empereur, et que ses privilèges étaient très-étendus. Elle nous apprend encore qu'après avoir passé les fêtes de Pâques de l'an 800, à Saint-Riquier, Charlemagne visita l'abbaye de Saint-Valery, lors de son voyage d'exploration sur les côtes de l'océan, afin de les protéger contre les invasions des Normands, qui faisaient alors leurs premières apparitions.

C'est à la suite de cette visite sans doute, que, « l'an 809, indiction 9ᵉ et du pape Léon, 3ᵉ, » afin de s'assurer des prières pour le salut de son âme et la tranquillité de son royaume, le grand Empereur fit don à l'église et aux religieux, de trois villages au pays du Vimeu, savoir : Tilloy, Bourseville et Nibas, avec leurs dépendances et franchise de toutes les marchandises...

Cette donation est datée d'Aix-la-Chapelle.

Les rois donnant l'exemple, les seigneurs du pays tenaient à honneur de les imiter. Afin de participer aux prières des religieux, ils leur donnaient des églises, des villes, des villages, des champs et des héritages, « si bien, ajoute Dom Rupert, que cette montagne jusque-là stérile et infructueuse, devint avec le temps si bien cultivée qu'elle fournissait des récoltes abondantes ! »

Ajoutons encore qu'en 831, Louis-le-Débonnaire venait à Saint-Valery, et c'est de cette ville que le 3 des nones d'avril 831, il donna une charte, afin de sauvegarder les terres de l'abbaye de Saint-Riquier (M. Hénocque, t. 1er, p. 215).

Le temps des épreuves n'était pas passé. Elles allaient venir terribles. La première provint du fait de l'invasion des Normands.

On connaît l'histoire de ces invasions. Appelés, soit parce que leur pays ne pouvait plus les nourrir, en raison de leur nombre, soit par la trahison de quelques princes désireux de venger des injures personnelles, *ces écumeurs de mer*, venus du Nord, firent à la France une guerre longue et cruelle.

Charlemagne, pendant sa vie, leur avait inspiré une crainte salutaire. Mais après sa mort, la faiblesse de ses successeurs laissait une proie facile. Ils en firent leur profit.

La Picardie souvent eut à souffrir de leurs incursions. Celle de 859 a été l'une des plus terribles. Sous la conduite de Garamond ils saccagent les bourgs et les villages (1). S'avançant dans le pays, ils y jettent une telle épouvante que les habitants se voient contraints d'abandonner leurs maisons et de se réfugier dans les provinces voisines. Ils passent par Amiens, et de là, ayant surpris Noyon pendant la nuit, ils y commettent des atrocités inouïes. L'Évêque fut emmené en captivité avec un grand nombre de clercs et de laïcs. M. Hénocque affirme même que l'Évêque fut tué au milieu de sa cathédrale. Corbie, Saint-Riquier et Saint-Valery tombèrent entre les mains des ennemis à cette époque. L'abbaye de Saint-Valery fut livrée au pillage et celle de Saint-Riquier dévorée par les flammes.

L'an 881, ils s'emparèrent de Thérouane, vers le temps de la Purification, et de là saccagèrent tout le Ponthieu, où ils firent un butin excessif (2).

Enhardis par ces succès, au même mois de février, vers la fête de la Chaire de Saint-Pierre, ils passent la Somme à Laviers et saccagent tout le Vimeu, où ils exercent des hostilités sans pareilles.

Louis III, qui était alors en Dauphiné, laisse à Carloman, son frère, le soin de continuer le siège de Vienne, et il arrive en toute hâte en Picardie.

(1) Duchesne, t. II. *Chronique des faits des Normands en France.*
(2) Ibid., Locrius dans la Chronique de Belgique dit en 880, et Sigobert, 882.

Vers le mois de juillet, les Normands s'étant de nouveau avancés dans le Vimeu, Louis qui était campé à Franleu (*Francorum locus*), réussit à les surprendre vers le village de Saucourt. En donnant le signal du combat, Louis entonna un cantique et les soldats lui répondirent en chantant le *Kyrie eleison*. Le combat fut acharné, mais la victoire resta aux Français. Plus de 9,000 hommes restèrent sur le champ de bataille, et parmi eux Garamond leur chef et Isambart, le triste avoué de Saint-Riquier, qui s'était associé aux ennemis de son pays. Les vaincus se refirèrent sur la ville d'Eu, où les troupes du roi achevèrent leur défaite. Garamond, paraît-il, a été enterré à Vignacourt.

Nous lisons dans l'*Histoire d'Abbeville* de M. Louandre, qu'après cette victoire, Carloman serait venu en 883, s'établir à *Melnacum*, *Miannay*. Mais il ne put résister aux Normands.

On sait que toutes ces invasions finirent par la cession de la Neustrie à ces barbares, dont le chef Rollon devint le premier duc de ce qui fut appelé depuis la Normandie, vers l'an 912.

Il paraît qu'au cours de ces invasions la terreur des habitants était si grande, que le prêtre, au *Pater* de la messe, et les fidèles dans la récitation des litanies ajoutaient : « *A furore Nortmannorum, libera nos Domine ;* de la fureur des Normands, délivrez-nous, Seigneur ! »

Certaines chartes de l'époque aussi portaient en tête cette sanglante satire de la faiblesse du successeur de Charlemagne : *Christo rege, nullo regnante*.

Sous le règne du Christ, le trône étant vacant!

Pendant ces déplorables invasions, nous ne trouvons au catalogue des Abbés que deux intrus, qui, selon Dom Rupert, méritent mieux le titre de destructeurs que la qualité d'Abbés. C'étaient deux personnages dont le démon de l'avarice possédait le cœur. L'un se nommait Hungère, comte séculier, et l'autre Hercembold, clerc.

CHAPITRE V

Hungère, cinquième Abbé

L'abbaye a-t-elle été régulièrement gouvernée après la mort de Théodin ? Faut-il attribuer les lacunes du catalogue dans la liste des Abbés, à la destruction des titres pendant les temps difficiles qu'elle a traversés ? Ou bien, est-elle demeurée sans gouvernement régulier, par suite des misères causées par les perpétuelles alarmes et les courses des Normands ? Nous l'ignorons.

Ce que nous savons, c'est que l'époque que nous étudions a été une triste époque pour les abbayes. C'est le siècle de fer des monastères.

Ce que nous savons encore c'est que, environ l'an 918, l'abbaye était en la possession d'un certain comte séculier, nommé *Hungère*.

Ce dernier réduisit d'abord le nombre des religieux, en donnant une modique pension à ceux qui voulurent l'accepter. Ensuite, afin d'être plus libre, il les remplaça par certains *prébendiers* ou *mansionnaires* séculiers, chargés du service religieux moyennant une prébende ou portion qu'il faisait la plus mesquine possible.

De cette manière, disposant de tout par l'autorité de sa naissance, qui était la *meilleure pierre de son sac,* il put usurper librement les biens de l'abbaye, et les unir à son domaine.

« Métamorphose étrange de voir que ce lieu, qui était une pépinière de Saints, soit réduit au gouvernement et à la conduite d'un loup ravissant, et d'un dissipateur des biens de l'Église !

« En preuve de cette triste vérité, nous avons une charte de Charles-le-Simple de l'an 921, par laquelle il confirme le contrat d'échange entre le dit Hungère et Vulbert ; contrat tout au préjudice de l'abbaye, à condition toutefois que les biens donnés en échange retourneront à l'abbaye après la mort de Vulbert, de sa femme et de ses enfants. » Les appréciations qui précèdent sont celles de notre historien.

CHAPITRE VI

Hercembold, sixième Abbé. — Larcin du corps de saint Valery

Pour parvenir à la perfection religieuse, les vrais Bénédictins ont de tout temps tenu à la pureté de la vie monastique et à la stricte observation de la

Règle. « Mais suivant le temps de cette chronique, dit Dom Rupert, nous voici parvenu à un siècle bien éloigné de cette perfection, et, à vrai dire, mon esprit se sent rebuté lorsqu'il pense à la noire infâmie d'un personnage qui mérite plutôt le titre de sacrilège et d'apostat que celui d'Abbé ! »

Ce que nous savons de positif sur la vie d'Hercembold, le sacrilège et l'apostat dont parle ici notre historien, c'est d'abord que pour satisfaire son avarice, il avait réussi, par des moyens indignes, à se faire donner, en 935, la succession d'Hungère ; et surtout que, pour satisfaire la même passion, il alla jusqu'à enlever le corps de saint Valery et à le livrer, à prix d'argent, à Arnould Ier, comte des Flandres.

Avouons d'abord que certains historiens, anciens et modernes, ont admis que la raison qui avait amené le transport du corps de saint Valery à Saint-Omer, a été le désir de soustraire ses précieuses reliques à la rapacité des Normands. Ces barbares ravageant le pays du Ponthieu et du Vimeu, Beaudoin II, comte de Flandre, surnommé *Caluns,* résolut de transporter les corps de saint Riquier et de saint Valery, afin de les mettre en sûreté.

Tel est le sentiment de Meyerius suivi par M. Louandre.

D'autres au contraire, en plus grand nombre, attribuent l'enlèvement à l'avarice du clerc Hercembold, et le placent sous le règne de Charles le Simple, vers l'an 935.

Cet indigne abbé peu satisfait d'avoir pillé et enlevé les pierreries, l'or et l'argent des châsses du monastère, va trouver Arnould comte de Flandre, qu'il savait grand amateur de reliques. Il lui offre de lui assurer la possession du corps de saint Valery, dont il était le gardien.

Le comte, heureux de cette proposition, répond « qu'il n'est pas de trésor qu'il ne donne volontiers pour s'assurer la possession de si précieuses reliques. » A ce mot de trésor, Hercembold fasciné : « Que me donnerez-vous, dit-il, et je vous le livrerai? — Je ferai de vous, répond le comte, l'homme de mes états le plus riche en or, en argent, en dignités et en honneurs. » Dans ces conditions le marché était facile à conclure et il fut conclu. Et « ainsi, disent les Bollandistes, la damnable convoitise du clerc parachève ce que désirait la piété du prince. »

Le sacrilège ayant, par avance, touché une partie du prix de son crime, se mit en mesure de l'accomplir. Accompagné d'une troupe nombreuse, il vint droit au monastère. Après avoir renversé ce saint lieu (les Bollandistes disent après avoir renversé le château, (*everso castro*), après avoir passé par le fil de l'épée ceux qui voulaient s'opposer à son sacrilège, Hercembold emporte le corps de saint Valery dans le lieu nommé Sitiu, là où reposaient les précieuses reliques de saint Bertin. C'est ainsi que le Pays du Vimeu et la ville de Légonau furent dépouillés du riche et précieux dépôt du corps de leur bienheureux père saint Valery (1). Dieu l'a ainsi permis en punition des péchés de nos ancêtres.

L'abbé et les religieux de saint Bertin, en présence de ces événements, se demandent s'ils possèdent véritablement le corps de saint Valery. Afin d'en avoir la certitude, ils décidèrent que la châsse serait apportée et ouverte en plein Chapitre, et en présence de toute la communauté. Mais à peine s'étaient-ils mis en mesure d'exécuter cette décision que, sous leurs yeux, elle fut enlevée et miraculeusement portée par les mains des Anges, sur le maître-autel de l'Eglise ! Le doute était levé, et à l'instant même les religieux émerveillés font éclater leur joie en chantant l'hymne de l'action de grâces.

« Faut-il s'étonner ici, dit Dom J.-B. de Boulogne et avec lui les Bollandistes, que Dieu fasse disparaître de devant les yeux de ceux qui doutaient les sacrés ossements de son serviteur ; lui qui retira la manne au peuple d'Israël manquant de foi, lui qui enleva au ciel, sur un char de feu, Elie du milieu d'un peuple infidèle ?... Elie est porté au ciel, dans un tourbillon et sur un char de feu ; saint Valery est porté à travers les airs, sur l'autel du Seigneur ! En présence de ce prodige, Elisée s'écrie : « Mon père, mon père, le char d'Israël et son conducteur ! » Et les religieux chantent à la gloire du Très-Haut : *Te*

---

(1) Dans la chronique de Centule, il est rapporté que sur l'ordre d'Arnould, les corps de saint Valery et de saint Riquier furent conservés au château de Montreuil et ensuite transportés au monastère de saint Bertin, le 9 des calendes de septembre, de l'an 950.
(M. Hénocque, *Histoire de saint Riquier*, 1, 955.)

Deum laudamus !... Elisée pleure l'absence d'Elie ! Les religieux se réjouissent en présence d'un si riche trésor ! »

Ainsi transporté le corps de saint Valery fut conservé à *Sitiu* et honoré par le peuple fidèle.

Ajoutons avec Dom Rupert, que le comte Arnould ayant eu quelques démêlés avec le roi Louis d'Outre-Mer, se mit en devoir de s'emparer de Montreuil. Poursuivant ses succès il surprit saint Riquier dont il ruina l'abbaye. S'étant ensuite rendu maître des saintes reliques, il emporta à Sitiu le corps du Patron et du saint protecteur du Ponthieu.

QUATRIÈME PARTIE

Depuis la relation des Reliques de Saint Valery, par Hugues Capet, jusqu'à la nomination des Abbés commandataires.

CHAPITRE PREMIER

Relation des Reliques de Saint Valery

Autant les historiens ont de peine pour préciser l'époque de l'enlèvement des corps de saint Valery et de saint Riquier, autant ils en éprouvent pour fixer la date de leur relation, par Hugues Capet.

Baronius la place en 987 (*Annal. Eccl.*, f° 977); Duchesne, en la chronique de Guillaume de Nangis, est du même sentiment.

Meyerius, en son histoire de Flandre, indique l'année 981, et affirme qu'Arnould II, pressé par Hugues Capet, fit déposer les deux corps, en des caisses couvertes de lames dorées et porter en la ville de Montreuil.

Molan (*Chron. et annal.* de saint Bertin) est du même avis, avec Ferréolus et Locrius.

Gagnius félicite Hugues, d'avoir restitué au pays du Vimeu son apôtre et protecteur, en 981. La chronique de l'Abbaye de Saint-Riquier fixe la même date. Et un vieux manuscrit conservé à Saint-Valery, à l'époque où écrivait Dom de Bournonville, confirmait cette opinion.

Enfin, la Bulle du pape Benoît VII confirmant tous les privilèges et biens de l'abbaye, en est une preuve décisive. Cette Bulle est datée de la 7ᵉ année de son pontificat, et accordée à la requête de Hugues Capet, à l'occasion de la relation. Or, Benoît VII a été élu en 975, et par conséquent la relation fut faite en 981.

Ce point éclairci, il nous reste à raconter les incidents de ce grand événement.

L'heure a donc sonné où Dieu se souvenant du peuple du Vimeu, va lui rendre le père et le protecteur dont il pleure l'absence. Nous sommes au temps du roi Lothaire. Sous son règne Hugues Capet gouverne la France, en qualité de maire du Palais (1).

Ce dernier se trouvant à Paris, vit saint Valery lui apparaître pendant la nuit (2). « Prince, » lui dit le Saint, « que faites-vous ? » Tout surpris, le duc répond : « Je veille ; mais vous, qui êtes-vous et que voulez-vous ? » Le Bienheureux alors lui dit « qu'il était l'abbé Valery ; qu'il avait été pèlerin sur le bord de la mer ; mais qu'à l'heure présente son

---

(1) M. Hénocque fait de Hugues-Capet un abbé de Saint-Riquier. Le fut-il également de Saint-Valery ? La chose est possible, puisque nous n'en connaissons pas d'autre. Et alors, l'apparition du Bienheureux au duc s'expliquerait naturellement.

(2) Dom Germain Poirier met en doute l'apparition de saint Valery, par la raison que Ingelran, abbé de Saint-Riquier, mort en 1045, n'en parle pas dans son récit de la Translation. C'est une preuve toute négative.

corps était captif sur la terre étrangère, en la puissance du comte de Flandre. »

« Or, la volonté de Dieu, ajoute le Bienheureux, est que vous rapportiez ce corps à mon monastère, au pays du Vimeu, sur la rivière de Somme. La peine que vous prendrez ne sera pas inutile, car, je vous prédis et promets, de la part de Dieu, qu'en récompense vous deviendrez roi de France et vos descendants porteront la couronne *jusqu'à la septième succession*. Afin que vous sachiez que je vous annonce la vérité, je vous prédis que vous reprendrez la ville de Montreuil, sans coup férir et sans mort de qui que ce soit. »

Le duc, après avoir pris conseil, entre en campagne, et la ville de Montreuil se rend sans résistance. Assuré alors de la réalité de son apparition, Hugues-Capet envoie des ambassadeurs au comte Arnould et il le somme de lui rendre les corps de saint Valery et de saint Riquier.

Tout d'abord le comte refuse. Mais le duc s'étant mis en mesure d'obtenir par la force ce qu'il demande, Arnould effrayé, le supplie de s'arrêter, promettant de faire tout ce qu'on exigera de lui.

Si grande peine qu'il eût de perdre les précieux corps, il les fit placer dans des châsses richement ornées de lames d'or et de pierreries. Sur celle de saint Valery, il fit graver ces deux vers :

> Interim sanctus requiem caput hic Valaricus
> Arnulfus præpotens pretio cœlestia sumens.
> Tandis que saint Valery repose dans cette châsse
> Arnould très puissant, par prix le ciel ravit.

Heureux du succès de son entreprise, le duc voulut l'achever, en faisant lui-même la relation des corps saints, en leur propre monastère. On se dirige d'abord sur Leucone. Afin de se rendre saint Valery favorable, Hugues tient à imiter l'une de ses principales vertus. Il se dépouille donc de son manteau ducal, et tient à honneur de se revêtir modestement et de porter sur ses épaules le corps du Saint. Les seigneurs de sa suite se font un devoir de l'imiter.

Sur l'annonce de la grande cérémonie, la foule s'empresse d'accourir : elle vient d'Amiens, de tous les bourgs et villages du littoral, et même de Normandie.

Sur les bords de la rivière de la *Somme* le pieux cortège est arrêté, par le flux de la mer, qui montait violemment.

Alors Burcard, comte de Paris, et Orland, vicomte du Vimeu, prenant la châsse sur leurs épaules, s'écrient : « Voici venu le moment d'expérimenter si le corps de saint Valery est vraiment dans cette châsse ! S'il en est ainsi, nul doute que la mer et la *Somme* ne se retirent devant lui ! »

En même temps, la mer furieuse se calme, et ouvre un passage à pied sec, entre deux montagnes d'eau, au corps de saint Valery et à la multitude qui le suit.

« En vérité, s'écrie ici l'auteur de la relation, Dieu est admirable dans ses saints ! Par les mérites de saint Valery, il renouvelle le grand prodige qu'il fit autrefois en faveur des enfants d'Israël sortant d'Egypte, et emportant avec eux les ossements de Joseph ! A la prière de Moïse, la mer se divise et le peuple de Dieu la traverse à pied sec !

Joseph ici, c'est Valery, Hugues est Moïse et les peuples du Vimeu représentent les enfants d'Israël. Ceux-ci après le passage de la mer Rouge virent les Egyptiens qui les avaient suivis, ensevelis dans les flots. Les peuples du Vimeu virent les habitants de la Flandre retourner chez eux couverts de confusion. La sœur de Moïse avec ses compagnes entonne : « Chantons le Seigneur, car il a fait des merveilles. » Hugues-Capet, avec les religieux, les clercs et tout le peuple entonne le cantique de l'action de grâce. » (*Bollandistes.*)

Notons ici qu'une histoire abrégée de l'Abbaye, après avoir rapporté ce passage merveilleux, ajoute : « et l'on appelle encore à présent cet endroit *la Blanche-Tâche,* et elle est toujours guéable. » Ce serait vraiment une chose étrange de trouver ici l'origine du fameux gué de *Blanquetaque*, situé un peu au-dessus de Port, ainsi que nous le verrons plus tard.

La mer traversée, le duc vint à la Ferté : *in loco qui dicitur firmitas.* Le nom de Ferté se trouve ici prononcé pour la première fois. Après un court repos, la précieuse relique fut portée, comme en triomphe, au monastère.

Plusieurs merveilles signalèrent encore cette translation. Nous nous contenterons de rapporter les deux suivantes :

Voyez-vous se présenter sur le passage de la procession ce pauvre malheureux. Il se nomme *Hilde-*

gar. Il est tellement affligé qu'il est réduit à se traîner, à l'aide de deux petits escabeaux qu'il manœuvre avec sa main : « O Bienheureux saint Valery, s'écrie-t-il, ne me guérirez-vous pas, vous si puissant et si grand ami de Dieu? Que si vous me demandez quelque récompense en reconnaissance de ma guérison, me voici disposé à me consacrer à votre service ! »

A l'instant même, Hildegar se relevait guéri, au grand étonnement du duc, de sa cour et de la foule témoins du prodige. Le miraculé alors prenant le saint corps, le portait joyeusement jusqu'au monastère, où il demeurera le reste de sa vie. Après sa mort, il fut enseveli auprès de la chapelle du Bienheureux (1).

Voici le second miracle. La relation se faisait le 2 juin de l'an 981. La sécheresse alors désolait nos campagnes, et les habitants du Vimeu en attendaient la fin par l'intercession de leur saint Patron. Ils ne furent pas trompés dans leurs espérances. A peine le corps fut-il déposé dans le monastère et la cérémonie achevée, qu'immédiatement le ciel se fondit en une pluie bienfaisante, qui fut pour nos campagnes une véritable bénédiction.

Ce prodige, sans doute, a contribué à inspirer à nos jardiniers une confiance qui subsiste toujours dans la puissance de saint Valery.

Terminons le récit de la Relation des reliques de saint Valery en disant que les religieux en rappe-

---

(1) Manuscrit de l'Abbaye.

laient chaque année la mémoire, par une fête qui resta chômée, comme celle du 1ᵉʳ avril, jusqu'à la suppression de l'Abbaye.

Nous n'avons pas à nous prononcer ici sur l'influence de la prophétie de saint Valery à l'occasion de l'avènement au trône de Hugues-Capet et de sa descendance. Ce qui est certain c'est que cette élévation suivit de près la relation des Reliques, et que le Duc témoigna aussitôt une grande bienveillance en faveur de l'Abbaye. Son premier acte fut de chasser les clercs qui s'en étaient emparés. Il les remplaça ensuite par des Bénédictins qu'il fit venir du monastère de Saint-Lucien de Beauvais; et à leur tête il plaça Restold, l'un d'entr'eux, qui devint ainsi le premier des Abbés, après la Restauration.

CHAPITRE II

Restold, premier Abbé (981 à 987)

Hugues-Capet avait eu la main heureuse en choisissant Restold, afin de ramener dans l'Abbaye la parfaite observance. Né à Beauvais de parents vraiment chrétiens, formé par des maîtres aussi instruits que pénétrés de l'esprit de Dieu, possédant dans un degré éminent la sagesse et la vertu qui constituent le réformateur, saint lui-même, il était digne de succéder à saint Valery et à saint Blimont, et de continuer leur œuvre.

Non content de procurer au monastère un admirable Supérieur, Hugues-Capet voulut encore assurer son temporel. Il le fit, soit en confirmant les dons qu'il avait reçus de ses prédécesseurs et de généreux bienfaiteurs, soit en le gratifiant lui-même de nouvelles donations. Aussi, en peu de temps, on vit cette maison royale relevée de ses ruines et honorée de privilèges nombreux confirmés par une Bulle, accordée par le Pape Benoît VII, à la sollicitation du Duc, son protecteur.

Cette Bulle adressée « *au religieux abbé Restold et à tous les religieux du monastère de Saint-Valery récemment établi par le comte Hugues,* » est datée du 5 des calendes d'avril et de la septième année du règne de Benoît VII, de l'an 982 par conséquent.

Elle témoigne aussi de la grande bienveillance que le Pape et le comte ressentaient pour le monastère, puisque le saint Pontife menace d'anathème tous ceux qui porteraient préjudice à ses privilèges et qu'il bénit, au contraire, tous ses bienfaiteurs.

Dom Rupert, après avoir cité la Bulle, termine par cette importante remarque : « Je puis assurer,
« avec tous les historiens Français et Flamands, que
« le roi Hugues attestait n'avoir obtenu la couronne
« que par les faveurs et les mérites du glorieux
« saint Valery. »

« Depuis six cents ans, continue l'historien de 1644, les descendants du bon Duc jouissent toujours de cette couronne. Et ainsi, saint Valery qui n'était, dans sa jeunesse, qu'un tout petit berger, avec une houlette pour conduire son troupeau, a mérité par ses rares vertus et par sa vie plus qu'humaine une stabilité persévérante et continuelle du royaume de France, dans la famille Capet. Et ainsi, Dieu se rend d'autant plus admirable qu'il honore ses saints par des voies de lui connues, mais inconnues des hommes. »

Le bon abbé Restold, après avoir travaillé courageusement pour la gloire de Dieu et le rétablissement de l'observance monastique, dans une maison où il consuma son existence, alla jouir de l'éternité bienheureuse, selon la *Chronique de Flandres*, en l'an 987.

CHAPITRE III

Fulcard, deuxième Abbé (987 à 1016)

Fulcard succéda à Restold (1). De même que son prédécesseur, il fut pris dans l'abbaye de Saint-Lucien de Beauvais, dont il était religieux profès. Par la vivacité de son esprit, par sa sagesse et sa piété, il justifia complètemenr le choix fait de sa personne pour une charge de cette importance. Il manifesta en particulier une telle discrétion de conduite qu'il acquérait le cœur et la bienveillance des grands de la terre.

Nous en avons la preuve dans les nombreuses

---

(1) Manuscrit.

libéralités qui, de son temps, furent faites au monastère. Nous ne citerons ici que le don princier de Burcard, comte de Paris et fils du roi Robert.

« Sachant, comme le dit en commençant la charte
« de donation, que ceux qui, pour l'honneur de la
« patrie céleste, s'efforcent d'enrichir les Saints des
« biens que Dieu leur a donnés, reçoivent les récom-
« penses éternelles, Burcard donne aux religieux de
« Saint-Valery, à charge de prières, une terre sise
« en Ponthieu et nommée *Helecurtis*, avec un bois
« et un moulin; et dans Abbeville, deux fours avec
« deux caves. Après sa mort, il donne en plus les
« trois villages de Herre, Quend et Monchiaux avec
« leur église. »

La charte qui est assez longue est datée du VIII des calendes de juin, la deuxième année du règne du roi Robert, l'an de l'Incarnation 999. Le roi a signé la donation avec le comte.

Pendant l'abbatiat de Restold, Dieu fit de nombreux miracles par les mérites de saint Valery. Les miracles continuent du temps de Fulcard ; bien que l'on ait négligé de les transcrire, ils étaient tellement frappants que la mémoire s'en est conservée. Les malades de tout genre, les aveugles, les boîteux, les sourds et les fiévreux se pressent autour du tombeau, et obtiennent leur guérison. De même qu'aux jours de sa vie mortelle, le Saint a conservé sur les démons la toute puissance, et ceux qui en étaient tourmentés, trouvent protection auprès de lui. De ces prodiges nous en raconterons un seul, qui honore l'abbé Fulcard.

La veille de la fête de saint Benoît, le bon religieux était en oraison dans l'église. Or, voici que, tout-à-coup, se déchaîne une tempête effroyable. Sa violence est telle que l'on aurait pu se croire à la fin du monde. La foule effrayée se réfugie dans le lieu saint. Il semble que là, près de Dieu, le danger est moins à redouter. Le tonnerre éclate avec un fracas épouvantable, et au même instant, la foudre déchirant la nue, vient tomber si près du saint Abbé que son froc en fut tout brûlé. Tout entier à l'extase de son oraison, le saint religieux ne fit pas même un mouvement.

Plusieurs des personnes témoins de ce prodige, affirmèrent avoir vu, en même temps, sur les degrés du maître-autel, trois chandeliers avec trois cierges allumés, qui repoussaient le feu du ciel et l'empêchaient de nuire au serviteur de Dieu. Ce qui est certain c'est que tout près du bon Abbé il se trouva un amas de pierre et de débris, sans que l'on ait pu en découvrir la provenance. (Du *Manuscrit de Saint-Valery*.)

Nous pouvons apprécier par là que Fulcard était de la trempe de ceux dont Dieu fait les saints; et que le Bienheureux Valery le couvrit de sa puissante protection.

Après avoir admirablement gouverné le monastère, le saint Abbé alla, dans un monde meilleur, recevoir la récompense due à ses mérites, l'an 1016.

CHAPITRE IV

Adhelelme, troisième Abbé (1016 à 1040)

Grâce à l'habile direction des vertueux abbés Restold et Fulcard, les religieux capables de prendre le gouvernement de l'Abbaye ne manquaient plus dans le monastère. Et cependant, tous, par humilité, déclinèrent l'honneur de l'abbatiat. Force fut donc, après le décès de Fulcard, de s'adresser à l'abbé de saint Wast d'Arras.

Celui-ci voulut bien donner l'un de ses meilleurs religieux nommé Adhelelme. A tous égards, nul n'était plus digne de l'honneur auquel il était appelé, car il possédait dans un degré éminent les deux qualités nécessaires à ceux qui doivent conduire les autres : nous avons nommé la science et la prudence.

Rien de particulier à remarquer à l'époque de ce bon abbé, sinon que Dieu continuait d'honorer le corps de son glorieux serviteur saint Valery, par des miracles sans nombre. Ils étaient si fréquents qu'il semblait que Notre-Seigneur lui avait confié la toute puissance sur les maladies. Parmi toutes les guérisons relatées dans le manuscrit de l'abbaye citons les deux suivantes :

Une paralytique, nommée Berthe, abandonnée de son mari, s'était fait porter au tombeau du Saint.

Après plusieurs jours passés, sans obtenir aucun soulagement, elle prend la résolution de retourner chez elle. Avant de partir, elle fait une dernière visite au sanctuaire. Se croyant seule elle se plaint amèrement en disant à haute voix : « Bienheureux saint Valery, je vous croyais assez puissant pour me rendre la santé, mais puisque vous ne pouvez pas me guérir, je retourne infirme, comme je suis venue ! »

Une personne entendant ces plaintes, l'exhorte à la confiance. Et toutes deux s'étant mises en prières, voici qu'un bel enfant vêtu de blanc à la face souriante, leur apparaît. S'approchant de la malade, il lui touche doucement les membres. Celle-ci guérie se lève, sans plus ressentir aucune douleur. (Du *Manuscrit de saint Valery*.)

Une autre femme de *Miannay*, et non pas de Méneslies, comme traduit M. Corblet, *ex vico melnaco*, avait le corps tellement courbé, qu'elle ne pouvait plus même lever les yeux au ciel. L'infortunée ne marchait qu'à l'aide des mains. Pleine de confiance, elle se traîna au tombeau du Saint. La guérison ne venant pas, elle aussi s'exhale en plaintes, qui rappellent celles des Napolitains reprochant à saint Janvier de tarder à liquéfier son sang : « Quel saint êtes vous donc, vous qui n'avez aucune compassion de moi ? Comment pourra-t-on vous donner encore le nom de saint, vous qui n'écoutez pas mes prières incessantes ? Puisque tous proclament votre bonté, pourquoi vous montrer ainsi insensible ? etc. etc... »

Et voilà que bientôt, la pauvre femme éprouve

dans tout le corps, des douleurs qui lui font pousser des cris tels que les religieux en furent troublés. Ils s'empressent autour de l'infortunée, mais elle, se relevant avec une facilité merveilleuse, éclate en transports de joie et de reconnaissance. Un cierge à la main, elle se précipite au tombeau du Saint. Aux religieux qui s'étonnent, elle répond : « Vous ne me reconnaissez donc pas ! mais je suis la pauvre vieille qui depuis si longtemps a vécu de vos charités. Saint Valery m'a guérie ! » Les religieux unissent leurs actions de grâces à celles de la miraculée.

CHAPITRE V

Théodin II, quatrième Abbé (1040 environ a 1052)

Le successeur d'Adhelelme fut Théodin, deuxième du nom. Formé dans la célèbre abbaye de Saint-Denis, en France, il possédait toutes les qualités qui constituent l'abbé modèle.

Cette haute dignité ne changea rien dans sa manière de vivre. Son unique désir était le bien de ses religieux, et pour le procurer, il s'appliqua surtout à pratiquer la plus grande douceur. Pour rien au monde, à l'exemple du grand Apôtre, il ne se conduisit jamais en maître vis-à-vis ses religieux : « Le premier parmi des égaux, disait-il, voilà le vrai de la situation d'un abbé. » Aussi jouissait-il de la sympathie de tous ses frères en religion.

Nous ne savons pas d'une manière précise combien de temps il eut le gouvernement de l'abbaye, ni l'époque de son décès. Nous savons toutefois qu'en 1049, il était encore à la tête du monastère.

Les Bollandistes estiment que c'est sous Théodin II, que fut abrégée et plus élégamment écrite la vie de saint Valery. Nous avons dit plus haut qu'à notre avis, l'abréviateur vivait sous Théodin Ier.

Remarquons ici que c'est au temps de Théodin qu'eut lieu un événement historique de la plus haute importance, l'institution de la *Trêve de Dieu*.

Impuissante à empêcher les guerres privées, l'Église voulut au moins en atténuer les maux. Les conciles décidèrent donc que du mercredi soir au lundi matin, aucun chrétien ne prendrait par violence quoique ce soit à son prochain, ou ne tirerait vengeance de ses ennemis.

Les jours de fêtes aussi, l'Avent et le Carême furent compris dans cette pacification.

Si la Trêve de Dieu ne fut jamais complètement observée, ce fut au moins un immense bienfait pour les populations. Les monastères qui étaient déclarés inviolables, ainsi que les églises, profitèrent de la Trêve de Dieu. Aussi les vit-on alors prospérer.

Les anciens manuscrits de l'abbaye rapportent deux miracles étranges que Dieu a opérés par les mérites de saint Valery, du temps de Théodin. Nous en donnons l'abrégé.

Un ecclésiastique Anglais, avec Hilduin son frère, revenaient d'un pèlerinage au tombeau des saints Apôtres. A leur retour, l'ecclésiastique Varner étant tombé dans la rivière du Var, fut submergé dans les ondes. Désolé de cet accident, Hilduin continua sa route. Il arrivait à Corbie, lorsqu'il fut surpris par des voleurs qui le dépouillèrent de tout.

Continuant sa route, il approchait de Saint-Valery, l'esprit agité de mille pensées, lorsque le malin esprit s'empara de lui. Hilduin se met alors à courir par monts et par vaux, à travers les ronces et les épines. Arrêté par les habitants, on le conduit de force au tombeau de saint Valery. Avant d'y entrer le démon criait : « Pourquoi me conduisez-vous à saint Valery ? ne voyez-vous pas que je serai obligé de quitter le corps de cet homme ? »

Conduit au monastère, un religieux nommé Pierre, lui demande comment il s'appelait. « Je m'appelle *Runcinellus*, parce que je traîne ceux que je possède à travers les ronces et les épines. » On lui demande encore pourquoi il n'ouvrait pas les yeux ? « Je suis un enfant de ténèbres, dit-il, et je hais la lumière ! »

Les religieux s'étant mis en prières, le démon abandonna le possédé, en jetant un grand cri et en laissant après lui une puanteur insupportable. Hilduin reprenant ses sens s'écria : « Saint Valery ayez pitié de moi (1). »

(1) Les miracles qui précèdent et ceux qui suivent sont longuement racontés dans les Bollandistes. A la suite de ce récit, l'auteur qui écrivait du temps de l'abbé Bernard, fait un magnifique éloge de notre Bienheureux, et dans une suite de chapitres, il le montre :
1° L'égal des saints Patriarches.
2° Un véritable Prophète.
3° Un Apôtre digne d'être associé au collège apostolique.

Ainsi délivré, le pauvre Anglais resta quelques années au service de l'Eglise, après quoi, il retourna en son pays, en parfaite santé.

L'évènement arrivé à un Français, nommé Bérenger, est aussi extraordinaire. Il se rendait au monastère de saint Valery, lorsqu'il fut arrêté par deux personnages difformes qui, lui barrant le chemin, lui demandèrent où il allait. Le pèlerin sans s'effrayer, répond : « Je vais faire mes dévotions au monastère de saint Valery. » « Tu te trompes de chemin, » répliquent les deux inconnus et en même temps ils l'accablent de coups. L'un d'eux même, après l'avoir roulé à terre, lui enfonce une paille pliée en deux, dans l'oreille ; puis ils disparaissent laissant l'infortuné sourd et muet.

Les habitants de la ville, l'ayant trouvé en si triste état, en eurent compassion. Comme les abbayes étaient alors, de même que plus tard, des asiles pour toutes les misères, il fut admis à l'hôtellerie, où il reçut tous les soins réclamés par sa triste position. La tête devint si enflée qu'elle faisait horreur, et de l'oreille s'échappaient des vers hideux.

Touché de ce triste état, le père hôtellier s'avisa un jour de conduire l'infortuné à la fontaine qui est encore aujourd'hui près de la chapelle du tombeau, et par signe, il l'excita à se laver la tête dans l'eau qu'elle contient. Chose admirable ! le pauvre malade se lavant avec l'eau merveilleuse, recouvre instan-

4° Un véritable Martyr, bien qu'il n'ait pas répandu son sang.
5° Un Confesseur admirable.
6° Un Saint qui mérite les récompenses des Vierges.

tanément l'ouïe, la parole et une santé parfaite !

« Il ne faut pas s'étonner, » ajoute dom de Bournonville, en racontant cette guérison, « si nous « avons dit que l'eau de la fontaine est miraculeuse, « puisqu'aujourd'hui encore les bourgeois de la « ville et les habitants du pays s'en servent dans « leurs infirmités. »

A ce témoignage de l'historien du xvii⁰ siècle, nous pouvons ajouter que même de nos jours nous pourrions citer des faits qui attestent que l'eau de la fontaine a conservé la même vertu.

CHAPITRE VI

Guathon en Wallo, cinquième Abbé (1052 a 1059)

Théodin et son prédécesseur avaient formé tant de bons religieux qu'il ne fut plus nécessaire, au décès de Théodin, d'avoir recours à d'autres abbayes pour le choix d'un successeur. Conformément à la règle de saint Benoît, l'abbé fut élu parmi les membres de la communauté ; et à l'unanimité le choix des religieux se fixa sur Guathon en Wallo (1).

Par sa vertu et par sa prudence, l'élu était digne de la haute dignité que lui conféraient ses Frères. Aussi justifia-t-il parfaitement leur confiance, au milieu des temps troublés et des circonstances dif-

---

(1) Les Bollandistes font succéder Bernard à Théodin, mais ils sont évidemment dans l'erreur.

ficiles qu'il eut à traverser. Formentin nous apprend en effet que, en 1057, Saint-Valery eut à souffrir beaucoup d'incendies et d'épreuves de tous genres.

La preuve de la considération dont jouissait alors l'abbé de Saint-Valery, c'est que nous voyons Guathon figurer dans deux cérémonies importantes de cette époque (1). Nous trouvons son nom parmi ceux des prélats qui assistèrent en 1052 à l'élévation du corps de saint Bertin, à Saint-Omer. Il figure encore au couronnement de Philippe Ier, qui se fit à Reims en 1059. Dans cette cérémonie, Guathon se trouve au sixième rang parmi les abbés et il vient immédiatement après les abbés de Saint-Remy, de Saint-Benoît, de Saint-Denys, de Saint-Germain et de Saint-Riquier.

L'année précise de sa mort n'est pas connue.

CHAPITRE VII

Bernard Ier, sixième Abbé (1060 a 1104 ou 1105)

Bernard Ier compte parmi les plus grands abbés de Saint-Valery. Il fut élu par tous les religieux ses frères, afin de succéder à Guathon. Et vraiment, jamais choix ne fut mieux justifié.

Convaincu que la Règle est la grande force d'un supérieur de maison, Bernard, à peine élu, tint la main à ce que la Règle fût parfaitement observée.

(1) De Tiller. *Recueil des Rois de France.*

En même temps, il s'appliqua à réparer dans le monastère les désastres et les ruines dont il avait été la victime, par suite, soit des invasions des Normands, soit des malheurs des temps.

L'église était en ruines. Non content de la rééditier, il l'agrandit et l'embellit. L'argent lui fut fourni, soit par son habile administration, soit par la générosité d'un grand nombre de familles du pays, persuadées que donner à l'Eglise c'est donner à Dieu.

A ce propos, l'auteur de la vie de Bernard remarque que, malgré les dépenses considérables auxquelles il dut subvenir, trouva encore les ressources nécessaires pour donner aux pauvres d'abondantes aumônes. Loin de diminuer ces aumônes, il les augmenta considérablement, ainsi que font souvent les personnes généreuses envers Dieu.

Le monastère et l'église restaurés, mû par sa dévotion envers saint Valery, il fit orner et recouvrir d'or et de pierres précieuses, la châsse qui contenait ses reliques. Sur cette châsse, il fit graver les quatre vers suivants :

> Abbas Bernardus pietatis munere fultus,
> Hunc struxit Loculum, gemmis auroque decorum.
> Ossa Beati Patris in quo posuit Walarici.
> Nominis ad laudem Christi per sæcula manentem.

Ajoutons que le séjour de Guillaume le Conquérant, à Saint-Valery, fut certainement pour l'abbé Bernard une précieuse ressource pour ses bonnes œuvres (1).

(1) Du Chesne. *Histoire des Normands*.

On sait en effet que ce prince, bâtard de Robert de Normandie, avait été désigné pour succéder à son père, de préférence à ses enfants légitimes. Cette préférence ne laissa pas que de troubler l'entrée en possession de Guillaume. Les troubles apaisés, ce prince voulut se rendre compte des ressources et des hommes dont il pouvait disposer. Il convoqua donc tous ceux qui, selon la coutume du temps, lui devaient le service, soit personnellement et par eux-mêmes, soit en mettant des hommes d'armes en leur lieu et place (1).

Sur ces entrefaites, Edouard, roi d'Angleterre, le jugeant digne de lui succéder, l'institua son héritier par testament, au préjudice de Harold son héritier légitime (2). Guillaume, flatté de la désignation d'Edouard, et d'ailleurs plein de confiance dans le dénombrement qu'il vient de faire de ses forces, se met à lever une armée considérable et entreprend de se mettre en possession de la succession à lui laissée.

La flotte composée de plus de six cent cinquante vaisseaux (3), partit des ports de Normandie. Mais une tempête s'étant élevée, force lui fut de relâcher au port de Saint-Valery.

(1) De la Serre. *Histoire de France.*

(2) On sait que Harold ayant quitté l'Angleterre, fut jeté par la tempête sur les côtes de Picardie. Guy, comte de Ponthieu, sans respect pour son infortune, s'empara de lui et ne lui donna la liberté qu'après rançon.

Harold a-t-il été prisonnier à Saint-Valery, dans la tour qui porte son nom ? La chose n'est pas absolument prouvée.

(3) Sangnier d'Abancourt compte onze cents voiles, et estime le nombre des troupes à 67,000, sans compter 20,000 valets, ouvriers et pourvoyeurs.

Pendant longtemps, les vents contraires s'opposèrent au départ de l'impatient conquérant : c'est alors que la pensée lui vint d'avoir recours à la puissance d'intercession de notre glorieux saint Valery.

Il supplie donc l'abbé de vouloir bien organiser une procession et de porter sur la grève le précieux corps du Saint, afin de faciliter à son armée la possibilité de lui adresser ses hommages et ses prières.

En conséquence, le dimanche 29 septembre, la châsse richement ornée, fut solennellement portée sur les bords de la mer et présentée aux hommages de la très nombreuse armée. Chose admirable ! voilà qu'en ce moment, le temps devient serein, les nuages se dissipent, la tempête s'apaise, et les vents qui jusque là étaient restés du Nord, deviennent favorables !

Le duc, après avoir témoigné sa reconnaissance au Bienheureux par les mérites duquel il avait obtenu cette faveur, appareillait le lendemain, avec quatre cents voiles, dit l'inscription placée sur le port, par les soins de la Société des Antiquaires de Picardie. Trois jours après, le 2 octobre, il abordait heureusement en Angleterre.

Peu de temps après, il en vint aux mains avec Harold, frère de la reine et son compétiteur, qui s'était déjà emparé de la couronne : Harold, vaincu à Hastings, tombait sous les coups de Guillaume, connu depuis sous le nom de *Conquérant*.

Devenu paisible possesseur du royaume d'Angleterre, le duc, remarquant un royal naturel à son fils puîné plus qu'en son aîné, préféra la vertu au droit d'aînesse, et fit couronner de son vivant, Guillaume le Roux, son cadet, de préférence à Robert son frère aîné (1).

Après la mort de son père, ce dernier en appela aux armes, pour soutenir ses droits. Mais Guillaume, averti des desseins de son frère, le prévint et le chargea si vivement avec ses troupes, qu'il contraignit Robert à se retirer en Normandie, où son frère le poursuivit.

Saint-Valery fut pris dans cette expédition, et la ville et le monastère furent livrés au pillage et à l'incendie (2). (Dom Rupert.)

Ce désastre fut une rude épreuve pour l'abbé Bernard ; mais, loin de se décourager, il se remit complètement à l'œuvre et reconstruisit le monastère sur de plus vastes proportions. La restauration terminée, il ne pensa plus qu'à se disposer à la mort qui arriva pour lui en 1104 ou 1105.

Remarquons ici que deux des seigneurs ou avoués de Saint-Valery, dont nous aurons occasion de parler plus tard, Gauthier et Bernard de Saint-Valery, furent au nombre des Picards qui, sous la conduite de Godefroy de Bouillon, partirent d'Abbeville pour la première Croisade.

D'après nos auteurs, ce serait même Bernard de Saint-Valery et non Rembault d'Estourmel qui le

---

(1) De la Serre. *Histoire de France.*
(2) Il ne faut donc pas attendre jusqu'en 1197, pour voir la ville naissante de Saint-Valery, ainsi que se le demande M. Prarond. (page 97.)

premier serait entré dans la ville de Jérusalem, lors de la prise en 1099.

Orderic Vital et le P. Ignace, disent que Bernard II, de retour à Saint-Valery, établit hors de la ville un hôpital de lépreux, car plusieurs de ses hommes étaient revenus atteints de ce mal affreux.

Lefils ajoute que cet hôpital fut établi entre la ville et la Ferté, au lieu où est aujourd'hui l'hospice. Mais rien ne confirme son assertion : il est certain que l'hôpital actuel ne date que de 1518, lors de l'arrivée des sœurs Dominicaines.

CHAPITRE VIII

Lambert, septième Abbé (1104 ou 1105 a 1131)

Lambert succéda à Bernard et non pas à Théodin, ainsi que l'affirme Florentin Lefils ; c'est encore à tort que ce dernier prétend que les religieux de Saint-Valery étaient alors tombés dans une grande dissolution de mœurs.

Ce qui est certain, c'est que l'abbé Lambert devait son élection, non pas à la noblesse de sa famille ou à la cabale de ses amis, mais uniquement à sa vertu et à son mérite personnel. Ce qui est certain encore, c'est qu'il lutta énergiquement contre saint Geoffroy, évêque d'Amiens, afin de maintenir ce qu'il appelait les privilèges et les droits de l'abbaye. Mais nous avons la certitude que la manière dont le même *Lefils* expose la lutte, est un véritable roman. Le caractère de l'abbé Lambert, et la sainteté de saint Geoffroy, témoignent que les choses n'ont pu se passer ainsi.

La vérité vraie, c'est que dans le différend en cause, l'évêque et l'abbé étaient tous deux dans leur rôle. L'évêque soutint les droits de son siège et l'abbé les droits et les privilèges de son Abbaye.

Voici, du reste, le récit exact des évènements.

Saint Geoffroy se trouvant un jour à Saint-Valery, crut pouvoir bénir les linges et les ornements que les ecclésiastiques ses sujets, lui présentèrent. L'abbé qui se prétendait exempt à Saint-Valery de toute juridiction épiscopale, trouva que l'évêque outrepassait ses droits. Il vint donc le trouver et il lui remontra que jamais évêque ne s'était attribué semblable droit, et que son devoir à lui, était de le lui faire remarquer, afin de ne pas laisser perdre les privilèges de son Abbaye, qui était immédiate au Saint Siège et exempte de toute autre juridiction.

L'évêque froissé, répond « que les évêques « peuvent partout consacrer et bénir les vases et les « linges qui servent au Saint-Sacrifice, et que ce qui « est permis à tous ne doit pas lui être dénié. Il s'é- « tonne donc qu'on veuille restreindre ses droits. »

De retour à Amiens, saint Geoffroy, dans la première séance capitulaire de sa cathédrale, expose à son clergé la manière dont les religieux de Saint-Valery l'ont reçu ; et il fut décidé que l'abbé serait cité à Amiens, afin de se justifier et de déduire les causes de son exemption.

L'abbé, paraît-il, exposa si clairement le bien fondé de ses droits et de ses privilèges qu'à Amiens le clergé inclinait à lui donner raison. Ce que voyant l'évêque, il en appelle au métropolitain, archevêque de Reims.

A Reims, l'Assemblée semble devoir donner tort aux religieux. L'abbé prévoyant ce résultat, demande son renvoi devant son juge naturel, le Souverain Pontife. Et sans délai, il dépêche les religieux qui l'accompagnaient vers le pape Pascal II.

Les religieux arrivant les premiers, disposèrent le pape en faveur de l'Abbaye.

Aussi, lorsque l'évêque qui n'avait pas fait si grande diligence se présenta à Rome, le Saint Père prévenu, lui reprocha de molester les religieux.

Froissé de ces reproches qu'il ne croit pas mériter, saint Geoffroy prend congé de Sa Sainteté, en disant, « qu'il aimait mieux vivre en homme privé, plutôt que de laisser amoindrir en ses mains, les droits du siège d'Amiens ! » Et en même temps, il prend le chemin de Bari, afin de vénérer les reliques de saint Nicolas.

Le Saint Père frappé de cette fermeté, demanda des renseignements sur la vie de celui qui venait de lui parler avec tant de liberté. Ayant appris les succès de sa jeunesse dans les sciences ecclésiastiques, et la considération générale dont il jouissait, il ordonna qu'à son retour de Bari on le fît venir à nouveau. Et cette fois, il fut reçu avec les honneurs dus à son rang et à ses vertus.

Si nous en croyons Nicolas de saint Crespin, le

Pape satisfait des explications de l'évêque, lui aurait donné tout pouvoir sur l'abbé et les religieux de Saint-Valery. « Le Souverain Pontife alors, dit-il, « lui donna des lettres qui contenaient entre autres « choses, que l'abbé et les religieux de Saint Valery « devaient être soumis en tout à l'évêque d'Amiens « et le regarder comme leur père et pasteur. »

Nous devons ajouter que les religieux n'admettent pas cette version. Ils prétendent, au contraire, que le Saint-Père a maintenu *l'abbaye et la paroisse voisine avec l'église et le clergé de Saint-Martin*, exempts de toute juridiction épiscopale. L'abbé devait seulement recevoir le saint Chrême, les saintes Huiles et les Ordres de l'évêque d'Amiens.

C'est là ce que soutiennent dom d'Achery et de Bastide et plus tard dom Robert de Quatremaire, au livre qu'il a fait imprimer en 1663.

Ces prétentions qui se contredisent, sont devenues l'occasion de la plupart des discussions soulevées entre les évêques d'Amiens et l'Abbaye. Pour nous, tout en regrettant ces discussions, nous n'osons blâmer ni l'évêque, ni les religieux, qui, des deux côtés, soutenaient ce qu'ils appelaient leurs droits.

Toujours est-il que le bon abbé Lambert, après avoir sagement gouverné l'Abbaye pendant environ 25 ans, rendit son âme à Dieu, vers l'an 1131, regretté non seulement de ses frères, mais de tout le peuple.

CHAPITRE IX

Gelduin, huitième Abbé (1131 à 1143)

Le catalogue manuscrit de l'Abbaye place, après l'abbé Lambert, Gelduin ou Hilduin. Il n'indique toutefois, ni l'année de son élection, ni celle de son décès.

Nous savons qu'il était religieux profès de la maison, et que son mérite seul lui valut cette dignité.

En outre, ce qui le rend recommandable, c'est que les religieux de Saint-Riquier, vinrent le prendre à Saint-Valery, pour le mettre à la tête de leur importante maison et pour y établir l'obéissance régulière, vers l'an 1143.

Ce choix atteste la parfaite régularité de l'abbaye de Saint-Valery à cette époque. En effet, s'il en eût été autrement, les religieux de Saint-Riquier ne seraient pas venus y chercher un supérieur, capable de rétablir chez eux la discipline monastique.

La convention faite en 1140, avec l'abbé et les chanoines de Sery (1), témoigne de sa condescendance et de son esprit de conciliation. Il leur accorde, à cens annuel, la terre de Méréluessart, qui appartenait à Saint-Valery et qui se trouvait à la convenance des chanoines de Sery.

Ces derniers s'engagent à payer chaque année, au

(1) Cartulaire, p. 216.

jour de la saint Remy ou de saint Denys au plus tard, douze sols parisis de cens.

Ce cens fut, par le même acte, rédimé pour vingt ans, pour la somme de trois marcs d'argent. Et, après les vingt ans, les chanoines devaient seulement payer le cens annuel.

La dite convention fut faite en présence de Oylard de Boisville, Guillaume d'Abbeville chanoines, de Hunfrède Ducange et Gauthier de Cassone témoins du clergé ; les témoins laïques furent Richard de Lambercourt, Hugues de Mons et Amsbert Gerbert.

Gelduin a conservé le gouvernement de l'abbaye de Saint-Riquier jusqu'en 1149. Il a accompagné Louis-le-Jeune en Terre Sainte.

CHAPITRE X

Révérin, neuvième Abbé (1143 à 1165 environ)

L'année de l'élection et celle du décès de Révérin, ne sont pas connues d'une manière précise. Mais le catalogue de l'Abbaye le porte à la suite de Gelduin.

Son nom d'ailleurs se trouve inscrit dans un accord en forme de transaction, passé entre les religieux de la ville d'Eu et ceux de Saint-Valery, pour certaines terres sises à Otrainville ou Croix-au-Bailly (1).

(1) Cartulaire, p. 159.

L'acte a été passé à Saint-Valery, l'an de l'incarnation 1254, en présence de Révérin, abbé de Saint-Valery, et de Roger, abbé de Sainte-Marie d'Eu.

Parmi les témoins, nous remarquons pour les religieux de Saint-Valery, Ernold Lambert, Bernard Oyllard, Guillaume de Criole, et pour ceux de la ville d'Eu, Benoit Gauthier prieur, Robert de Manesli, Guillaume de Saint-Quentin chanoines, et les frères convers Godefroy de Bétencourt, et Gauthier de Saint-Germain.

Richard et Abraham de Fresschenville, Hugues de Cambron, Gosselin de Alnay et Gilbert de Foucarmont, sont aussi portés comme témoins.

L'abbé Révérin reçut encore une donation, ou mieux une restitution importante que le comte Ambert et Béatrix son épouse, firent à l'église de Saint-Valery de toutes les terres, masures, bois, prés, pâtures et autres droits, dont ils jouissaient à Woignarue. L'acte porte la date de l'an 14 de Louis, fils de Louis-le-Gros.

CHAPITRE XI

Ascelin ou Anselme, dixième Abbé (1165 à 1183)

A la mort de Révérin, les religieux faisant taire tout intérêt particulier, et inspirés par le seul désir de la gloire de Dieu, choisirent à l'unanimité pour le remplacer, Ascelin ou Anselme.

Sa vertu, son zèle et sa piété justifiaient ce choix. Aussi, sous sa conduite, le monastère s'éleva à un très haut degré de prospérité.

Le différend entre les religieux et l'Evêque d'Amiens continue. L'Abbé ayant obtenu, en 1165, du Pape Alexandre III, une Bulle favorable à l'exemption de l'Abbaye, l'Evêque réclama en faveur des droits de son siège.

Le Saint-Père, en conséquence, charge Beauduin, évêque de Noyon, de prendre connaissance du différend. Sur son rapport, le Pape, dans deux Bulles des 12 et 13 d'avril, et toutes deux datées de Bénévent, aurait tranché la question en faveur de l'Abbaye de Saint-Valery.

Dans ces Bulles, le Pape conserve aux religieux, leurs immunités, droits, privilèges, exemptions et *juridiction tant sur les églises de Saint-Nicolas et de Saint-Martin que sur le peuple qui en dépend.* Il donne notamment à l'Abbé, charge d'âmes et tout autre droit personnel sur le château (1).

Il confirme, en outre, toute la possession du monastère, tant en France qu'en Angleterre, dont il fait le dénombrement. Et enfin, il prononce l'anathème contre tous ceux qui y porteraient atteinte.

On reconnait là, ajoute notre historien, l'énergie de l'abbé Asselin pour la défense des droits de l'Abbaye. Et il ajoute : Pourquoi n'a-t-il pas vécu plusieurs siècles ?

---

(1) Nous avons ici la réponse à la question posée par M. Ravin : « Faut-il attendre jusqu'au xive siècle, 1350, pour voir debout le château ? » (Page 57.)

Mais après avoir gouverné la maison de Dieu à la satisfaction de tous, il passa de cette vie mortelle à l'immortelle, l'an 1182 ou 1183.

Il est bon de remarquer ici que c'est à cette époque que fut construit le château du Crotoy, par les comtes de Ponthieu, afin de disputer à Saint-Valery l'empire de la mer.

Cette construction amena des difficultés entre les comtes de Ponthieu et les seigneurs de Saint-Valery. Louis-le-Jeune essaya d'y mettre un terme. Il y réussit dans la mesure du possible, grâce à la sagesse de l'abbé de Corbie.

Il fut décidé que le château du Crotoy resterait à Jean de Ponthieu, et ceux de Domart, Berneuil et Bernaville, à Bernard, de Saint-Valery.

Il fut décidé, en outre, que pour conserver leurs bons rapports, Adèle ou Edèle, fille de Jean de Ponthieu épouserait Renault, fils aîné de Bernard, et que si Renault venait à décéder, il serait remplacé par Thomas, son frère.

Renault étant mort, Adèle épousa, en effet, Thomas, seigneur alors de Domart.

La cérémonie des noces qui furent pompeuses eut lieu à Abbeville, en 1178, en présence de Philippe de Champagne, archevêque de Reims, et du consentement de Thiébaut, évêque d'Amiens.

C'est à Edèle de Ponthieu qu'arriva cette étrange aventure dont se sont emparés les dramaturges.

CHAPITRE XII

Jean Iᵉʳ, onzième Abbé (1183 à 1209)

Jean Iᵉʳ, religieux de l'Abbaye, succéda à l'abbé Ascelin. Vénéré des religieux ses Frères, qui passaient, sous sa conduite, pour les plus réguliers de France, il jouissait de l'estime générale, en raison de ses éminentes vertus. Sa réputation vola même au-delà des monts, comme nous le voyons par plusieurs chartes des dons de princes étrangers, ecclésiastiques et séculiers qui fondent en cette Abbaye, des anniversaires et des prières.

Nous citerons entre tous, l'évêque de Tusculum, en Italie, qui, non content d'avoir aimé les religieux pendant sa vie, voulut, au témoignage du Pape Lucius, les aimer après sa mort (1).

Il leur laissa donc une somme de vingt-trois marcs d'argent, pour un annuel, le jour de son trépas. « La rente devra être employée chaque année, à procurer une réfection mieux servie, en souvenir du bienfaiteur. » Spirituel bienfaiteur que cet évêque qui veut que, chaque année, le jour de sa mort soit rappelé, non-seulement à l'église, mais aussi au réfectoire ! La mémoire de l'estomac, dans la pensée du donateur, devait aider la mémoire du cœur !

A la même époque, Henri, roi d'Angleterre et duc

(1) Cartulaire, p. 260.

de Normandie, s'inscrivait au livre d'or des bienfaiteurs de l'Abbaye. Il imitait en cela le roi Henri son aïeul, dont il confirmait toutes les donations.

Une autorité plus haute, celle du Pape Urbain III, confirmait encore tous les biens dont le monastère jouissait en Angleterre et en même temps la dîme de Mons-Boubert, qui lui avait été donnée par Richard d'Aust, du consentement de l'Evêque diocésain.

Parmi les biens donnés par Henri, la charte cite les églises de Stelchord, Hanton, Wikeham et Heston ; le Pape déclare à tous ceux qui oseraient entreprendre sur les droits de l'Abbaye, qu'ils encourraient la colère de Dieu tout-puissant et celles des apôtres Pierre et Paul.

Donné à Vérone, le jour des calendes de décembre 1185. Notons ici en 1191, la double fondation par Bernard IV, seigneur de Saint-Valery et Aénor son épouse, de l'abbaye du Lieu-Dieu, près Gamaches et d'un chapitre de chanoines dans le même bourg.

En 1196, Jean, comte de Ponthieu et de Montreuil, donne aux religieux de Saint-Valery un domaine si considérable qu'il doit en être considéré comme l'un des principaux bienfaiteurs.

L'acte de donation et celui de ratification sont si curieux que nous cédons au plaisir de les citer *in extenso* (1). En voici la teneur :

« Nous l'y maire et échevins et toute la communauté de la ville de Marchienterre faisons savoir à

---

(1) Dom Rupert.

tous présents et à venir qu'aujourd'hui, en no échevinage, nous a été présentée une lettre de notre grand et puissant seigneur, Jean, comte de Ponthieu et de Montreuil....., dont la teneur suit :

« Nous, Jean, comte de Ponthieu et de Montreuil, dans l'intérêt de notre âme et de celle de Béatrix notre épouse, et de mon fils et de ma fille, salut.

« Sachant que celui qui sème davantage récolte davantage, que celui qui sème des bénédictions récoltera la vie éternelle, j'ai donné et concédé, et par la teneur des présentes, je donne et concède à l'église de Saint-Valery-sur-Mer, en perpétuelle aumône, toute la terre de Saint-Quentin, vulgairement appelée *Hormas* (1), sise dans le pays du Ponthieu, au-delà de la commune de Rue, jusqu'aux dunes et jusqu'à la rive de la vallée de Rue, avec tous ses appartenances et dépendances, et tous nos droits antérieurs. Nous nous réservons toutefois sur tout le territoire pour nous et nos héritiers le droit de haute justice. Et nous demandons aux religieux de prier Dieu pour nous, pour le très chrétien roi de France, et pour nos ancêtres, etc., etc. »

« Ce fut fait et visité en notre échevinage de Marchienterre. Etaient présents : Henry Brode, mayeur, Enguerrand Sez, Sonnois, Landry, Gossé, Buffard et Jean Valle, échevins du dit Marchienterre, et témoins à la requête de l'abbé et de l'église de Saint-Valery-sur-Mer. »

« Et par l'assentiment de notre commune, avons

(2) C'est-à-dire *hors mers*, probablement parce que les terrains avaient été conquis sur la mer.

mis à ces présentes lettres, le scel de notre communauté, auquel nous promettons montrer foi, comme à l'original en tout temps à venir. Elles furent faites l'an de l'Incarnation de Notre-Seigneur, 1197, au mois de septembre, le vendredi avant la Nativité de la Vierge Marie. » — (Dom Rupert.)

C'est encore à cette époque que le comte de Ponthieu, de concert avec Bernard de Saint-Valery abolit le droit de *Lagan*. On sait qu'il consistait à s'adjuger la possession des navires que la tempête jetait sur nos côtes et à réduire en esclavage les malheureux naufragés. Philippe-Auguste et Guillaume, archevêque de Reims, confirmèrent l'abolition de ce droit barbare, et l'archevêque prononça l'excommunication contre tous ceux qui ne s'y soumettraient pas.

Si nous en croyons Mathieu Paris (1), cette année 1197, aurait été pour l'Abbaye une époque douloureuse. La guerre s'étant déclarée entre Philippe-Auguste et Richard roi d'Angleterre, les deux princes interdirent sous peine de mort, à leurs sujets de faire le commerce avec les sujets de leur antagoniste. Malgré cette défense, les Anglais, sachant que les Français manquaient de tout, passèrent le détroit avec une quantité de vaisseaux chargés de grains et de provisions, et abordèrent au port de Saint-Valery.

Richard l'ayant appris, passe la mer avec une armée considérable et abordant au dit port, il jette

---

(1) *Histoire d'Angleterre.*

l'épouvante partout. Les marchands anglais en sont les premières victimes. Richard les fait saisir et pendre. Ensuite il donne la marchandise à ses soldats et met le feu aux navires. L'Abbaye et la ville eurent leur part de cette vengeance. Presque tout fut détruit, et les habitants, sans distinction d'âge, de sexe ou de condition, furent passés au fil de l'épée.

Cette épouvantable vengeance atteste l'importance de Saint-Valery à cette époque.

Louandre prétend, avec le même historien, qu'à la suite de cette expédition, Richard aurait emporté les reliques de notre saint Patron à Saint-Valery-en-Caux, qui devrait son nom à cette circonstance.

Dom de Bournonville n'admet pas ce transport des reliques en Normandie, parce qu'on ne trouve nulle part l'époque où elles auraient été rapportées. Il faut avouer que la raison n'est pas péremptoire.

Philippe-Auguste, à l'occasion du mariage de sa sœur Alix avec Guillaume III, comte de Ponthieu, donne à ce dernier tout ce qu'il possédait à Saint-Valery, sauf la régale de l'Abbaye et l'hommage du sieur Thomas.

Des dissentiments éclatèrent entre Guillaume et Thomas, à la suite de cette céssion, mais la paix fut signée entr'eux, ainsi que nous l'apprend l'acte suivant daté de 1199 :

« Moi, Thomas de Saint-Valery, ai fait la paix avec Mgr Guillaume, comte de Ponthieu et de Montreuil, ainsi qu'il suit : Je le servirai fidèlement, comme mon seigneur, ainsi que je le dois. Je ne tenterai contre lui aucune prise d'armes, aussi longtemps qu'il respectera mon droit et celui des miens. »

Un autre traité de la même année, entre les mêmes contractants et fait à Boubers, porte que Thomas de Saint-Valery devra entretenir le port de cette ville, en l'état où il se trouvait du temps de Bernard, son père. (Ducange.)

Grâce à son habile administration, l'abbé Jean put encore assurer au monastère d'autres faveurs importantes et en particulier la dîme de Cambron qui lui fut concédée en 1202, par Robert de Francemolle.

Son administration avait duré vingt-quatre à vingt-cinq ans.

CHAPITRE XIII

Gauthier, douzième Abbé (1209 à 1235).

De même que Jean Ier, Gauthier son successeur, compte au nombre des abbés les plus illustres de Saint-Valery. Aussi habile que vertueux, il parvint à se concilier la bienveillance des seigneurs ses voisins dans l'intérêt du monastère.

L'année même de son élection, en 1209, Engerrand, vidame de Picquigny exempta les religieux de Saint-Valery de tout droit de passage sur ses terres, pour toutes les marchandises nécessaires à l'Abbaye.

La même année, Gauthier obtint la même faveur de Regnault, comte de Boulogne.

Un peu plus tard, les religieux de sainte Marie d'Epagne, lui cèdent tous leurs droits sur le moulin de Pont, près d'Eu.

Le moulin du Mollenel, sur la rivière d'Amboise, a dû être construit à cette époque. Il était à l'usage de l'Abbaye, avec droit de banalité.

Thomas restait toujours seigneur de Saint-Valery. On sait que ce fut lui qui à l'aide de ses gens, au nombre de 2500, décida la victoire, à la bataille de Bouvines. Thomas s'y distingua par des prodiges de valeur. Chose merveilleuse, dit un historien, lorsqu'après le combat, il compta le nombre de ses soldats, un seul ne répondit pas à l'appel. Encore le releva-t-on blessé au milieu des morts, et on réussit à le guérir en peu de jours.

Thomas laissa une seule fille qui fut mariée au comte de Dreux Robert, qui descendait, en ligne directe, de la maison de France, par Robert quatrième fils de Louis-le-Gros. C'est ainsi que la seigneurie de Saint-Valery passa dans la maison de Dreux. A cette époque, le port de Saint-Valery a repris son activité commerciale. Nous en avons la preuve dans divers traités passés entre le comte de Dreux, seigneur de Saint-Valery, et Guillaume de Talvas, comte de Ponthieu. Ces traités ont pour but de régler la situation des navires qui abordent soit à Saint-Valery, soit au Crotoy.

En 1220, le pape Honorius autorise les religieux à construire une chapelle à Cythernes, où l'Abbaye avait de nombreuses propriétés. En notifiant cette autorisation à l'évêque d'Amiens, le Souverain Pontife a soin de sauvegarder tous les droits des paroisses voisines. L'oratoire ne devra servir que pour les religieux et leurs serviteurs.

C'était autrefois un ancien usage d'unir les monastères entr'eux, afin de se rendre participants des prières et bonnes œuvres de tout genre, les uns des autres. Par des lettres en date de 1226, Robert, abbé de Cluny, dont le monastère était reconnu comme l'un des plus réguliers de France, et Gauthier, abbé de Saint-Valery, se concédèrent mutuellement les avantages de cette belle et utile association.

L'an 1231, Hugues des Fontaines, seigneur de Long, donne à l'église de Saint-Valery un fief avec un bois, au village de la Neuville-au-Bois (1).

Nous sommes à l'époque de la constitution des communes; quand et comment fut fondée la commune de Saint-Valery? Les documents nous font défaut, pour répondre à cette question. Ce que nous savons, c'est qu'elle existait avant 1232.

Cette année vit se produire de très graves événements. Ils furent sans doute la conséquence des idées du temps.

Les luttes des empereurs d'Allemagne contre le pape, et les révoltes des Albigeois, avaient leur contre-coup partout. Les esprits étaient à l'indépendance, et l'indépendance se manifestait par des tentatives d'insurrection.

---

(1) Le Cartulaire.

A la suite de graves désordres, les religieux qui s'attribuaient la juridiction sur la ville, avaient excommunié les habitants et jeté l'interdit sur l'église paroissiale. Cette mesure excita dans le peuple une certaine fermentation.

Les religieux ayant organisé une procession du monastère à l'église, afin de retirer le Saint-Sacrement et les saintes Huiles, quelques bourgeois sonnent la clocle du Beffroi. Le peuple se rassemble, des murmures éclatent, et bientôt on arrive aux voies de fait.

Les religieux poursuivis, sont obligés de se réfugier en une maison particulière, peut-être au presbytère, où les bourgeois et le peuple les tiennent enfermés pendant trois jours.

Les religieux sollicitent des vivres. On leur fournit seulement du pain, et ajoutant l'insulte grossière à la violence on leur offre pour boisson *de l'eau qui a été bue.*

Les passions fermentent. De l'insulte on arrive à la dérision et au sacrilège. En dérision de l'autorité que les religieux avaient sur les habitants, plusieurs des révoltés s'affublent d'ornements ecclésiastiques, s'organisent en procession et contrefont l'aspersion autour de l'église. La rage augmente. Les portes de l'église, sont brûlées et dans le foyer embrasé on jette la statue de la sainte Vierge et celle de saint Jean l'Evangéliste !

Un enfant étant venu à décéder, deux séculiers, dont l'un prend la qualité de prieur et l'autre celle de prévot du monastère, contrefont les cérémonies, et, avec des étoles de paille, procèdent à l'inhumation.

L'abbé qui était un homme d'une insigne piété et craignant Dieu, dut exposer les faits au Souverain Pontife Grégoire IX. Le Saint Père, sur sa plainte, expédia quatre brefs, dont le premier était adressé au roi de France, pour l'engager à faire justice d'un crime si grave, avec injonction de remettre l'abbé et les religieux en leurs droits.

Le second était adressé à l'archevêque de Rouen, afin qu'il portât Robert, comte de Dreux et seigneur de Saint-Valery, à mettre les habitants à la raison.

Le troisième adressé au comte Robert, le priait de punir les coupables.

Le quatrième bref enfin était envoyé à l'archidiacre d'Amiens et au Doyen de la Cathédrale, avec plein pouvoir d'informer des faits, d'excommunier les habitants et de leur imposer une pénitence salutaire, même d'aller à Rome.

Les habitants de Saint-Valery, épouvantés de ces brefs et craignant les rigueurs de la justice, pour un crime si grave, cherchent à se mettre à couvert par un compromis. Ils choisissent pour arbitres l'évêque de Beauvais et Thibaut, archidiacre d'Amiens. Ils s'engagent à l'avance à se soumettre à leur jugement, sous peine de 1,000 livres parisis d'amende, en cas de non exécution.

Sentence des Arbitres en l'an 1234.

1° Que la grosse cloche qui avait été sonnée pour mutiner le peuple, serait dépendue, à la diligence et aux frais des mayeur et échevins, et par eux, cassée et rompue à coups de marteau, avec permission toutefois d'en faire fondre une autre, si bon leur semble.

2° Que celui qui était alors mayeur avec les échevins et trente-six habitants désignés, iraient le lendemain de Pâques, à l'heure de la grand'messe de l'Abbaye, avec des torches à la main, de l'église paroissiale à l'église de l'abbaye, qu'ils se jetteraient aux pieds de l'abbé ou du prieur pour lui faire leurs excuses. Que les mêmes dénommés, la torche à la main, après l'Octave de Pâques, iraient depuis la porte d'Amiens jusqu'en la Cathédrale, et de là en l'église de Corbie ; puis à Saint-Riquier, après à Abbeville en l'église Saint-Pierre ; de là à Saint-Josse de Montreuil, ensuite à Beauvais en l'église cathédrale et au monastère de saint Lucien ; après à Rouen, en l'église cathédrale, à Saint-Ouen et à Sainte-Catherine ; de là en l'église abbatiale d'Eu et du Tréport, et enfin à Aumale, apportant de partout certificats et attestations de la manière dont ils s'étaient présentés.

3° Que le dit mayeur avec douze habitants également nommés, iraient à Rome, dans l'Octave de la Nativité de la Vierge, se présenter aux pieds du Pape duquel ils rapporteraient lettres d'absolution aux dits abbés et religieux de Saint-Valery, auxquels ils paieraient pour leurs frais et dépens deux cents livres parisis ; savoir la moitié au jour de l'Ascension, et l'autre moitié au jour de tous les Saints.

Donné à Cent puits, le mardi après le dimanche des Rameaux, de l'an de Notre-Seigneur 1234.

Sentence du comte de Dreux.

Après la sentence des Arbitres, Robert comte de Dreux et seigneur de Saint-Valery, rendit la sienne. Elle est imprimée au livre de M. Prarond et elle porte que jamais cloche, ni beffroi, maire, échevins, jurés ou commune ne seraient ni ne pourraient être en la ville et banlieue de Saint-Valery, sans le congé et le consentement des abbés et religieux.

« Et en cas du rétablissement d'iceux par lui ou ses héritiers, du consentement des religieux, le maire serait nommé, chacun an, par l'abbé, sur la présentation de deux sujets, et il lui ferait serment de fidélité. Pour le beffroi, il ne serait établi que sur des terres tenues en fief de l'Abbaye.

Il résulte de cette sentence, dit M. Louandre, que les bourgeois de Saint-Valery ne pouvaient plus être désormais que des bourgeois *fieffés,* c'est-à-dire qu'ils tenaient leur maire et leur commune, en fief de leur seigneur. (1. pag. 202.)

Les bourgeois de Saint-Valery, se soumirent-ils à la sentence des Arbitres et à celle du comte de Dreux? M. Prarond semble le nier en invoquant un acte scellé du sceau de la commune, et par lequel ils en appelaient du Pape au futur concile.

Mais en admettant la réalité de cet acte, il ne se rapporterait évidemment pas aux évènements de 1234, puisqu'il est daté de juillet 1303.

Personnellement, nous ne doutons pas que la sentence des Arbitres n'ait été exécutée, d'autant mieux que Dom Rupert de Bournonville cite, tout au long, les noms des 36 délégués qui ont dû se rendre aux stations désignées, ainsi que ceux des douze qui sont allés à Rome.

CHAPITRE XIV

Christophe, treizième Abbé (1235 à 1252).

Christophe, successeur de Gauthier, justifia pleinement la confiance qu'avaient en lui ses confrères en le plaçant à leur tête. Pendant les 14 ou 15 ans de son administration, il fit preuve de grande prudence et habileté.

Les difficultés cependant ne lui manquèrent pas. Depuis la restauration de l'Abbaye par Hugues Capet, nous ne voyons pas que la paix ait été troublée entre les religieux et la seigneurie de Saint-Valery. Les seigneurs, sans doute, ou étaient trop bien intentionnés, ou n'étaient pas assez puissants pour disputer à l'Abbaye ses droits seigneuriaux.

Le comte Robert lui-même, devenu seigneur de Saint-Valery, par le fait de son mariage avec Aénor, fille unique et héritière de Thomas, ne paraît pas avoir eu de graves démêlés avec les religieux. Mais, à sa mort, survenue en 1234, les officiers de sa veuve, au nom de leur maîtresse et de ses enfants, issus du sang royal, suscitèrent des prétentions inconnues.

Les religieux attaqués en appelèrent au roi Saint-Louis. La cause fut plaidée le mardi d'avant l'Ascension de l'an 1236.

Les procureurs convinrent de former un jury d'honneur de quatre personnes de probité, deux de chaque côté. Elles auraient la mission de rechercher de quelle manière chacune des parties avait usé de ses droits sous les précédents seigneurs Bernard, Thomas de Saint-Valery et Robert époux de la comtesse Aénor. Seigneurs et religieux devraient jouir des droits exercés paisiblement pendant ce temps.

Si les quatre experts désignés ne pouvaient tomber d'accord, le Roy en nommerait un cinquième, et par lettres patentes, promulguerait le résultat de l'arbitrage. En cas de non exécution, la partie refusant de se soumettre, s'engageait, à l'avance, à payer une amende de mille livres tournois, à la partie adverse. Ce dont Aénor a donné acte aux religieux, par une lettre du mois de juin 1243.

Nous n'avons pas trouvé le jugement des arbitres, mais un compromis fait en 1255, avec Marie, femme de Jean, comte de Dreux, et dont nous parlerons plus tard.

Tel fut l'origine des difficultés entre les seigneurs et les religieux de Saint-Valery. Comme ces difficultés vont se renouveler souvent, dans la suite de cette histoire, il importe de revenir sur le passé et de préciser les droits de chacun, en faisant ici un article spécial sur les seigneurs avoués de Saint-Valery et sur les droits d'advouerie.

Article premier

Des avoués de l'Abbaye de Saint-Valery.

A l'époque des incursions des Normands, l'Abbaye de Saint-Valery, à l'imitation de plusieurs autres, fut obligée de rechercher la protection de quelque puissant seigneur, afin de se garder contre ces barbares écumeurs des mers.

Du Chesne, en son livre des comtes de Dreux, (liv. 1er, ch. III), où il cite Lambert d'Ardres, dit que, du temps de Lothaire, vers l'an 960, il y avait des seigneurs de Saint-Valery. Il est probable que les clercs, alors en possession de l'Abbaye, s'étaient mis pour la conserver, sous la protection de quelque seigneur que l'on a appelé ici, comme ailleurs, *avoué*, *aide* ou *défenseur*.

Le même Du Chesne, dans l'*Histoire de Normandie* (liv. 1er, ch. III), tirée d'Orderic Vital, moine de Saint-Evrold (1), parle des avoués de Saint-Valery, et donne pour titre à l'un des chapitres : *Famille des Avoués de Saint-Valery*, et il cite en premier lieu Guilbert, et ensuite Bernard Ier, Gauthier et Bernard II.

Mais avant de donner la succession de ces seigneurs, disons en quelques mots, en quoi consiste le droit d'advouerie.

Les avoués des abbayes étaient des seigneurs chargés de veiller sur leurs intérêts temporels et de

---

(1) *Orderic Vital, liv. 6. Histoire des Normands.* — *Orderic Vital, anglais de nation et moine de Saint-Evrold*, composa son histoire vers l'an 1187.

conduire à la guerre les vassaux des religieux. Leur mission était donc surtout une mission de défense. Ils étaient choisis parmi les feudataires les plus puissants de la couronne et quelquefois parmi les religieux eux-mêmes, comme il arriva en la personne de saint Angilbert, comte et abbé de Saint-Riquier. A Saint-Riquier, Angilbert était l'adversaire opposé par Charlemagne aux invasions des Normands.

Il n'est pas étonnant que les religieux de Saint-Valery, plus exposés que ceux de l'intérieur des terres, se soient placés sous la protection de seigneurs, à qui ils donnèrent une partie de leur autorité temporelle, en reconnaissance des services rendus. Investis d'une partie d'autorité, les avoués se laissèrent aller à vouloir la posséder plus grande. On envahit si facilement sur les religieux !

Ceci posé, nous passons à la liste des seigneurs de Saint-Valery. Le premier fut, selon Lambert d'Ardres, Gauthier, fils de Guillaume, comte de Ponthieu et de Boulogne, qui épousa la fille de Regnault de Saint-Valery, du temps du roi Lothaire. Or, Regnault ou Renaut, avait été probablement avoué du temps que les clercs avaient envahi le monastère, environ vers l'an 930.

Après Renaut et Gauthier vient Gulbert, surnommé avoué de Saint-Valery, seigneur de si grande noblesse et renommée que Richard III, duc de Normandie, voulut bien lui donner en mariage Papie, sa fille, environ l'an 1025. De ce mariage sortirent deux fils, Bernard qui lui succéda et Richard qui devint seigneur d'Aufay.

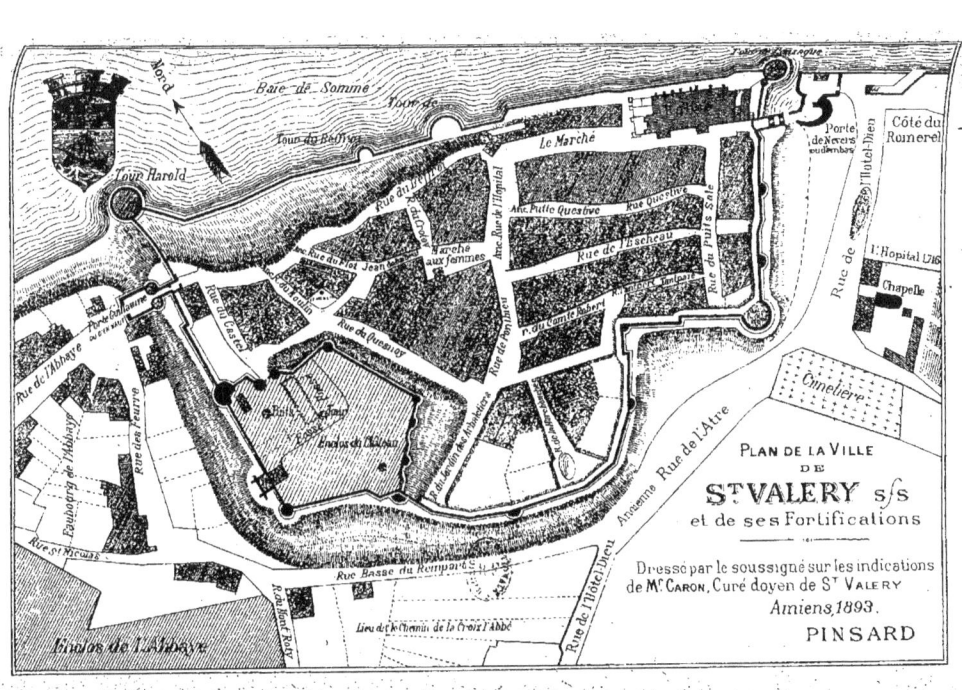

Bernard Ier, seigneur de Saint-Valery, d'Aust et Domart, environ l'an 1050, bâtit le château de Bernaville, auquel il donna son nom. Lui aussi eut deux fils, Gauthier et Gulbert.

Gauthier succéda à son père Bernard Ier. Il accompagna Guillaume à la conquête de l'Angleterre ; et puis après s'associa aussi à Robert, fils du même Guillaume, pour l'expédition de Terre-Sainte. Il eut un fils nommé Bernard.

Bernard II, seigneur de Saint-Valery est nommé entre tous les seigneurs qui accompagnèrent la Croisade en 1096, et c'est lui qui, le premier serait entré dans Jérusalem (1). Ayant succédé à Gauthier son père, il fut associé à la moitié de la seigneurie de Gamaches par le chevalier Walerand, qui la tenait auparavant en Franc-Aleu. C'est lui qui construisit le château de Gamaches. Il eut un fils nommé Bernard III, seigneur de Saint-Valery, Aust-sur-Mer, Gamaches et autres lieux, qui suivit la cour de Henri II, roi d'Angleterre et duc de Normandie, et fut envoyé par lui vers le Pape en 1165, à l'occasion de ses différends avec saint Thomas de Cantorbéry. Il eut deux enfants, Bernard et Lorette (2), qui fut mariée avec Aléaume de Fontaines, qui fit bâtir Notre-Dame de Longprez.

Bernard IV, seigneur de Saint-Valery est nommé en la charte de la commune d'Abbeville, en 1184.

---

(1) *Renseignement donné par M. Roze, curé de Tilloy-lès-Conty.*

(2) Il est dit de Lorette : *Sicut animi virtute non erat inferior viro sic barbata facie seipsam exhibuit virum...* Cette femme *à barbe*, apprit la médecine pour soigner les pauvres.

Depuis, il reconnut tenir en fief du roi Philippe-Auguste la ville de Saint-Valery, l'advouerie des terres de l'Abbaye, les châteaux d'Aust, de Domart et de Bernaville. Il épousa une dame nommée Aénor, avec laquelle il fonda l'abbaye du Lieu-Dieu, de l'Ordre de Saint-Bernard, au diocèse d'Amiens, ainsi que la collégiale de Gamaches. Bernard eut trois fils.

Le premier fut Renault de Saint-Valery qui, par un traité de 1178, fut fiancé avec Edèle de Ponthieu ; mais il mourut avant le mariage.

Le second fut Thomas de Saint-Valery, dont nous allons parler, et le troisième Bernard de Saint-Valery qui périt au siège d'Acre, en 1170.

Thomas de Saint-Valery, de Gamaches, d'Aust-sur-Mer, de Domart, de Bernaville et de Bouin, est l'une des grandes figures parmi les seigneurs de Saint-Valery. Il compte en particulier parmi les seigneurs qui se sont le plus signalés à la bataille de Bouvines, où il conduisit cinquante cavaliers et deux mille fantassins. Il fit avec eux des prodiges de valeur qui décidèrent la victoire en faveur de Philippe-Auguste.

On sait que sept cents Brabançons placés au centre de l'armée ennemie, sous la conduite de Salisbury, se défendaient avec bravoure. Saint-Valery, nous disent les historiens, bien que très fatigué se précipita sur eux, avec une telle impétuosité qu'il les tailla en pièces. Chose merveilleuse ! ajoute Guillaume-le-Breton, lorsqu'après la victoire, Thomas fit l'appel des siens, un seul fit défaut ; découvert blessé au milieu des morts, il fut rapporté au camp où il ne tarda pas à guérir de ses blessures !

Thomas épousa Edèle de Ponthieu, qui avait été fiancée à Renault son frère. Elle lui apporta en dot la terre de Saint-Aubin, près Dieppe, et confirma avec lui la fondation de Lieu-Dieu, en 1207. De Thomas et d'Edèle, naquit Aénor, leur unique héritière. Elle apporta à la maison de Dreux les terres de Saint-Valery, Gamaches et autres ci-dessus, par son mariage avec Robert, comte de Dreux. Robert était fils de Robert II, dont le père fut Robert de France, quatrième fils de Louis-le-Gros, qui eut pour apanage le comté de Dreux.

Robert III assista au sacre de saint Louis l'an 1222 : ce fut lui qui donna sentence contre les bourgeois de Saint-Valery, qui s'étaient révoltés contre les religieux. Il mourut en 1234, selon Dom Rupert, sa sépulture était en l'église Saint-Yves de Braine, sous une tombe placée sous le crucifix, et sur laquelle on avait gravé ces vers :

> *Hic jacet, illustris de regum semine natus*
> *Drocarum, Branœque Comes, Robertus humatus.*

Robert et Aénor eurent quatre enfants. L'aîné fut Jean Ier, comte de Dreux et seigneur de Saint-Valery. Il promit d'établir la coutume de Domart en 1246, puis il partit pour la Terre-Sainte, où il mourut en 1255. Il épousa Marie de Bourbon, dont nous parlerons bientôt.

Le second fut Robert de Dreux.

Le troisième, Pierre de Dreux, destiné à l'église.

Et la quatrième Yolande qui devint duchesse de

Bourgogne, par son mariage avec Hugues IV, duc de Bourgogne.

Nous continuerons plus tard la généalogie des ducs de Dreux et de Braine. Notons seulement ici que l'Abbaye qui, jusque-là avait joui tranquillement de ses droits seigneuriaux, eut beaucoup à souffrir de leurs prétentions. C'est là l'origine des nombreux conflits qui vont désormais s'élever entre les religieux et les seigneurs de Saint-Valery.

Nous avons parlé du différend survenu en 1236, et qui fut soumis à l'arbitrage de saint Louis. En 1240, un autre s'éleva entre les religieux et la dame Aénor, comtesse de Dreux, au sujet des marais situés entre Cayeux et le bourg d'Ault. Pour le terminer les parties s'en remirent au jugement de deux arbitres, qui furent Jean de Nibas et Jean de Friaucourt.

Avant de terminer sa carrière, l'abbé Christophe assura encore à l'Abbaye de nombreux droits de possession à Miannay, à Cahon et à Allery. Dieu l'appela pour aller jouir de la récompense due à ses vertus, environ l'an 1252.

CHAPITRE XV

Gilles, quatorzième Abbé (1252 à 1273).

Après la mort de l'abbé Christophe, les religieux assemblés afin de lui nommer un successeur, jetèrent les yeux sur l'un d'eux, appelé Gilles, homme d'une vertu consommée.

Ses prédécesseurs avaient laissé l'observance régulière sur un pied excellent. Il n'eut donc pas de peine à la maintenir, ses religieux tendant tous à parvenir à la suprême perfection.

Sous le rapport temporel, jamais l'Abbaye n'avait été plus prospère. Aussi bien, le bon abbé s'étudiat-il à faire de sa vie un tableau que ses frères n'auraient qu'à copier. Il y réussit si bien que sa réputation s'étendait au loin. Aussi le Souverain Pontife, Innocent IV, pour lui marquer l'estime dont il l'honorait, par une bulle de 1253, lui donne la permission de porter la mître, la crosse, l'anneau, les gants, les sandales et les autres ornements pontificaux.

Ce privilège qui passa aux successeurs de Gilles, fut un jour très utile à l'évêque d'Amiens. En 1477, cet évêque était venu à Abbeville pour assister à une procession, quand il s'aperçut trop tard qu'il avait oublié partie de ses ornements. Le chemin de fer n'existant pas alors, et Saint-Valery se trouvant plus près qu'Amiens, l'évêque envoya emprunter à l'Abbaye mître, crosse et pontifical.

Signalons, en 1254, l'acquisition par les religieux d'un fief à Marcaigneville et celle du marais de Boismont, de Rodolphe de Lambercourt et de Jean chevalier et seigneur d'Offeu.

En 1255, les démêlés renaissent entre les religieux et les comtes de Dreux. Les premiers se plaignent à Marie de Bourbon, comtesse de Dreux et dame de Saint-Valery ; ils font remarquer que depuis le départ de Jean Ier son mari, pour la Terre sainte, où il mourut, on a beaucoup usurpé sur les droits de l'Abbaye.

Les difficultés se terminent par un compromis portant que les religieux et les habitants d'une des maisons de la ville qui leur appartenait, seraient exempts de tous droits, même de celui de mesurage. Ils étaient donc autorisés à avoir leur mesureur particulier, et en cas de délit, ils étaient exempts de répondre devant la juridiction de la châtellenie.

L'abbé, et les mayeurs et échevins, auraient alternativement la nomination du garde, chargé du mesurage ; mais le serment de fidélité devait toujours être fait entre les mains de l'abbé. Une clause du compromis porte que l'abbé aurait toute vicomté et justice au Mollenet.

En 1259 nous trouvons un accord entre les religieux et le bourg d'Aust dont voici la teneur : (Cartulaire, p. 176.)

« Nous, mayeur et échevins d'Aust, et toute la communauté de ce bourg, faisons savoir à tous ceux qui ces lettres verront, comme contention et débat fut ému entre nous d'une part, et religieuses personnes, l'abbé et le couvent de Saint-Valery de l'autre, au sujet des marais des dits religieux, situés entre le village d'Onival et le lieu appelé la Perle, jusqu'aux terres labourables bornées par Jean de Friaucourt chevalier, et Jean de Nibas clerc, selon la longueur et la largeur du dit marais. Comme nous soutenons avoir le droit d'y repaître nos bestiaux et l'usage d'y faire tourber, ce que les religieux nous dénient ; et comme sur cet usage, divers débats se furent émus de part et d'autre, finalement, par l'avis de gens de bien, les religieux ont permis aux habitants du dit bourg d'Aust, l'usage comme dessus est dit dans les marais qui nous sont adjacents pour quatre livres parisis qui seront, tous les ans, payés par nous, en l'Abbaye, au jour des Rois, à la charge que les dits religieux auront la pâture des bestiaux de leur maison de Warnerue, et l'usage de faire tourber pour la commodité de la dite maison, soit qu'elle soit en leurs mains, soit qu'elle soit baillée à ferme ; à condition de l'usage de la pâture des bestiaux de tous leurs sujets qui sont demeurant dans la paroisse de Warnerue et de tous ceux qui, durant ce présent accord, pourront prouver devant les dits religieux, qu'ils sont de droit en usage dans le dit marais. Fait en 1259, au mois d'avril. »

En 1261, Robert IV, fils de Jean 1er, était seigneur de Saint-Valery. La généalogie par nous faite des seigneurs de Saint-Valery se terminant à Jean, nous la continuons ici.

Robert IV succéda à son père dans le comté de Dreux et la seigneurie de Saint-Valery. Il épousa Béatrix, fille de Jean comte de Monfort Lamaury, et de Jeanne de Craon, dont il eut deux fils et trois filles.

L'aîné fut Jean II qui devint grand chambrier de France. Il épousa en premières noces Jeanne de Beaujeu. Quatre fils naquirent de ce mariage, Robert, Jean, Pierre et Simon de Dreux.

L'aîné Robert V, épousa Marie d'Anguien, dont il eut quatre enfants qui moururent en bas âge.

Jean III son frère, lui succéda au comté de Dreux. Il eut un fils, mais ce fils étant mort, le comté échut à Pierre, le troisième des enfants de Jean II.

Pierre, marié à Isabeau de Melun, eut une seule fille, Jeanne de Dreux qui mourut sans enfants.

Après sa mort, le comté passa à Jeanne de Dreux première femme de Louis, vicomte de Thouars.

De Louis et de Jeanne, naquit Simon de Thouars, comte de Dreux, marié plus tard à Jeanne d'Artois, fille du comte d'Eu.

Simon mourut en 1365, sans laisser d'enfants. Ses deux sœurs, Pétronille et Marguerite de Thouars, transportèrent alors au roi Charles V, leur part de comté qui vint ainsi par les filles à la couronne.

A l'occasion de l'extinction de la famille de Dreux, notre historien fait la remarque suivante qui dénote bien un religieux dévoué à son Abbaye.

« Le bon saint Valery avait obtenu à Hugues Capet et à sa postérité, le royaume de France, pour avoir retiré ses reliques de Flandre. Les comtes de Dreux, loin d'imiter la dévotion du bon roi, ne pensant qu'à usurper les biens et les droits de Saint-Valery, dans la personne de ses religieux, leur postérité n'en fut pas longtemps en jouissance. »

L'époque dont nous racontons l'histoire est en effet remplie par le récit des contestations entre les seigneurs et les religieux. Bien qu'obligés de défendre les droits du monastère par le serment qu'ils en faisaient, les seigneurs continuent leurs usurpations ; de sorte que dans un cycle de cent ans, il ne faudra pas moins de 24 traités pour mettre les parties d'accord.

Et après les 24 traités, la lutte continuera toujours. Inutile de dire que chacune des parties rejette tous les torts sur la partie adverse.

Parmi ces contestations, citons celles survenues en 1261 avec Robert IV, comte de Dreux et seigneur de Saint-Valery. Elle se termina par une transaction. Il en fut de même en 1262, en 1269, en 1273 et en 1279.

Il résulte des diverses transactions qu'à cette époque l'Abbaye possédait toujours le vicomté et toute justice à Ellaincourt, Woignarue, Ottrainville, Nibas, Tilloy et dans son fief de Cahon.

Sous l'administration de l'abbé Gilles, les religieux augmentent encore leurs propriétés sur la Neuville-au-Bois, Miannay, Quend et Nibas, et ils acquièrent un fief à Méréaucourt.

Notons enfin en 1273, l'acte par lequel Robert V autorise les religieux à faire enclore le bosquet. Il est question dans cet acte de la croix qui est vers la tieullerie.

Cet acte est probablement l'un des derniers de l'abbé Gilles, car on rapporte sa mort à l'année 1273.

CHAPITRE XVI

NICOLAS Iᵉʳ, QUINZIÈME ABBÉ (1273 à 1291).

Nicolas Iᵉʳ ne se montra en rien inférieur à Gilles, son prédécesseur. Aussi, sous sa direction, l'Abbaye continua de prospérer.

Des difficultés s'étant élevées entre l'Abbaye de Saint-Valery et celle du Lieu-Dieu, touchant la possession des marais qui sont entre la maison de Beaurepaire et Broutelles, on les termina par un accord amiable, l'an de grâce 1276 (1).

La même année, les religieux de Saint-Valery échangèrent leur terre de Verrines ou Vraignes, contre celle que les chevaliers de Jérusalem avaient à Méréaucourt.

En 1279, de nouvelles difficultés surgissent entre les religieux et le seigneur (2). Les religieux se plaignaient que les gens du seigneur leur avaient fait tort pour plus de 200 livres et d'autres usurpations. Par contre, le seigneur se plaignait de ce que l'abbé avait placé une croix de pierre, que l'on appelle encore aujourd'hui la croix l'abbé, sur un terrain qui lui appartenait, sans sa permission.

Ainsi divisées, les parties eurent la sagesse de s'en

---

(1) Cartulaire, 158.
(2) Cartulaire, 158.

rapporter à la décision de l'évêque d'Amiens qui les accorda.

Pour la curiosité de la chose, citons ici un acte de 1280, portant donation à l'Abbaye d'une maison de la ville, près de l'église Saint-Martin. (Cartulaire 165.)

« A tous ceux qui ces présentes lettres verront, l'official de l'église Saint-Valery-sur-Mer, salut. Sachez que Mathieu dit de la Conque et Ercemburge son épouse ont, en notre présence, reconnu avoir donné et concédé, en pure et perpétuelle aumône, à l'église de Saint-Valery, une masure comme elle se comporte en long et en large, située dans la ville de Saint-Valery, près de la maison de Jean de Nibat écuyer, et derrière l'église de Saint-Martin, laquelle masure les dits Mathieu et Ercemburge ont remise entre nos mains, pour les besoins de notre église et de nos successeurs, en affirmant avec serment qu'ils ne molesteront jamais, ni ne feront molester la dite Église et en renonçant expressément à tous les droits possibles en leur faveur et contre nous. » Cette maison n'est-elle pas le presbytère actuel?

En 1284, Philippe Le Hardi, roi de France donna un amortissement de toutes les possessions présentes et futures de l'Abbaye.

L'abbé Nicolas gouverna le monastère environ dix-huit ans et s'en alla vers une vie meilleure, en 1291.

CHAPITRE XVII

André Ier, seizième Abbé (1291 à 1303).

Les prédécesseurs de l'abbé André avaient réussi à assurer la prospérité temporelle de l'Abbaye. Celui-ci s'occupe surtout de la prospérité spirituelle. C'est au moins ce que nous apprend un ancien écrivain disant : « *Multitudo monachorum sub venerabili patre Andrœa arduam regularis militiæ vitam agebat.* » Sous l'abbé André, les religieux étaient une multitude, et cette multitude s'efforçait de parvenir à la vie parfaite.

Les religieux, du reste, n'eurent ici qu'à suivre les exemples de leur abbé, qui était un modèle de toutes les vertus qui font le bon supérieur.

Il était en particulier très charitable, et son bonheur était de visiter les malades de la communauté et de leur rendre tous les devoirs que saint Benoît recommande si expressément à tous les supérieurs. Aussi à sa mort, arrivée en 1302 ou 1303, il n'y eut qu'une voix pour faire son éloge.

Un traité de 1292, fait avec Jean IV, comte de Dreux, atteste cette prospérité de la communauté. Il y est constaté que les religieux pourraient avoir dix-sept francs sergents, exempts de la juridiction du Seigneur, et en plus cinq autres dans l'Abbaye et faisant fonctions d'écuyer, de cellerier, de couvreur, charpentier, portier, etc. Ces sergents pourraient être échevins, et leurs femmes et leurs maisons exemptes, comme celles des dix-sept sergents. (Cartulaire, p. 89.)

Ce nombre d'officiers exempts atteste la prospérité de l'Abbaye à cette époque.

L'année suivante, l'archevêque de Reims étant venu à Saint-Valery, et prétendant y exercer sa juridiction, les religieux, toujours à cheval sur leurs droits, protestèrent en se réclamant de leur exemption. L'affaire fut soumise à des arbitres et au Saint-Siège, dont la décision n'est pas connue, peut-être parce qu'elle était défavorable à l'Abbaye.

C'est pendant l'Administration de l'abbé André que Jean de Bailleul devint roi d'Écosse ; mais battu à *Dumbar* en 1296, par Edouard roi d'Angleterre, il fut fait prisonnier et il vint mourir obscurément dans ses terres de Picardie.

CHAPITRE XVIII

Jean II, dix-septième Abbé (1303 à 1340).

Jean de Cressy succéda à André Ier, en 1303. Par sa naissance il appartenait à l'une des grandes familles du pays, la famille de Cressy. Mais par la vigueur et la tenacité de son esprit, il dépassait le commun des hommes. Aussi, jouit-il d'une influence considérable au-dedans comme au-dehors du monastère. Les grands surtout l'avaient en singulière estime.

Nous en avons une preuve dans le choix fait de sa personne par Robert de Courthenay, archevêque de Reims, pour assister au concile provincial, tenu à Senlis, en 1318.

Convoqué à l'occasion des impôts et des tributs demandés au clergé par Philippe le Long, ce concile donna à Jean, comme aux abbés de la Province, l'occasion de montrer la force et l'indépendance de son esprit à maintenir et à défendre les droits de l'Église.

Fort de cet ascendant, Jean en profita encore pour amener Robert V, comte de Dreux, à renouveler le serment de conserver et de garder les droits de l'Abbaye.

A titre de curiosité, nous citerons ici la plus grande partie du serment prêté par Robert V, le 22 avril 1321.

« Nous Robert, comte de Dreux et de Braine, avoué de Saint-Valery, faisons savoir à tous comment religieuses personnes, l'abbé et le couvent de Saint-Valery, disent que nous et nos hoirs, étions tenus à faire serment à leur Église et qu'ainsi l'avait fait notre devancier; sur ce avons eu délibération avec nos amis, et reconnaissons que nous étions tenus, et que le mercredi prochain, fûmes présent devant le grand autel de l'église de Saint-Valery, et que l'y abbé d'icelle dit à nous : Vous jurez par Dieu et par tous les saints que vous serez à cette église de Saint-Valery, aideur et défenseur en bonne foi, à votre pouvoir, contre tous et envers tous, toutes les fois que vous en serez requis ? Et nous répondîmes au dit abbé que ainsi le jurions nous, et que à notre pouvoir, leur serions aideur et défenseur, par tous les lieux du royaume de France, contre tous et envers tous. Et pour que en temps à venir débat ne soit sur cette matière, nous connaissions que nos hoirs dès la première année qu'ils régneront, le dit serment doivent faire et aller faire, dedans la dite Église, en la manière ci-dessus. »

La même année encore, l'abbé André obtint de Robert V, qu'il vendit aux religieux tous les droits qu'il avait sur les villages dépendant de l'Abbaye, ainsi que l'acquit de tous les poissons pêchés à Saint-Valery.

Convaincu de la puissance de la prière, l'abbé Jean regarda comme une grâce insigne de pouvoir s'associer et d'associer ses religieux aux prières et à toutes les autres œuvres de piété des abbés et des religieux de Saint-Riquier qui jouissaient alors d'une très haute réputation de sainteté.

L'historien de Saint-Riquier, parlant de cette association, dit : « que la ferveur des moines de Saint-Valery, nombreuse milice exercée aux rudes combats de la vie régulière fut le stimulant de cette pieuse fraternité. » C'est-à-dire que les deux communautés étaient dignes l'une de l'autre.

Il fut donc convenu, en vertu de cette association, que chaque monastère célébrerait réciproquement trois messes à l'intention de chacun des religieux dont on annoncerait le décès. En outre, le premier jour après le dimanche de *Lætare*, une messe solennelle devait être célébrée en chaque maison, pour les défunts de l'autre monastère. Touchante association qui assurait ainsi aux défunts d'un monastère, les suffrages et les prières de tous les religieux de l'autre monastère !

Rappelons encore à la gloire du bon abbé Jean l'acquisition de la seigneurie et de la Prévôté de Bourseville, en 1314 ; et en 1321, la sentence arbitrale de Pierre de Varennes et de Simon du Maisnil qui règle les difficultés entre l'abbé et le comte de Dreux, seigneur de Saint-Valery.

Signalons enfin que dans la guerre entre Philippe de Valois et Edouard III, roi de France, la ville de Saint-Valery fournit quatre vaisseaux qui portaient trois cent seize hommes. On sait que la flotte commandée par Hugues de Quiéret, amiral de France, fut défaite au combat de l'Ecluse. Nous ignorons si tous les navires de Saint-Valery, furent victimes du désastre.

CHAPITRE XIX

André II, dix-huitième Abbé (1341 à 1371)

André succéda à Jean, vers l'an 1341. Elu à l'unanimité des voix, il justifia la confiance des religieux ses Frères. Aussi pieux qu'énergique, il fut à l'intérieur un supérieur modèle et à l'extérieur un habile administrateur.

Les difficultés cependant ne firent pas défaut à son administration ; sans parler des luttes qu'il eut à soutenir contre le seigneur, nous sommes à l'époque de la guerre de Cent Ans. Saint-Valery avait eu tant à souffrir des malheurs des temps, que par lettres-patentes du mois d'octobre 1345, Philippe de Valois autorise la ville à lever, pendant trois ans, un impôt sur les vins, afin de s'indemniser des pertes que lui avait fait éprouver la guerre. (Prarond, 66.)

En 1346, lors du passage d'Edouard III à travers le Vimeu, Saint-Valery fut assez heureux pour échapper aux Anglais détachés pour le surprendre. Défendue par le comte de Saint-Pol et Jean de Huy, la ville les repoussa. On sait, hélas ! ce qui suivit : le passage d'Edouard à travers la baie de Somme, au gué de Blanquetaque, grâce à la trahison de Gobin-Agache, l'indigne enfant de Mons-Boubert, et, le 26 octobre 1346, le résultat de la bataille de Crécy, si funeste à la France !

En 1358, un parti de Navarrais, commandé par Jean de Picquigny, réussit à surprendre Saint-Valery et à y placer une garnison de cinq cents hommes, qui couraient tout le pays, jusqu'à Dieppe et Abbeville.

Fatigués de ce voisinage, les Abbevillois, sous la conduite du sieur de Piennes et du comte de Saint-Pol, organisent une armée pour s'en délivrer. Amiens, Rue, Crécy, Saint-Omer, etc., fournissent des contingents. Le siège dura depuis le mois d'août 1358 jusqu'au carême de l'année suivante (selon Froissart). A cette époque, les assiégés manquant de vivres, capitulèrent et sortirent sans armes. A peine étaient-ils dehors que Philippe de Navarre arrivait à la tête de trois mille hommes, pour les secourir. Il était trop tard !

La paix de Brétigny mit fin à ces luttes sanglantes. Le traité ayant abandonné aux Anglais le comté de Ponthieu, pour obtenir la délivrance de Jean-le-Bon, détenu en Angleterre, les vainqueurs se précipitèrent en Picardie afin de s'en emparer.

Saint-Valery faisant partie du Vimeu, avait espéré leur échapper ; mais la possession d'un port de mer avait trop d'avantages pour ne pas tenter les Anglais.

Maîtres de la ville, pour se défendre d'un retour offensif, ils entreprirent de la fortifier. Le château fut entièrement reconstruit. Les matériaux manquant, on les prit dans l'Abbaye. Les tours de l'église et le cloître furent démolis et les cloches servirent à faire des armes.

Tous ces travaux n'empêchèrent pas que les villes de Ponthieu s'étant soulevées, Saint-Valery fut repris en 1369, par Jean de Lully, Jacques de Bourbon, Guy de Châtillon, le seigneur de Poix, etc.

Les Anglais, dit la chronique, obligés d'abandonner la ville, regrettèrent vivement les dépenses faites pour la fortifier.

Les fortifications dont il est ici question, sont-elles celles dont nous voyons encore les ruines ? A en juger par le caractère architectural, nous sommes assez portés à le croire.

A cette époque la seigneurie de Saint-Valery change de maîtres. Par la mort d'Isabeau de Melun, qui, en secondes noces, épousa Jean d'Artois, comte d'Eu, la seigneurie passa de la maison de Dreux à la maison d'Artois.

Dom Rupert remarque que ce fut sans doute en punition de ses tentatives d'usurpation sur les religieux, que la maison de Dreux fut dépossédée. Si le fait est vrai, la maison d'Artois ne profita pas de la leçon, car la lutte entre les seigneurs et le monastère n'en devint que plus vive.

Non content d'avoir enlevé le fer et les meules du moulin du Molnel, d'y avoir fait saisir le blé, les chevaux, etc., appartenant à l'Abbaye, le comte d'Artois pour insulter au droit de justice qu'elle possédait, fit exécuter un criminel, tout près de l'enclos, à côté de leur maison du Maunoy. Cette maison du Maunoy est-elle la ferme du Cap ? nous nous le demandons.

Ces tracasseries amenaient toutes sortes de poursuites en la cour du Parlement. Par divers arrêtés de 1363, 1365, 1368 et autres encore, les religieux furent maintenus dans la jouissance de leurs droits, notamment des droits de vicomté et haute justice au Molnel, dans l'enclos de l'Abbaye, à Roussigny, Gillomer, Neuville et Estrebœuf.

Le comte fut encore condamné à payer aux religieux, pour le château, 12 sols parisis et quatre chapons de rente annuelle. Le dit arrêt fut confirmé par Charles V.

Quelques années plus tard cependant, en 1371,

le comte profitant du grand âge de l'abbé André, lui arracha une concession qui fut une véritable victoire. En reconnaissance des droits de l'Abbaye, il obtint que le moulin, par lui bâti dans la ville, serait à son profit; et ensuite que désormais, ses successeurs seraient déchargés du serment de fidélité. En vain on lui représentait que ses prédécesseurs avaient tenu à honneur de faire ce serment, que cette servitude, si servitude il y avait, était honorable, *que servir Dieu c'est régner*, le comte ne voulut pas céder, et un traité homologué au Parlement le 22 juin 1371, constate cette concession arrachée au grand âge de André II.

La même année, André se montra plus ferme vis-à-vis l'Evêque d'Amiens. Le seigneur de Cambron, André, avait ordonné que l'on emploierait la cinquième partie de ses biens en œuvres pies ou messes, qui seraient dites dans l'église de Cambron ou ailleurs. En exécution de ce legs, Jacques de Cambron, son frère, fonda quatre chapelles, dont deux en l'église de Cambron, une au château du dit, et la quatrième au château de Saint-Valery.

L'Evêque d'Amiens, en 1370, autorisa la fondation de ces chapelles, mais sans parler de celle du château de Saint-Valery. Frappé de cette omission, l'abbé André donna lui-même à titre d'ordinaire, la confirmation de la dite chapelle, afin de sauvegarder son droit. Il ajouta même que dans le cas où le patron aurait négligé de présenter un chapelain dans les six mois, l'abbé serait autorisé à conférer le bénéfice.

Cette chapelle a existé jusqu'à la Révolution. Et il résulte d'une délibération du Directoire du département de la Somme en date du 9 avril 1791, que M. Dubrun, même après avoir refusé le serment, a été autorisé à toucher la somme de 948 livres 10 sols, montant des revenus de la chapelle du château de Saint-Valery.

CHAPITRE XX

Firmin, dix-neuvième Abbé (1372 à 1389)

L'histoire nous a conservé peu de détails sur l'administration de l'abbé Firmin. Les malheurs des temps, sans doute, en sont la cause.

Nous trouvons cependant, en 1373, une convention conclue avec le mayeur et les échevins du Crotoy. En vertu d'une concession mutuelle, les habitants du Crotoy jouiront du droit de pâturage dans les marais de Favières, et les habitants de Favières auront le même droit dans les marais du Crotoy.

L'an 1375, il acheta de Maroye Walande une rente que le dit Maroye recevait des religieux pour une maison sise à Abbeville, dans la rue Frételongue, tenant au presbytère de Saint-Vulfran, par devant au froc, et par derrière à la rivière de Saint-Nicolas. (Lettre d'Estienne Coulon, mayeur d'Abbeville, XXIII septembre 1375.)

Depuis la fameuse révolte de 1233, les bourgeois

de Saint-Valery ne jouissaient plus du droit de commune. La sentence de Robert III avait même décidé que la commune ne pouvait être rétablie que du consentement formel de l'abbé et des religieux.

Cette situation pesait aux habitants. Aussi profitèrent-ils de la promotion de la maison d'Artois à la seigneurie de Saint-Valery, pour faire cesser une situation qui leur semblait humiliante.

Cédant à leurs instances, Jean d'Artois et Isabeau de Melun, par un acte de 1376, autorisent les habitants à rétablir leur commune, maire et échevins, sans le consentement des religieux, et à la condition que chaque bourgeois paierait annuellement un septier d'avoine et un chapon. Cette autorisation était contraire au droit des religieux et aux ordonnances de 1234. Aussi, réclament-ils avec instance.

En droit strict, les religieux avaient raison. Mais d'autre part, convenait-il de faire supporter toujours aux Valéricains les conséquences des fautes de leurs pères? Il y avait là matière à des concessions mutuelles. Mais Jean d'Artois ne voulut rien entendre, et il rétablit la Commune sans s'inquiéter des réclamations. Cet acte souleva de nombreuses difficultés qui ne furent terminées qu'en 1382 et sous l'administration d'Edmond de Boubergs, successeur de Firmin.

Avouons ici que la translation des droits de seigneurie à la maison de Dreux d'abord et ensuite à la maison d'Artois, ne fut pas favorable à saint Valery. Les seigneurs ne résidant plus, s'intéressaient moins, par le fait, à une ville qui n'était plus pour eux qu'une ville, plus ou moins importante, de leurs domaines.

CHAPITRE XXI

Edmond de Boubergs, vingtième Abbé (1379 à 1407)

Edmond de Boubergs succéda à Firmin, l'an 1379. Issu de l'illustre famille de ce nom, il unissait à la grandeur de la naissance, l'éclat du mérite et de la vertu. Aussi son élection eut-elle lieu à l'unanimité des voix. Et pendant les vingt-sept ou vingt-huit années qu'il gouverna l'Abbaye, de l'an 1379 à 1407, il justifia la confiance de ses frères.

L'un des premiers actes de son administration, fut de rétablir l'accord entre les religieux, les seigneurs et les bourgeois de Saint-Valery.

Nous venons de le dire, en 1376, une charte de Jean d'Artois avait autorisé le rétablissement de la commune, contrairement aux droits des religieux.

Inutile de faire remarquer que dans la circonstance, le peuple était avec le seigneur. L'abbé sut se montrer à la hauteur des difficultés, ainsi que nous pouvons en juger par l'accord intervenu en 1382, entre lui et Jean d'Artois.

Cet accord détermina si bien les droits et les devoirs des parties que nous n'hésitons pas à le donner en détail. Aussi bien, est-ce le meilleur moyen de faire apprécier la situation et les difficultés qui surgiront plus tard.

La dite transaction se compose de huit articles.

Le premier concernant le rétablissement de la commune, sans la permission des religieux et contrairement à l'ordonnance de Robert, comte de Dreux, règle que la commune subsistera, mais que la nomination, élection et réception des serments des maires et échevins, appartiendra aux religieux.

Le deuxième article conserve aux religieux le droit de poisson et tous les profits du hâble d'Autebut.

3° Ils permettront de tirer pierres, platanes et cailloux dans les grèves.

4° Ils auront 22 francs sergents, exempts de la juridiction du comte, des mayeurs et échevins.

5° Ils pourront donner à cens, les masures, terres vagues, et tout ce que la mer laisse ou pourra laisser.

6° Ils auront connaissance de tous les hommes couchant et vivant chez eux, et ils pourront les contraindre en leur cour, hors le cas de vicomté.

7° Les bourgeois recevront leurs héritages des religieux, sept jours après le décès de leurs parents, et ils présenteront seulement quatre deniers.

8° Les mêmes bourgeois ne pourront donner leurs héritages à surcens, sans le consentement des religieux, qui sont reconnus seigneurs de la ville de Saint-Valery, en ce qui touche la juridiction et la justice foncière.

La convention se termine enfin par une déclaration qui nous paraît un modèle d'accord parfait. Le comte déclare que loin de vouloir amoindrir les droits des religieux, il veut au contraire les garder et les augmenter. Et les religieux de leur côté déclarent que leur volonté est de toujours faire plaisir et honneur au dit seigneur et comte.

Il était impossible de mieux parler. Aussi cet accord a été ratifié par le mayeur et les échevins de Saint-Valery.

Jusqu'à cette époque, les Anglais avaient réussi à se maintenir au Crotoy. Leur présence dans cette forteresse était un grand ennui pour le commerce de Saint-Valery et pour les contrées voisines. Le roi Charles VI, pour obvier à cet inconvénient, réunit des troupes afin de se rendre maître de cette place. Les milices d'Abbeville et de Saint-Valery s'unirent aux troupes royales, et le Crotoy, pressé par la famine, fut obligé de se rendre en 1385.

En raison de la présence des Anglais, et pour la défense de la ville, les hommes valides étaient appelés à monter la garde à tour de rôle. Par un acte du 2 avril 1389 donné au Châtel de Monchiaux, Isabeau de Melun, femme de Jean, pour esquiver toute difficulté, exempte de service les hommes du Molnel, de Routhiauville, Neuville, Estrebœuf, Roussigny et Élaincourt qui relevaient de la seigneurie de l'Abbaye.

La commune rétablie, il lui fallait un beffroi. La place en fut donnée aux habitants par l'Abbaye, pour cinq sols parisis de cens.

L'acte qui relate cette donation offre pour nous un si grand intérêt, que nous sommes heureux de pouvoir le donner intégralement.

« A tous ceux qui ces présentes verront et oiront, les maire et échevins de Saint-Valery salut.

« Savoir faisons que nous reconnaissons tenir de honorables et discrètes personnes, Révérend Père en Dieu, monseigneur l'Abbé, et le couvent de Saint-Valery, les ténements ci après nommés, pour le cens, ci-après déclaré, à savoir : La place sur laquelle une partie de notre beffroy sied, ainsi qu'elle se comporte en long et en large, entre ses bornes, pour cinq sols parisis de rente.

« Item, la place dite et nommée de l'hôpital, située et assise sur la dite ville, ainsi qu'elle s'étend et se comporte, pour dix sols parisis de cens, chacun an (1).

« Item, le cimetière situé hors la ville, qui contient un journal, tant clos de mur que à clore, tant bénit que non bénit, pour dix sols parisis.

« Item, la place que l'on dit la terrière, assise hors la porte Saint-Martin, contenant un journal, pour huit sols, par chacun an de cens.

« En témoignage, nous avons mis à ces présentes lettres le scel aux armes de la ville, l'an de grâce 1391, le 10 mars. »

Le beffroi, la terrière et la place de l'hôpital de l'intérieur de la ville, ne sont plus qu'un souvenir de l'histoire ; mais, c'est avec une véritable satisfaction que nous constatons que dès l'année 1391, le

---

(1) La place dite de l'hôpital est probablement la place du petit marché. Il résulte en effet du matrologe de saint Martin, qu'une rue qui est aujourd'hui, soit la rue de Ponthieu, soit celle de Jean de Bailleul s'appelait encore en 1500 la rue de l'hôpital (page 13).

cimetière actuel servait déjà aux inhumations. O terre bénite et consacrée par l'Église, tant de générations de nos ancêtres ont été ensevelies dans ton enceinte que pour nous tu es devenue et tu restes une terre véritablement sainte !

A cette époque, l'Abbaye jouissait d'une grande prospérité. Elle possédait des biens en Angleterre et jusqu'en Allemagne. Dans ce dernier pays, elle possédait le prieuré d'Onvrassel au diocèse de Cologne, et le prieur en était Jean de Hâlon, fils d'illustre prince Regnault, duc de Gueldres, et moine de saint Benoît pour le monastère de Saint-Valery.

En Angleterre, les religieux étaient en possession de diverses terres, dont nous avons déjà parlé. Par suite des guerres qui existaient entre la France et l'Angleterre, ces propriétés devenaient un embarras. Aussi les religieux les firent vendre en 1391, et ils reçurent de l'évêque de Wincester, la somme de 6000 livres, qui furent employées à acheter des terres en France (1).

L'une de ces terres fut le fief de Saucourt, acheté en 1392 pour la somme de 570 livres. En 1407, l'Abbé donne ce fief aux religieux pour leur vestiaire, à charge de dire une messe tous les lundis à la chapelle Saint-Valery, près de la fontaine.

Vingt-deux religieux ont signé cet acte qui est curieux. Parmi eux nous remarquons les noms de Jean Dyamalle prieur, Robert Bougernast, official,

---

(1) L'Abbaye de Saint-Riquier fut moins bien avisée, et elle perdit tous ses biens d'Angleterre.

Pierre, prévôt de Favières, Jean de Mons, Eustache de Canteleu, Jean de Boubert prêtres ; et parmi les novices Gauthier de Villers, Hugues Clabaut et Guy de Guise.

L'un des témoins fut Marc de Curchellis, curé de Saint-Martin.

Vers la même époque, en 1396, par suite d'un accord entre l'abbé de Boubergs et les habitants du Crotoy et de Favières, on exécuta, dans l'intérêt de ces deux pays, un travail d'utilité publique et de grande importance. Il s'agit de l'établissement d'une digue ou chaussée de 800 pieds de long, contre la mer, dans les marais de Favières, qui appartenaient à l'Abbaye. Cette chaussée partant du Mont du Champ à Molteris, au terroir du Crotoy, allait aux fossés de Favières. Elle devait avoir cinquante pieds d'assise sur la terre et cinq pieds de hauteur. On y adjoignit deux nocqs, entretenus partie par Favières et partie par Crotoy.

L'accord fut fait en présence du sénéchal de Ponthieu.

En 1399, l'abbé de Boubergs, de concert avec le seigneur de Senneville, fit exécuter un travail de même genre sur le fond de l'Abbaye et près d'une saline appartenant aux religieux.

Ces travaux sont une preuve que les moines non contents de cultiver les lettres et de défricher les forêts pour les mettre en culture, étaient encore les pionniers audacieux des grandes œuvres d'utilité publique. Et il se trouve encore des hommes qui demandent : à quoi servent les religieux !

CHAPITRE XXII

Pierre, vingt-et-unième Abbé (1407 à 1436)

Pierre, successeur d'Edmond de Boubergs, est l'un des signataires de la charte dont nous venons de parler. Successivement pourvu de toutes les charges de l'Abbaye, et en plus, de la prévôté de Favières, il les avait remplies à la satisfaction générale. Aussi, ses confrères, qui l'avaient en très haute estime et vénération, n'hésitaient pas à lui confier la première dignité du monastère. De 1407 à 1439 que dura son administration, il se montra digne du choix fait de sa personne.

Jaloux de continuer l'œuvre de son prédécesseur, il prit soin d'employer en acquisition de terres les fonds provenant de la vente des biens d'Angleterre.

Il acheta notamment plusieurs terres à Mérélessart et à Cythernes; l'une d'elles comprenant 80 journaux d'un seul tenant, était située au *Camp*, entre les deux villages. Elle appartenait à Witasse de Mérélessart et à Jeanne de Hasterel sa femme. (Cartulaire, p. 219.)

Invité en 1407, au Concile de Paris, pour l'union de la sainte Église, Pierre ne put s'y rendre; mais il donna la procuration de le représenter aux abbés ses collègues de Saint-Germain des Prés, de Saint-Corneille de Compiègne et de Saint-Médard de Soissons.

La lutte existe toujours entre les religieux et les mayeurs et échevins. L'abbé cependant parvient à maintenir et à faire respecter ses droits.

Les bourgeois du reste, ne sont pas plus d'accord avec la seigneurie qu'avec les religieux. En 1407, Mme de Dreux et ses officiers ayant voulu mettre des impôts sur la ville de Saint-Valery, les habitants refusent et font appel aux bourgeois d'Amiens qui n'hésitent pas à les soutenir. Nous avons là, dit Louandre, une preuve que les communes se secouraient mutuellement.

Les années qui suivirent furent des années troublées pour tout le Ponthieu, et en particulier pour la ville et le monastère de Saint-Valery. Après la bataille d'Azincourt qui fut si funeste à la France, les Anglais plus puissants que jamais, sont maîtres de tout le pays, à l'exception de Guise et du Crotoy, où se trouvait Jacques d'Harcourt.

Pour comble de calamités, la haine des maisons d'Orléans et de Bourgogne divisait les forces de la France. Dans cette fatale division, Saint-Valery, occupé déjà par les Anglais, reçut en outre un parti de Bourguignons.

Du Crotoy où il commandait, l'intrépide Jacques d'Harcourt se rangea sous les drapeaux du Dauphin, et il se mit à guerroyer avec avantage contre les Anglo-Bourguignons. Ce fut alors dans le Ponthieu et surtout dans le Vimeu une lutte à outrance entre les deux partis en présence.

Pour faire cesser ces alternatives désastreuses, une bataille était inévitable. Elle eut lieu à Mons-

Boubert, le 28 août 1421. Le duc de Bourgogne attaqua les Dauphinois au nombre d'environ 15 à 1600 lances. Au premier abord, les Dauphinois avaient l'avantage, mais le seigneur de Saveuse et le bâtard de Coucy étant survenus avec leurs réserves, mirent l'ennemi en déroute. Six à sept cents hommes restèrent sur le champ de bataille. Les Bourguignons, paraît-il, ne perdirent que vingt à trente hommes. (Mézières, *Annales des Flandres*.)

Les partisans du Dauphin, après la défaite de Mons, se réfugièrent à Saint-Valery, où ils parvinrent à se maintenir. En 1422, les Anglais entreprirent de les déloger. Pour y arriver, ils vinrent s'établir dans l'Abbaye, sous la conduite du comte de Warvicq.

La mer étant libre, la ville put se défendre longtemps, en se ravitaillant sur le Crotoy, où commandait toujours l'intrépide Jacques d'Harcourt. Ce que voyant les assiégeants, ils firent venir des navires de Normandie afin d'assurer le blocus.

Dans l'impossibilité de se procurer des vivres, Saint-Valery dut penser à traiter. Il fut donc convenu que si les assiégés n'étaient pas secourus avant le 4 décembre, ils se rendraient. Le secours n'étant pas venu, il fallut s'exécuter.

A la suite de ce siège, qui avait duré trois mois, Saint-Valery paraît être resté au pouvoir des Anglais environ onze ans, jusque en 1433, où il fut repris par Charles VII, qui l'appelait *la clef* du Vimeu.

Signalons ici, avec le Père Ignace, le passage à

Saint-Valery de Jeanne d'Arc. Du Crotoy où elle fut détenue prisonnière, l'héroïque Pucelle, fut transportée dans une cage de fer à Saint-Valery. Cette ville, au témoignage de l'historien d'Abbeville, *la salua du cœur et des yeux*. De Saint-Valery la victime des Anglais fut dirigée sur Rouen, où elle devait si tristement terminer une vie glorieuse entre toutes.

Les souvenirs locaux prétendent même qu'elle aurait été enfermée dans les souterrains de la tour Guillaume. Mais aucun historien ne constate le fait.

Mézières raconte que, en 1433, Louis de Gaucourt et Regnault de Verseilles, du parti des Français, s'emparèrent de Saint-Valery ; la même année, au mois de juillet, Pierre de Luxembourg étant survenu avec un corps de douze cents hommes, la ville, après une défense de trois semaines, dut se rendre à Robert de Saveuse, qui en fut établi le gouverneur.

Ce dernier s'étant absenté en janvier 1434, les partisans du roi Charles, Philippe de la Tour et Charles des Marets, gouverneur du château de Rambures, se jettent sur la place dégarnie et s'en emparent. Le Bâtard de Fiennes, lieutenant de Robert, fut fait prisonnier et beaucoup d'autres avec lui.

Dans ces temps de misères, les succès n'étaient pas durables. La même année, la ville si éprouvée retombe au pouvoir des Bourguignons, commandés par le comte d'Etampes. Le siège dura un mois. A cette époque, les assiégés, manquant de tout, convinrent de se rendre dans dix jours, s'ils n'étaient pas secourus. Le secours n'étant pas venu, la place fut rendue, et le gouvernement fut confié à Jean de Brimeu.

Si nous en croyons Polydore Virgile, les Français y rentrèrent en 1435 ; mais attaqués, peu de temps après, par les Anglais, malgré l'énergie de la défense, ils furent forcés de se rendre sans conditions. Victime de tous ces évènements malheureux, le monastère fut ruiné et démoli et les cloches de l'église transportées en Angleterre. Maîtres de la ville, les Anglais en rétablirent alors les fortifications.

Nous n'étonnerons personne en disant avec Louandre, qu'à la suite de tous ces sièges, Saint-Valery ruiné se vit abandonné par presque tous ses habitants.

Le maire et les échevins essayèrent de profiter de ces malheurs pour se soustraire au serment de fidélité qu'ils devaient faire aux religieux, mais l'abbé Pierre les ayant mis en cause à Amiens, ils donnèrent procuration pour reconnaître qu'ils devaient le faire et le firent actuellement, en la forme qui suit :

« Vous jurez devant Dieu et par tous les saints que dorénavant vous garderez loyauté à cette Eglise de Saint-Valery, à toutes ses personnes et possessions, et que vous l'aiderez et la défendrez de tout votre pouvoir, envers et contre tous, toutes les fois que vous en serez requis ? »

« Et iceux maire et procureur ont répondu : qu'ainsi le juraient et qu'en leur pouvoir l'aideraient et défendraient par tous les lieux du royaume de France, envers et contre tous, excepté contre le Roy notre sire et notre seigneur lige. Ce fut fait et passé le douzième jour de décembre l'an 1429. » *Signé :* DE FRENOY et scellé de trois sceaux.

L'année du décès de Pierre est incertaine. Il est probable que ce fut en 1436.

CHAPITRE XXIII

BALDUIN QUIÉRET, VINGT-DEUXIÈME ABBÉ (1436 à 1466)

Un ancien catalogue résume ainsi la vie de Balduin : *Piissimus et humillimus, sponte cessit,* très pieux et très humble, il résigna sa dignité volontairement.

L'humilité et la piété sont en effet les deux vertus principales de Balduin de Quiéret. Issu de l'illustre famille des chevaliers de ce nom, il ne cherche dans la vie religieuse qu'à se faire oublier.

Avec la permission de ses supérieurs, il s'était volontairement retiré dans la solitude, peut-être dans ce qui fut appelé depuis l'hermitage de Saint-Valery et près de la chapelle de la Fontaine. Loin des hommes, il se livrait plus facilement à la prière et à la contemplation.

Plus une âme s'abaisse et plus Dieu et les hommes prennent plaisir à l'élever. C'est ce qui arriva en la personne de Balduin. Après le décès de Pierre, ses frères en religion frappés de l'éclat de ses vertus, l'élurent d'un commun accord pour leur abbé ; et malgré toutes ses résistances, ils le contraignirent à quitter les douceurs de la solitude, pour prendre la conduite de la communauté.

Cette élection fut vraiment providentielle. Les guerres dont nous venons de parler, avaient été tellement funestes au monastère, qu'il se trouvait réduit à la dernière misère. Edifices et lieux réguliers étaient en ruines; les terres sans culture ne produisaient plus que des ronces et des épines ; les revenus suffisaient à peine à nourrir dix religieux; les autres, contraints par la nécessité, avaient été obligés de se disperser de tous côtés.

Dans ces circonstances, le maire et les échevins d'Abbeville crurent l'occasion favorable pour réclamer la propriété de la maison qui appartenait à l'Abbaye en leur ville, sise en la rue Frételongue, à côté de l'hôpital Saint-Nicolas et appelée l'hôtel de Saint-Valery. L'abbé Balduin soutint si bien les droits de l'Abbaye, qu'une ordonnance du 22 septembre 1439, signée par Robert Roussart, lieutenant du sénéchal du Ponthieu, lui donna pleine et entière satisfaction.

Il y a plus, pour remédier à la misère des temps, il obtint de David des Fontaines, seigneur de la Neuville, l'abandon au monastère du riche personnat de Pendé, avec tous les avantages à lui attachés. Cette cession fut approuvée par le Pape Nicolas IV en 1457 et plus tard par l'évêque d'Amiens, qui donna son consentement, à condition de lui payer annuellement quatre livres tournois de reconnaissance. (Cartulaire, 141.)

En considération de cette faveur et d'autres

encore reçues du dit David des Fontaines, l'abbé Quiéret lui donna à bail à vie la terre et seigneurie de Montmorency-les-Paris, moyennant une redevance de six deniers parisis et deux sols de rente.

C'est au temps de l'abbé Balduin, en 1435, que Philippe VII signa, à Arras, son traité avec Philippe le Bon, duc de Bourgogne. Par ce traité le roi cède au duc les villes de la Somme, y compris Saint-Valery, en se réservant pour lui ou pour ses successeurs la faculté de les racheter, moyennant quatre cent mille écus d'or.

Le roi d'Angleterre, mécontent, commence les hostilités. La garnison du Crotoy se met à courir les campagnes, pour les dévaster. Florimond de Brimeu, sénéchal du Ponthieu, Richard Richeaume, capitaine de Rue et Robert du Quesnoy, gouverneur de Saint-Valery, se coalisent pour mettre un terme à ces incursions.

Trop faibles pour tenter une attaque de vive force sur le Crotoy, ils ont recours à la ruse. Robert du Quesnoy, montant un bateau, avec une trentaine d'hommes, va s'échouer au-dessus du Crotoy. Les Anglais les ayant aperçus, sortirent pour les prendre. Mais de Brimeu, qui s'était embusqué dans les dunes, leur coupe la retraite. Soixante-quatre anglais furent tués et beaucoup d'autres faits prisonniers. La ville fut emportée d'assaut, mais les Anglais se retirèrent dans le château, et ils n'en furent chassés que treize ans plus tard, en 1452.

En 1458, il y eut à Saint-Valery si grande et si aspre mortalité, que partie des pêcheurs qui habitaient la ville allaient de vie à trépas. Les autres se réfugièrent ailleurs. La mortalité sévit surtout de la Saint-Jean-Baptiste à la Toussaint. (De Beauvillé. Documents inédits, 135.)

Ajoutons que le monastère de Saint-Valery ne fut pas le seul à souffrir des malheurs des temps. L'abbaye de Forestmontiers cherchait également à se relever. Aussi voyons-nous, en 1457, ses religieux présenter à Saint-Valery une relique plus ou moins authentique, dans le but de solliciter des aumônes dans l'intérêt de leur monastère.

Cette Relique, à les entendre, était le bras de saint Valery. Emus de cette prétention, les religieux font saisir la relique. Selon eux, il y avait là une supercherie, et ils ne parlaient de rien moins que de s'en emparer. Pour obtenir qu'elle lui fût rendue, l'abbé de Forestmontiers fut obligé de promettre que jamais plus elle ne serait portée en dehors du monastère, et présentée comme le bras de saint Valery.

Enfin, le bon Abbé, se sentant, en raison de son âge, impuissant à bien administrer le monastère, se démit volontairement entre les mains du Pape Paul II, lequel nomma pour le remplacer Robert de Putot.

CHAPITRE XXIV

Robert de Putot, vingt-troisième Abbé (1466 à 1477).

Robert de Putot était un religieux de haute naissance et de rares qualités. Le Saint-Père, dans la

Bulle de nomination, le constate, et il dit « qu'il est de noble extraction, intelligent dans les affaires et doué de grandes vertus. Il supplie donc le roi de vouloir bien agréer sa nomination. »

Nous n'ajouterons rien à cet éloge, sinon qu'il s'en montra digne : Religieux modèle, il devint un Supérieur modèle, et donna à tous l'exemple de la fidélité à la règle et de tous les devoirs accomplis.

Malheureusement les temps étaient mauvais, et son administration fut assez courte. Aussi bien, Robert ne put-il faire tout ce qu'il aurait désiré. Il put au moins mettre de l'ordre dans les affaires de l'Abbaye, et rendre les bâtiments en état de recevoir la plupart des religieux qui, par suite des guerres, avaient dû quitter le monastère.

Ce résultat témoigne d'autant mieux en sa faveur que les années de son administration continuèrent d'être troublées par la guerre que se faisaient alors Louis XI et Charles le Téméraire, duc de Bourgogne.

En 1471, Charles le Téméraire, ayant assiégé Beauvais sans pouvoir s'en emparer, se précipite, comme un torrent, sur la Normandie et le Vimeu, où il met tout à feu et à sang. Saint-Valery fut pris, ainsi que la ville d'Eu et Rambures, mais il fut bientôt repris par les Français, qui l'évacuèrent à l'approche d'Olivier de la Marche, l'un des plus célèbres lieutenants de Charles.

La conquête des Bourguignons ne fut pas de longue durée, puisque, en 1472, le seigneur Joachim Rouhault de Gamaches reprit Saint-Valery pour le roi.

Le bruit courut alors que le roi allait faire procéder à la destruction de ses murailles ; les habitants d'Amiens, inquiets de ce bruit, adressent au roi la note suivante (février 1472) : « La nouvelle s'étant répandue que le roi avait donné l'ordre de démolir Saint-Valery, l'Echevinage envoie un député au roi pour lui représenter que ce serait grand dommage pour la Picardie, pour le royaume tout entier et spécialement pour la ville d'Amiens, etc. »

La démolition n'eut pas lieu alors. Mais en 1475, les Bourguignons et les Anglais réclament les places du Littoral et en particulier Saint-Valery et la ville d'Eu ; Louis XI envoya Charles de Briquebec pour les incendier ainsi que Cayeux, ce qui eut lieu le 14 juillet.

N'est-il pas vrai qu'en se rappelant toutes ces alternatives de prises et de reprises, on se dit : Vraiment nous sommes moins malheureux que nos ancêtres !

CHAPITRE XXV

Wallerand de Launoy, vingt-quatrième Abbé (1477 à 1481).

Wallerand appartenait à l'illustre famille des Launoy, seigneurs de Morvillers et de Daméréaucourt, qui, de 1470 à 1510, donna deux Baillis à la ville d'Amiens : nous avons nommé Jean et Raoul de Launoy.

C'est assez dire qu'il eût dégénéré de sa race, s'il

n'eût été à la hauteur de la lourde tache que lui imposait la Providence, en l'appelant à succéder à Robert de Putot.

Il est probable aussi que les religieux en allant le chercher à Saint-Germer-de-Flay, pour le mettre à leur tête, comptèrent sur l'illustration de sa famille pour être utile au monastère dans des temps difficiles.

Chose remarquable, pendant que les religieux de Saint-Valery allaient chercher Wallerand à Saint-Germer, ils donnaient eux-mêmes, en 1479, un Abbé à la célèbre abbaye de Saint-Josse-sur-Mer.

Cet abbé fut Adrien du Biez, parent d'Oudard du Biez, alors Maréchal de France.

Notons ici une particularité : Wallerand, car Wallerand et Wallery c'est tout un, a seul porté le nom de notre grand Apôtre.

Ce que nous savons, c'est qu'il ne démentit pas à Saint-Valery la réputation qu'il s'était faite à Saint-Germer-de-Flay. Aussi par son habileté dans les affaires, il est regardé comme un de nos grands abbés.

Il défendit successivement les droits du monastère contre le comte de Nevers, seigneur de Saint-Valery, et le prévôt du Vimeu. Il obtint même du bailly d'Amiens l'exemption de payer aucun droit, pour tout ce que les religieux pourraient acheter à Amiens, vin, blé, bois et autres provisions.

Malheureusement son administration fut de peu de durée, et en raison du petit nombre des religieux qui se trouvaient au monastère, à la suite des guerres précédentes, il fallut encore aller lui chercher un successeur en dehors de l'Abbaye.

CHAPITRE XXVI

Jacques de Haudrechier, vingt-cinquième Abbé (1481 à 1482).

Nous ne résistons pas à la tentation de transcrire ici les pénibles impressions de Dom Rupert de Bournonville.

« Mon esprit, dit-il, a horreur d'exprimer ses sentiments, et ma plume répugne à former des caractères pour décrire un sujet si lugubre. Je déplore le funeste état auquel cette abbaye était réduite, à cause des guerres. Car, tandis qu'elle s'était conservée dans l'observance, elle trouvait en son sein des religieux capables de l'administrer. La misère des guerres l'ayant fait déchoir de la régularité, il fallut chercher ailleurs. Parfois, cette nécessité tournait à bien ; mais il n'en fut pas toujours de même, ainsi que le prouvent les résultats de l'élection de Jacques de Haudrechier. »

Ce religieux était profès de l'abbaye de Saint-Riquier. Il y avait même occupé les charges de Prieur et de prévôt. En raison de la noblesse de sa famille, il était en rapport avec plusieurs des seigneurs de la cour. Il obtint d'eux, à la mort de Wallerand, que Louis XI écrivît aux religieux en sa faveur. Et pour plaire au roi de France, ils l'élurent abbé.

En se voyant ainsi parvenu à la réalisation de ses désirs, Jacques, ce semble, devait être heureux. Mais il ne tarda pas à éprouver l'inconstance des choses humaines. Il s'était élevé petit à petit et par degrés. Un instant suffit à consommer sa chute. Est-ce folie ou jalousie? Toujours est-il que son administration durait depuis un an et demi à peine, lorsqu'il tomba au milieu du cloître, victime d'un attentat. « Triste dénouement, ajoute notre historien, qui fait voir que lorsqu'on recherche les charges de la religion avec trop de passion, cela ne réussit pas au bien de celui qui les recherche, ni à la gloire de Dieu ! »

La Bulle de Sixte IV confirmant son élection est de 1482. Bien qu'elle dise que Haudrechier ait été demandé par les religieux de Saint-Valery, l'acte d'élection n'est signé que par dix d'entr'eux. Ce sont: Dom Le Moyne, prieur; Nicolas de Noyelles, prévost; Jean Barbier, prévost de Favières; Nicolas Noyelle, s.-prieur; Jean Louvel, scolastique; Nicolas Lomistrel, chantre; Nicolas d'Ellecourt, official; Philippe de Saint-Blimont, trésorier; Robert de Crépy et Robert Le Canu, profès.

CHAPITRE XXVII

Nicolas d'Ellecourt, vingt-sixième Abbé (1482 à 1517).

Après la mort de Jacques de Haudrechier, les religieux procédèrent à l'élection de son successeur.

Ils le choisirent cette fois parmi eux, et tous les suffrages se réunirent sur le nom de Nicolas d'Ellecourt.

Bien qu'il appartint à une famille distinguée, Nicolas dut uniquement son élection à ses vertus et à son mérite personnel. Dès sa plus tendre enfance, ses parents qui avaient remarqué ses heureuses dispositions pour l'étude et la piété, prirent soin de lui faire donner une éducation brillante. Mais lui, dès qu'il fut en âge de choisir sa voie, entra dans le monastère de Saint-Valery, afin d'y consacrer toute sa vie au service de Dieu.

En agissant ainsi, il ne pensait qu'à se faire oublier. Mais le mérite et la vertu ont beau se cacher, ils finissent toujours par être reconnus. Mûr avant l'âge pour le maniement des affaires, Nicolas fut bientôt pourvu de la charge d'Official, dont il s'acquitta à la satisfaction de tous.

Le nouvel abbé cependant eut à subir quelque retard avant d'entrer en fonctions. La raison en est que Sixte IV, prétendant avoir le droit de pourvoir aux abbayes, sans élection, Nicolas semblait ainsi tomber sous la censure de l'Église.

Il devait donc en être relevé. Sixte IV étant mort sur ces entrefaites, l'absolution dut être donnée seulement par son successeur Innocent VIII. En le réhabilitant, comme si la première élection avait été irrégulière, Innocent lui donnait en même temps l'autorisation de se faire bénir, par tel évêque qu'il voudrait.

Ces provisions sont du mois de septembre 1484.

Il est difficile de rapporter en détail les améliorations spirituelles et temporelles dues à son administration. Avant tout, il s'applique à rétablir l'observance régulière. En outre, persuadé que nous avons tout à gagner à ne pas compter avec Dieu, il n'hésita pas à largement secourir toutes les infortunes qui se présentaient à lui.

La Providence récompensa si libéralement sa charité qu'on s'étonne de la prospérité de l'Abbaye sous son administration. Nous en avons la preuve dans le dénombrement des principales dépenses qu'il eut à supporter.

Nous sommes en présence d'un restaurateur. Par suite des guerres avec les Anglais et les Bourguignons, l'Abbaye était devenue une véritable ruine. Il rétablit tout à neuf. La description des cloîtres suffira à nous donner une idée de cette considérable entreprise.

« Il en existe, dit notre historien, de plus vastes, de plus élevés et où l'ordre de l'architecture est mieux observé. Mais on n'en rencontrera pas qui aient toutes les parties mieux assemblées. Il est placé à côté de la nef. On s'y rend par deux grandes portes, l'une qui est au-dessus de la croisée du côté de la façade, après avoir descendu un petit degré, composé de six belles marches de pierre ; l'autre qui sort du réfectoire et y conduit de plein-pied. Les voûtes sont raisonnablement hautes, quoiqu'elles paraissent peu élevées, en raison de la longueur et de la largeur des allées ; car le cloître est long de dix-huit toises, c'est-à-dire d'environ cent sept à cent huit pieds, et large de onze. »

Dom Rupert continue : « Le jardin de fleurs qu'on y a fait, depuis quelques années au milieu, contribue beaucoup à le rendre plus clair et plus agréable. Sa structure entre les piles est admirable; mais les guerres et l'air corrosif du pays ont tout consumé. Ce cloître contient au-dessus les dortoirs de trois côtés, avec une grande allée le long de la nef, pour faciliter le chemin aux cellules des religieux. »

Le même abbé fit encore construire la sacristie qui était longue de quatre à cinq toises et large de quatorze à quinze pieds. Au-dessus se trouvait la trésorerie. A la voûte étaient sculptées les armes de l'abbé et celles de Dom Philippe de Saint-Blimont, qui était le trésorier de la maison et le fils du seigneur du village de ce nom.

Enfin, l'abbaye dut encore à Nicolas le logis abbatial, qui était au bout de l'enclos, vers la chapelle de Saint-Valery. Ce logis fut ruiné pendant les guerres civiles de 1592.

Non content d'avoir fait ces importantes constructions, Nicolas meubla la sacristie d'un grand nombre de riches et somptueux ornements, afin de relever la majesté et l'éclat des cérémonies du culte.

Sous l'administration de Nicolas, l'Abbaye est en pleine prospérité ; c'est ainsi que nous la voyons successivement acquérir en 1492, de Jean de Noyelles, moyennant la somme de 570 livres, un fief à Saucourt, et, en 1495, d'Antoine de Nibas, la terre et seigneurie de ce pays. Cette dernière acquisition fut faite pour la somme de 1520 livres, et au profit exclusif des religieux.

En 1500, Boulde Vassal, curé de Saint-Martin des Croisettes, au diocèse de Thérouanne, donne aux religieux les fiefs de Franleu et de Mesnil, à charge d'un certain nombre d'obits.

L'an 1507, fut renouvelée et reconnue par le bailly de l'Abbaye la coutume locale de la ville. Elle diffère quelque peu de celle d'Amiens et elle contient six articles.

Cette prospérité suscita sans doute des jalousies. Aussi voyons-nous en 1515, les religieux se plaindre à Léon X des attentats commis contre eux. Plusieurs personnes avaient été assez osées pour dérober les revenus du monastère. Les fonds et les héritages, les ornements d'église, les chevaux, vaches, moutons, les meubles et même l'argent monnayé n'avaient pas été épargnés. Aussi le Pape ordonne-t-il à l'Official d'Amiens d'informer contre les coupables et même de les interdire s'ils ne reviennent à résipiscence.

Ajoutons que les privilèges de la commune, suspendus en 1429, sont rétablis en 1488 par Jean de Brabant, comte d'Eu et seigneur de Saint-Valery, le vendredi, douzième jour de décembre, fête de saint Valery.

Le seigneur, en rétablissant la commune, impose à chaque maison un septier d'avoine et un chapon.

Les habitants ayant représenté que cette obligation était bien lourde dans une ville pauvre et habitée par des marins ou des gens de métier, qui avaient peine à vivre, Angilbert de Clèves, successeur de Jean, convertit en un impôt de 40 livres tournois, par chaque année, la redevance individuelle.

Angilbert leur accorda encore la franchise du sel et l'exemption du ban et de l'arrière ban. Ils furent seulement chargés de la garde de la ville.

Terminons en rappelant qu'en 1517, François Ier de passage à Abbeville, vint visiter Saint-Valery et le Crotoy. Il parut porter un vif intérêt au commerce qui se faisait par Saint-Valery et il promit sa protection aux habitants qu'il laissa ravis de sa visite.

Nicolas d'Ellecourt mourut cette même année. Il laisse la réputation d'un grand abbé.

Pour l'intelligence de notre histoire nous ajouterons ici un mot sur la succession des seigneurs de Saint-Valery.

Nous avons vu que du temps de l'abbé Firmin, la seigneurie de Saint-Valery était passée de la maison de Dreux dans la maison d'Artois. Le premier seigneur de ce nom, Charles d'Artois, étant mort sans enfant en 1472, sa succession échut à Bonne d'Artois sa sœur, qui épousa en premières noces Philippe de Bourgogne, comte de Nevers, et en secondes Philippe le Bon, duc de Bourgogne. De sa première alliance, Bonne eut Elisabeth de Bourgogne, comtesse de Nevers et Dame de Saint-Valery, d'Ault, etc., qui porta sa seigneurie en la maison de Clèves.

C'est à cette famille qu'appartenait Jean de Brabant qui rétablissait en 1488, les privilèges de la commune, ainsi qu'Angilbert de Clèves qui les confirmait en 1493.

La seigneurie resta dans la famille de Clèves jusque vers le milieu du XVIe siècle, époque où Henriette de Clèves la porta dans la maison de Gonzague, par son mariage avec Ludovic Gonzague, prince de Mantoue, duquel vint Charles de Gonzague, duc du Nivernais, etc.

A partir de cette époque, la seigneurie échut aux filles qui la vendirent en 1640, à Nicolas-Joachim Rouhault, seigneur de Gamaches, maréchal de camp et lieutenant-général des armées du roi.

CINQUIÈME PARTIE

Les Abbés commendataires jusqu'à la Révolution

~~~~~~

CHAPITRE PREMIER

Louis Cardinal de Bourbon, premier Abbé commendataire
(1518 à 1556)

Le décès de Nicolas d'Ellecourt arriva au lendemain du Concordat conclu entre Léon X et François Ier.

Personne n'ignore la vive opposition soulevée par ce Concordat, dans le Parlement, dans l'Université et dans les abbayes.

Jusque-là, les religieux étaient restés en possession de l'élection de leurs abbés. Le concordat leur enlevait ce privilège et le donnait au Roi, à la condition de faire agréer la nomination par le Souverain-Pontife. C'est le commencement de ce que l'on a appelé depuis le régime de la Commende.

Les religieux de Saint-Valery, à l'imitation de plusieurs autres maisons, essayèrent d'échapper à la perte d'un droit dont ils avaient toujours joui.

Aussi, sans attendre la présentation du Roi, s'empressèrent-ils de procéder à l'élection du successeur de Dom Nicolas. Leurs suffrages se portèrent sur l'un de ses neveux, Dom Jacques Gréalme. Ils espéraient que par l'influence de la famille de l'élu, ils pourraient plus facilement se maintenir et conserver leurs privilèges.

L'habileté ne leur réussit pas, ayant eu affaire à trop forte partie. En effet, malgré l'élection, François Ier nomme Louis, Cardinal de Bourbon, troisième fils de François, comte de Vendôme et de Marie de Luxembourg. Il était cardinal du titre de Sainte-Sabine. Il a été achevêque de Sens le 98e, le 118e de Tréguier, le 70e de Laon, le 63e de Meaux et le 56e de Luçon. Ajoutons encore qu'il a été de plus abbé de Saint-Denys, de Saint-Corneille de Compiègne, de Saint-Pierre de Corbie, etc.

En présence d'un tel personnage, que pouvaient faire les pauvres religieux de Saint-Valery, lorsqu'il se présente pour prendre possession en personne, et précédé de vingt-cinq cavaliers armés?

Ils ne pouvaient que se résigner. Dom Jacques Gréalme même, fut tellement impressionné qu'il prit le parti de se cacher. Le Cardinal l'ayant appris, le fit venir, et pour le rassurer il le choisit pour son grand-vicaire. Il lui donne en plus l'administration du revenu d'Ounvrassel, au pays de Gueldres, où il envoya dom Antoine de Ponthieu, qui y est décédé.

L'année même de sa prise de possession, le 18 juillet 1518, le Cardinal de Bourbon donne son consentement à l'établissement des religieuses de

Saint-Dominique au faubourg du Romerel. Elles étaient venues de Thérouanne, chassées par la guerre des Anglais et des Bourguignons. Elles offraient de garder les malades gratuitement, même ceux qui étaient atteints de la peste.

Il semblait qu'un tel dévouement devait être accepté avec reconnaissance par ceux qui devaient en bénéficier. Le maire et les échevins, au contraire, ne s'y sont prêtés qu'avec toutes les précautions possibles, afin d'empêcher les empiètements de quelques pauvres religieuses. « Elles n'auront en « particulier la possibilité que de quêter *deux fois* « *par semaine au plus,* pour subvenir aux besoins « de leurs malades. » Vraiment qui n'admirerait une telle générosité !

La sentence du bailly qui accorde l'autorisation est du 17 janvier 1522, elle constitue avec l'ordonnance du Cardinal de Bourbon, les deux premiers titres de l'Hôtel-Dieu actuel.

Selon Lefils, l'hospice de Lépreux fondé au Romerel par Bernard II était tellement saccagé, qu'il n'était plus habitable. Les murs lézardés et les toits découverts laissaient pénétrer le vent et l'eau dans les appartements. Ils seraient restés dans cet état jusqu'en 1533, et c'est à cette époque que les religieuses de Saint-Dominique seraient venues s'y établir.

Ces détails sont-ils vrais ? Nous en doutons. Ce qui est certain, c'est que précédemment l'hôpital était non pas sur le Romerel, mais dans la ville. Et il était dirigé, comme celui d'Abbeville, par des

Frères de Saint-Nicolas. Il nous paraît même certain que la place actuelle du Petit-Marché devait être alors la place de l'Hôpital ou de la Maladrerie, dont nous avons déjà parlé.

Dès cette époque, la commende porte ses fruits, au préjudice des droits des religieux. Le seigneur François de Clèves, époux de la princesse de Mantoue était proche parent du cardinal abbé. Il profita donc de la circonstance à l'effet d'obtenir la concession des droits jusqu'alors énergiquement refusés. L'abbé, soit par faiblesse en faveur d'un parent, soit par trop peu d'attache à des droits qui devaient expirer après lui, céda tout et les religieux furent obligés de l'imiter à leur grand regret, 1535 et 1554.

Les travaux cependant continuaient à l'intérieur de l'Abbaye et le 17 juillet 1548, Jacques Doux, évêque d'Hébron et suffragant de l'évêque d'Amiens, Claude de Longuevy, cardinal d'Yvry, bénissait les cloîtres et consacrait les autels des trois chapelles de Notre-Dame, de Saint-Vincent et de Saint-Jean-Baptiste, dans l'église abbatiale.

Afin d'empêcher l'évêque de se prévaloir de cette consécration, les religieux eurent soin de faire constater par le suffragant qu'elle ne supposait pas la juridiction de l'évêque. Par contre, ce dernier exigea la même reconnaissance en permettant au cardinal de Bourbon de faire la procession du Saint-Sacrement dans la ville, le 28 mai 1536.

Le cardinal de Bourbon mourut à Paris, le 11 mars 1558. Son corps a été inhumé dans le chœur de la cathédrale de Laon et son cœur et ses entrailles dans l'église de Saint-Denys (1).

CHAPITRE II

Charles, cardinal de Lorraine, deuxième Abbé commendataire
(1556 à 1574).

Charles Ier cardinal de Guise, appartenait à l'illustre maison de Lorraine : Cardinal prêtre du titre de Saint Apollinaire et archevêque de Reims, il fut abbé commendataire de Saint-Denys, de Cluny, de Saint-Remy de Reims, de Fécamp, de Saint-Valery.

Remarquable par sa science et sa sagesse, le cardinal de Guise donna de lui une haute idée au concile de Trente. Au Colloque de Poissy, dont il fut le président, il confondit Théodore de Bèze et il l'obligea au silence.

Aussitôt après sa prise de possession, il nomma économe de l'Abbaye Nicolas Anguier, qui en était déjà le receveur (26 mars 1557).

En 1561, en sa qualité de membre du conseil privé, Charles obtient du roi des lettres patentes

---

(1) A cette époque, l'activité commerciale se développe à Saint-Valery. Le port prend une véritable importance. Aussi en 1554, par un édit du roi Henri II, donné à Fontainebleau, Saint-Valery, Abbeville, Etaples et Boulogne-sur-Mer sont érigés en siège d'Amirauté et relèvent de l'Amirauté de France.

Le tribunal se composait d'un lieutenant, d'un procureur, d'un greffier et d'un substitut. Il a existé jusqu'à la Révolution.

qui l'exemptent de la résidence. Il imite en ceci du reste, la plupart des abbés commendataires qui, par le fait, se désintéressent de leurs Abbayes.

Il nomma son vicaire général Jacques de Happlaincourt, qui était déjà protonotaire apostolique et abbé commendataire de Bucisy.

Depuis le commencement du XVIe siècle, Saint-Valery avait joui d'une tranquillité relative. Mais, sous l'administration de cardinal de Guise, les temps redeviennent mauvais. Le roi pour subvenir aux frais des guerres qu'il doit soutenir, soumet les monastères à une forte contribution. L'Abbaye de Saint-Valery fut taxée à 6,000 livres, et pour les payer, elle dut se résigner à vendre plusieurs terres, entr'autres celle de Méréaucourt et même l'hôtel de Saint-Valery d'Abbeville.

Un peu plus tard, en 1568, Saint-Valery est pris et pillé par les bandes de Cocqueville.

A la tête de 1800 hommes de cavalerie ou d'infanterie, ce fameux huguenot, pendant un mois entier, pille, brûle et saccage le Ponthieu, sans que personne ose lui sérieusement résister.

Le 1er juillet, ses bandes passent la Somme et se jettent dans Saint-Valery, avec l'espoir d'y faire un grand butin. Le 12, ils abattent la croix du cimetière dont ils font un feu sacrilège, et de là ils viennent se fixer dans l'Abbaye.

Le receveur, ayant réussi à gagner l'un des trompettes, lui fit sonner l'ordre de tout respecter. Comme on était à la veille de saint Benoît d'été, les soldats firent bonne chère avec ce que les religieux avaient préparé pour la fête du lendemain. A la suite du repas, le pillage commence. La plupart des religieux, par crainte des désordres, s'étaient retirés dans la ville, l'un d'eux cependant, Antoine de Saint-Ouen, fut tué.

Sur ces entrefaites, les troupes royales arrivent et s'établissent dans la ferme de l'enclos de l'Abbaye. Mais les huguenots sortant en nombre de la ville, les forcent à reculer.

La lutte continue cependant les jours suivants, jusqu'à ce que le maréchal de Cossé de Brissac les fît sommer de rendre.

La réponse de ces aventuriers fut superbe : « Nous tiendrons, dirent-ils, jusqu'à la mort du dernier d'entre nous ! »

Sur cette réponse, le maréchal fait placer une batterie de trois canons. En peu de temps, la brèche est ouverte, et le 18 juillet, l'armée royale monte à l'assaut ; ce fut dans la ville un sauve qui peut général. Sans essayer de résister, les huguenots se précipitent au bas des murailles et s'enfuient dans l'espoir de sauver leur vie. Mais cet espoir fut déçu. Ils tombèrent entre les mains des paysans qu'ils avaient volés, et la plupart furent massacrés.

Les chefs principaux furent exécutés à Abbeville, le 27 juillet et le 7 août. Les têtes de Cocqueville et de deux autres capitaines, furent portées à Paris et exposées en place de *Grève*.

Les religieuses de l'Hôtel-Dieu ayant été ruinées par le passage de Cocqueville, on leur donna cent sols sur saint Ladre, le 9 septembre suivant. (Extrait des registres aux délibérations d'Amiens.)

Depuis cette époque jusqu'en 1574, année du décès de Charles, il y a toujours eu des guerres civiles, avec la coopération des troupes espagnoles. La mort du cardinal de Guise eut lieu à Avignon, le dimanche 26 octobre, à l'âge de 49 ans et 10 mois. Son corps a été déposé dans la cathédrale de Reims derrière le second autel du chœur.

En son histoire des rois de France, de la Serre rapporte que Henri III célébrait à Avignon les fêtes de son mariage avec Louise de Lorraine, parente du cardinal, qui exerçait dans cette ville les fonctions de légat pour le pape. Le roi ayant fait à cette occasion des dépenses excessives, Henri ne savait comment les payer; Charles lui aurait conseillé de vendre pour 100,000 écus de bénéfices, et peu après ce dernier aurait été enlevé subitement, par une mort dans laquelle les religieux virent le doigt de Dieu (1).

(1) Signalons ici l'avènement à la seigneurie de Saint-Valery de Henriette de Clèves, qui, par la mort de son frère, hérite des terres de Picardie. Elle épousa Louis de Gonzague, prince de Mantoue, et, en 1574, de concert avec lui, elle fonda, à perpétuité, pour le mariage de soixante jeunes filles pauvres, des dots de cinquante livres, à distribuer chaque année. Ainsi que nous le verrons plus tard, deux de ces dots étaient distribuées à Saint-Valery.

CHAPITRE III

Louis, cardinal de Guise, troisième Abbé commendataire
(1574 à 1578).

Louis de Lorraine, cardinal de Guise, fils de François de Guise et de Anne de Ferrare, succéda à Charles de Lorraine. Il était abbé de Fécamp, de Saint-Remy de Reims et d'autres abbayes. Il fut cardinal prêtre du titre de saint Thomas, légat d'Avignon et archevêque de Reims.

C'était un prélat d'un grand mérite et surtout très charitable envers les pauvres. Il se plut en particulier à se montrer libéral envers les prêtres exilés d'Angleterre, pour la foi catholique.

En France, la guerre civile était plus animée que jamais, et la question religieuse passionnait les esprits. La chrétienne population de Saint-Valery ne manqua pas de se déclarer ouvertement en faveur de la religion.

Le 18 mai 1577, Jean de Boulogne étant mayeur, Pierre Moisnel échevin et Jean Moisnel procureur fiscal, le corps de ville prit une délibération qui fut adressée au roi et à M. de Crévecœur son lieutenant général. Dans cette délibération, les habitants de Saint-Valery « supplient le roi de n'accorder, per-
« mettre ou consentir, en tout le pays et en particu-
« lier en la dite ville de Saint-Valery, aucun autre
« culte que celui de la religion catholique, aposto-

« lique et romaine, en laquelle tous veulent vivre,
« mourir et se conserver toujours unanimement, en
« union avec le clergé, la noblesse et tous les catho-
« liques du pays. » Plaise à Dieu que les valéricains
restent toujours dignes de ces nobles sentiments de
leurs aïeux !

L'abbé Louis ne fit que passer à la tête de
l'Abbaye ; il mourut à Paris, le 23 octobre 1578.

CHAPITRE IV

Le cardinal d'Est, quatrième Abbé commendataire
(1579 à 1586).

Le cardinal d'Est de la maison des princes de ce
nom, succéda à Louis de Guise. Il fut pourvu de
l'Abbaye par Henri III, en reconnaissance des services rendus à la France, en cour de Rome.

On ne voit pas qu'il ait résidé à Saint-Valery, ni
qu'il ait fait rien de considérable en faveur de
l'Abbaye. Il en sera de même d'ailleurs de ses successeurs, qui jouiront des grands revenus du monastère, en qualité de commendataires.

Dès sa prise de possession, le lieutenant général
d'Amiens établit Richard de Mython de la ville d'Eu,
en qualité d'économe.

La guerre civile ne cesse pas. Les populations
inquiètes s'émeuvent de ce que l'on appelle le *péril
de la religion*. De toutes parts, des prières s'élèvent

vers le ciel, afin de conjurer ce péril. Les prières privées ne suffisant pas, on organise partout et spontanément des prières publiques. Ces supplications publiques constitueront ce que l'on a appelé les *processions blanches,* en raison des vêtements dont se recouvrent ceux qui y prennent part.

Celles de Saint-Valery furent faites le 27 mai 1584. Les châsses de saint Valery, de saint Blimont et de saint Vulgan, furent portées par les religieux à Mons-Boubert, Chepy, Lanchères et autres lieux. L'assistance y était si générale qu'il fut fait défense aux cabaretiers ou maîtres d'hôtels de retenir aucun voyageur ou hôte, en leur maison ; le tout dans le but de détourner la colère de Dieu et de se concilier sa miséricorde.

Le cardinal d'Est mourut le 4 novembre 1586. Il fut remplacé par Alexandre Péretty, cardinal de Montalte.

CHAPITRE V

Alexandre Péretty, cardinal de Montalte, cinquième Abbé commendataire (1586 à 1622).

La nomination du cardinal de Montalte fut, dans les pensées de Henri III, un acte politique : il voulut se faire du neveu de Sixte-Quint un protecteur des intérêts de la France, à la Cour Romaine.

Nous ne voyons pas que cet acte de politique ait contribué au bien du monastère. Il est vrai que les jours deviennent de plus en plus calamiteux pour Saint-Valery. En 1589, en particulier, les guerres de religion amènent la ruine totale de l'Abbaye.

Saint-Valery, qui tenait pour les catholiques, fut attaqué par les huguenots. A leur approche, les religieux, sachant par expérience ce qu'ils peuvent attendre, s'occupent de placer en lieu de sûreté ce qu'ils ont de plus précieux. Ils prennent soin surtout de sauver les reliques de saint Valery, de saint Blimont, etc. Ce qu'ils ne peuvent emporter est abandonné à la rapacité des ennemis. Mais la ville qui était occupée par une bonne garnison commandée par le sieur d'Aucy, résista courageusement et força les huguenots à lever le siège.

Saint-Valery fut moins heureux deux ans plus tard. Le 31 juillet 1591, à deux heures du matin, le sieur de Pallefeu, gouverneur de Neufchâtel, au nom du roi de Navarre, réussit à le surprendre. Ses troupes y entrèrent par la muraille, entre la porte d'en haut et le château. Douze gentilshommes furent tués, et avec eux le fils de d'Amerval, gouverneur du château. Ce dernier cependant tint bon et s'empressa d'informer la garnison d'Abbeville, de Rue et du Crotoy de sa situation critique. Ces trois villes qui tenaient pour la Ligue, arrivaient, ce même jour, à son secours.

L'approche de ce secours oblige de Pallefeu à renoncer à ses succès, mais pour se venger, il pille les maisons, et ensuite il fait mettre le feu à la ville, à l'Abbaye et au faubourg de la porte d'en bas.

Le 11 novembre suivant, la ville de Rue fut surprise par la garnison de Corbie, et le 20 du même mois, le duc de Nevers qui était du parti de Henri IV, bien qu'il fût seigneur de Saint-Valery, qui tenait pour la Ligue, vint pour assiéger la ville.

Arrivé à Franleu, il fait venir le curé de Saint-Martin, et il essaie de lui faire comprendre que dans l'intérêt de la ville ainsi que des villages qui l'avoisinent, il est à désirer qu'elle consente à la neutralité.

Le duc prie en même temps le curé de se rendre à Abbeville et de faire entendre au gouverneur de Hucqueville, ainsi qu'aux mayeur et échevins, que s'ils voulaient également consentir à la neutralité, il se charge de la faire accepter au roi.

A Abbeville, comme à Saint-Valery, le peuple, à qui ces propositions furent soumises, refusa formellement de les agréer.

Le duc de Nevers alors fit avancer son armée et vint s'établir à la Ferté, d'où chaque matin, il allait entendre la messe à l'Abbaye. De la Viéville, l'un de ses conseillers et du même âge que son chef l'accompagnait dans sa pieuse excursion. Entraîné par un excès de zèle, un religieux, nommé Jean d'Ellecourt, pensa à profiter de cette circonstance, dans l'intérêt de la Ligue. Il convint donc avec d'Amerval, gouverneur du château, de l'aviser, par un signal donné du haut de la tour du clocher, de la présence du duc à la messe. Ainsi averti, le gouverneur ferait une sortie et facilement surprendrait le chef de l'armée royale.

M. de la Viéville étant venu à la messe, le religieux trop patriote le prend pour le duc de Nevers, et donne le signal. D'Amerval sortant du château, s'efforce de s'emparer du sieur de la Viéville, qu'il prend pour son chef, ce qui amena la mort de douze des soldats de la Viéville.

Irrité de cette trahison, le duc fait sommer la ville d'avoir à se rendre. Elle tint bon jusqu'au 10 décembre.

Ce jour-là, d'Amerval se rendit après avoir eu soin toutefois de faire tirer cent coups de canon, dans l'espoir de se mettre à couvert ; ce qui n'empêcha pas le duc d'Aumale, gouverneur de la province, de blâmer énergiquement ce qu'il considérait comme une lâcheté.

Maître de Saint-Valery, le duc de Nevers nomma gouverneur de la ville l'un de ses compatriotes, et il plaça à la tête du château, l'un de ses capitaines, le sieur de la Verrinne.

Le 1er janvier suivant, un habitant de Saint-Valery, très zélé catholique, parvint à gagner un caporal de la compagnie de la Verrinne, et par lui tous ses compagnons, à l'exception d'un seul qui fut tué, et la nuit où cette compagnie était de garde, les portes du château furent ouvertes au duc d'Aumale, venu d'Abbeville à cette fin. Eveillé par le bruit, le capitaine se présente en chemise et une pertuisane à la main, afin de faire résistance. Il n'y gagna que de se faire tuer honorablement.

En possession du château, d'Aumale n'eut pas de peine à pénétrer dans la ville. Les lansquenets surpris essayèrent de résister, ce qui amena le massacre d'un grand nombre. Les autres s'étant réfugiés dans l'église furent obligés de se rendre.

On remit pour commander le château, d'Amerval avec charge de mieux faire et de continuer et d'achever les fortifications commencées par le duc de Nevers.

Le pauvre d'Amerval, hélas! ne justifia pas la confiance qu'on lui témoignait, car le maréchal de Biron s'étant présenté le 2 juin, pour assiéger la ville au nom du roi, le faible gouverneur se rendit le 7, sans tirer un seul coup de canon. Le duc d'Aumale en fut si indigné, qu'il refusa de le laisser entrer à Abbeville. Le maréchal de Biron laissa pour gouverneur le sieur de la Voisine, un écossais qui y resta environ six mois.

A l'occasion de ces alternatives de prises et de reprises, l'Abbaye eut considérablement à souffrir. Les reliques elles-mêmes furent à peine préservées, et les religieux au nombre de quatorze restèrent enfermés dans la trésorerie, gardés par deux cavaliers avec leurs chevaux. Pour nourriture, ils n'avaient qu'un peu de pain de munition, et ils étaient contraints de boire dans un chaudron, après les chevaux. Encore, durent-ils payer cinquante écus pour leur rançon.

Le maréchal leur ayant demandé s'ils n'avaient pas été molestés, les pauvres religieux n'osèrent même pas se plaindre, car ils savaient que la perfidie de Jean d'Ellecourt avait donné lieu à ces mauvais traitements. En ce temps aussi, les plombs du clocher furent enlevés en grande quantité et emportés avec les cloches; le comble de l'église fut abattu, le logis abbatial vers la chapelle de Saint-Valery, où demeurait le fermier de l'enclos, fut brûlé, et une partie des lieux réguliers, qui restait du sus-dit incendie, fut ruinée.

Ajoutons que six mois plus tard, en janvier 1593, la ville fut de nouveau prise par le duc d'Aumale qui en donna le gouvernement au sieur de la Fayeste. Un mois plus tard, le duc Longueville, gouverneur de Picardie pour le roi, vint de nouveau assiéger Saint-Valery et l'obliger à se rendre, et à subir de nouveau le sieur de la Voisine, qui fut encore remplacé par le sieur de la Fayeste, à la suite de la reprise du 22 décembre, par le comte de Mansfeld l'un des chefs de l'armée espagnole.

Après des luttes si longtemps et si vaillamment soutenues, après tant de prises et de reprises, Saint-Valery sentait le besoin de respirer. Il finit donc par accéder aux propositions qui lui étaient faites depuis si longtemps, et, du consentement du duc d'Aumale, il fut déclaré ville neutre.

La Ligue et le roi avaient un égal intérêt à cette neutralité, en raison des droits prélevés sur les marchandises qui abordaient au port. Ces droits partagés par moitié, ne produisirent pas moins de 300,000 lives à chaque parti. Le gouverneur était un membre de la famille de Maillefeu d'Abbeville, qui s'était toujours tenu à l'écart des luttes civiles.

Le premier traité, constatant cette neutralité, fut signé à Trouville, le 9 septembre 1593, par les ducs d'Aumale et de Longueville, et il fut renouvelé seize mois plus tard. L'un des articles porte que le cardinal de Montalte, abbé de Saint-Valery, jouira

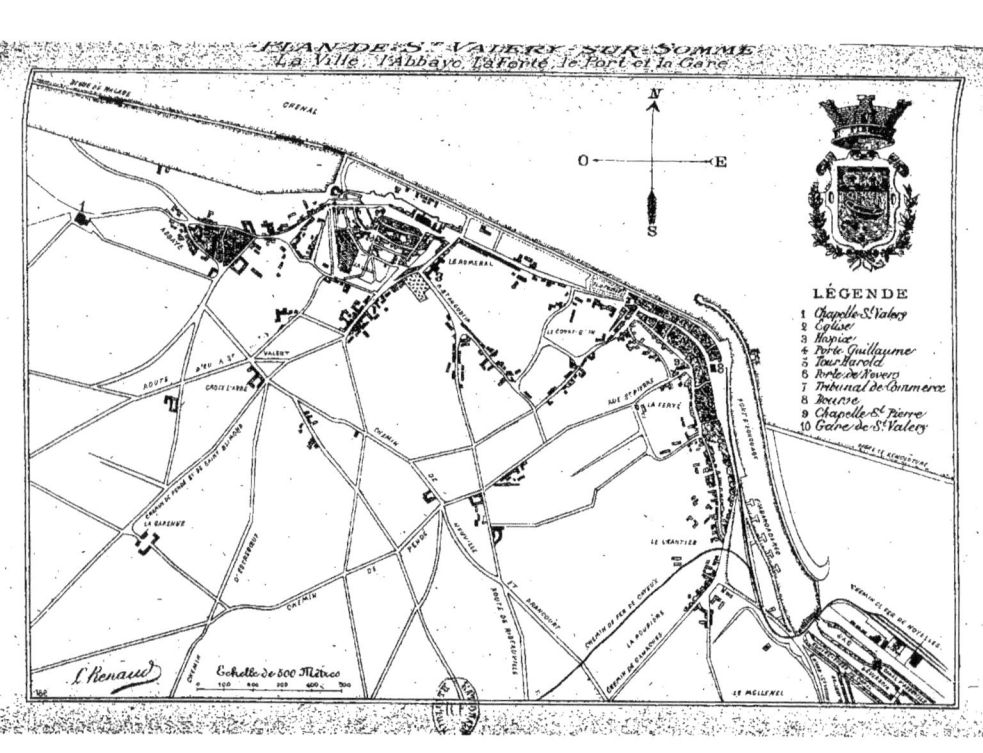

de tous les revenus de l'Abbaye, et que tous ses officiers rentreront dans l'exercice de leurs charges.

M. Louandre prétend, sans s'appuyer sur aucune autorité, qu'alors la ville aurait été démolie et le château rasé. Nous admettons d'autant moins cette assertion que la gravure de Claude de Chastillon, datée du commencement du XVIIe siècle, atteste l'existance très bien conservée des murailles et du château.

Ce qui paraît certain, c'est qu'à la suite de ces guerres la désolation est générale à Saint-Valery et dans tout le Vimeu. La misère y est même si grande que, le 21 février 1595, Henri IV exempte Saint-Valery de tailles et autres impôts pour neuf ans, à condition de payer 108 écus 65 sols par an et de les employer aux réparations des fortifications. La même exemption, avec la même charge, fut renouvelée pour dix-neuf ans en 1602. Ces deux concessions attestent l'erreur de M. Louandre.

L'année suivante, 1596, Henri IV visita Saint-Valery. Et c'est de ce port qu'il s'embarqua pour essayer d'aller en personne secourir Calais alors assiégé par les Espagnols, mais les vents contraires l'obligèrent à débarquer au Crotoy.

Signalons encore en 1604, un fait qui intéresse nos contrées : nous voulons dire le départ de Jean de Biencourt seigneur de Poutrincourt, allant au Canada, jeter avec ses compagnons les fondements de Québec et de Port-Royal.

Rappelons enfin le récit d'un accident qui atteste l'existence de ce que nous appelons encore la *trotterie*. C'était le 11 novembre 1613. Alors comme aujourd'hui la foire du lendemain attirait les marchands des villes voisines. Les marchands venaient donc d'Abbeville sur des barques, avec leurs marchandises. Or voici que sur le soir, à une demi-lieue de la ville, entre Noyelles et la Ferté la bourrasque s'éleva si violente qu'elle fit couler un bateau ; quarante à cinquante personnes furent noyées et une quantité considérable de marchandises perdues.

L'année suivante, le Hourdel apparaît pour la première fois, comme hâvre et peut-être port de refuge. (Prarond, 107.)

Dans les lignes qui précèdent nous nous sommes surtout occupés des évènements qui regardent la ville. Inutile de dire que les guerres de la Ligue ne furent pas moins funestes à l'Abbaye. Par suite de la ruine de l'église et des lieux réguliers, les religieux durent se disperser. Les uns se retirèrent dans leurs familles, d'autres trouvèrent un asile à Abbeville, où ils firent l'office en l'église de Saint-Jean des Prés ; d'autres encore, réfugiés dans la ville de Saint-Valery, se réunissaient souvent en l'église de Saint-Martin.

La paix ayant été publiée en 1599, les meilleurs parmi eux essayèrent de se reformer en communauté. Sur leur demande, et par arrêt du Parlement, Lazare Coqueloy, commissaire en la Cour, assisté de dom Trinquet, prieur de Saint-Germain des Prés, prirent des mesures pour rétablir l'obéissance régulière.

La bonne œuvre n'alla pas sans difficultés. D'une

part, les religieux, malgré leur bonne volonté, avaient peine à se soumettre à toutes les sévérités de la règle. D'autre part, l'abbé qui, par suite des guerres, ne recevait que 6,000 livres de revenu, ne se pressait pas d'achever les réparations urgentes.

En 1615 et 1617, les restaurations extérieures à l'église étaient à peu près terminées (1). Les vitraux du chœur furent même posés en cette dernière année. Mgr l'Abbé était représenté dans la grande verrière au-dessus du grand autel, en costume de cardinal, et ses armes se trouvaient au bas du vitrail.

En 1623, les stalles étaient terminées. Elles ont été exécutées par un menuisier nommé Grabet, pour la somme de 1900 livres (2).

Il y avait dix-huit stalles de chaque côté dans le haut, et quatorze dans le bas. Elles étaient fermées dans le bas, par un haut balustre à jour pour la commodité du peuple. Il s'ouvrait dans le milieu avec une porte à deux battants, au-dessus de laquelle se trouvait un tableau à deux faces, représentant le sacrifice d'Isaac du côté du grand autel, et du côté de la nef, Jésus-Christ au tombeau.

Au-dessus de ce tableau, il y avait une croix très

---

(1) Les réparations de la couverture de la nef de l'église ont été exécutées par Paul Cardelot, maître charpentier. Le contrat a été signé par les religieux dont voici les noms : Dom du Bucq, prieur ; Jean Dellecourt, sous-prieur; Jehan Blondin, Jehan Soublier, Pierre Legrand, Guillaume Ozenne, chantre ; Wallerand Ozenne, sous-chantre ; Pierre Vacquiez, Nicolas Vocquez, Jehan Pérache, Valère Machart, Quentin Boutté, Adrien Blondin, prévôt, et Gabriel Blondin.

(2) Miscellana monastica. Bibli. nat. n° 12780 p. 81.

élevée, sur laquelle était attaché le Sauveur des hommes, ayant à sa droite et à sa gauche les statues de la sainte Vierge et de saint Jean.

Le chœur avait encore deux autres portes, l'une à droite, l'autre à gauche, Du côté de l'Epitre, au-dessus du balustre, il y avait un tableau, de six à huit pieds de haut, dont le cadre était de bois doré. Ce tableau représentait le crucifiement de Notre-Seigneur, avec un grand nombre de personnages peints d'une façon saisissante. Sur le chapiteau qui était divisé en deux, il y avait un ange en bois doré et couché sur le bras. Au milieu se trouvait la statue de saint Quentin, haute de deux pieds et assise dans un fauteuil de bois doré.

Ce petit monument était l'œuvre de dom Quentin Boutté, trésorier de l'Abbaye, et il fut terminé en 1634.

Celui du côté de l'Évangile n'était ni moins grand ni moins parfait. Il représentait une descente de croix. Au milieu du chapiteau divisé comme le précédent, entre les deux anges, était la statue de saint Adrien, en costume guerrier et le casque en tête.

Par respect pour le sanctuaire, dom Wallerand Ozenne, chantre, l'avait fait fermer d'une balustrade en bois, haute de trois pieds, et dont les piliers étaient artistement travaillés.

Le même religieux avait donné le tabernacle de bois doré, très délicatement sculpté, et orné de nombreuses figures. Le rétable de dessus l'autel était fort beau, avec les corniches, moulures et chapiteaux également en bois doré, au milieu desquels se trouvait un tableau peint délicatement, représentant la descente du Saint-Esprit sur les apôtres, avec quantité de statues en bois doré, et notamment celles de saint Benoît et de saint Valery.

Dans la nef se trouvaient deux grands tableaux. Celui de droite représentait le martyre de saint Pierre, crucifié la tête en bas. Les personnages étaient si vivement peints, qu'ils semblaient vivants.

Ce tableau a été donné par dom Adrien Blondin, qui plus tard devint prieur, et a laissé souvenir de l'un des plus vertueux et des plus savants religieux de Saint-Valery.

Le tableau de gauche, semblable pour les dimensions, représentait le martyre de saint Paul, et il a été offert à Dieu par dom Robert Machart, à qui l'Abbaye était encore redevable des chandeliers de l'autel, du candélabre du chœur et du bel aigle en cuivre qui servait aux grandes solennités.

Pour donner une idée complète de ce qu'était l'église abbatiale, ajoutons que le chœur avait une couronne de sept chapelles, y compris celle de la Sainte Vierge. Ces chapelles, séparées l'une de l'autre par des piliers, étaient ornées de tableaux avec de fort beaux cadres et représentant la vie, les miracles et la mort de saint Valery. La plus remarquable et de beaucoup la plus grande était la chapelle de la Sainte Vierge, dont la décoration était due au R. P. dom Bernard. Terminons en disant que le grand comble de l'Église avait une longueur totale de 107 pieds, non compris la chapelle de Notre-Dame.

CHAPITRE VI

Guy, cardinal de Bentivoglio, sixième Abbé commendataire (1622 à 1627).

Le cardinal de Montalte, bien que ne résidant pas à Saint-Valery, avait généreusement contribué aux restaurations dont nous venons de parler. Mais en 1622, accablé par le poids de l'âge, il remit son bénéfice entre les mains du pape Grégoire XV, en faveur de Guy de Bentivoglio, cardinal prêtre du titre de saint Jean, devant la porte Latine.

Celui-ci en prit possession par procureur, le 26 février 1623, en présence de tous les religieux. Son procureur fut maître Claude Picard, avocat en la Cour. Ce dernier se montra toujours d'une bienveillance parfaite en faveur de l'Abbaye ; et, grâce à lui, les réparations commencées par le cardinal de Montalte furent continuées : Signalons notamment la restauration extérieure du portail de l'Église, les combles des dortoirs, etc. Ajoutons même qu'en l'année 1627, il consentit à accorder aux religieux une augmentation de cinq cents livres de revenu.

La même année malheureusement, un dernier acte du cardinal de Bentivoglio fait ressortir un nouvel abus des commendes. Son prédécesseur s'était démis en sa faveur, Guy de Bentivoglio fait plus : il se démet en se réservant l'usufruit, dont il jouira jusqu'à sa mort, arrivée en 1658. Mais, en même temps, il supplie le roi de vouloir bien nommer pour lui succéder Jean de Bentivoglio son neveu. Louis XIII, désireux de se ménager l'influence du cardinal, consent à sa demande, et Jean devint ainsi le septième abbé commendataire.

Sous l'administration des deux de Bentivogle, Saint Valery se manifeste centre de vie intellectuelle. La poésie en particulier y semble cultivée avec plus de passion peut-être que de succès.

Le premier de nos poètes est Jacques Leclercq, curé et official de Saint-Valery dès 1624. Son principal ouvrage est un volume de poésies, imprimé à Rouen en 1628, et intitulé *Uranie pénitente,* qu'il dédia au cardinal de Bentivoglio.

Dans son Epitre dédicatoire, Jacques Leclercq faisait de l'Abbaye ce magnifique éloge :

> Ce lieu s'est vu toujours honoré de prélats,
> Jadis saints, relevés dans les plus hauts états
> De la perfection, qui s'y remarque encore
> Des pères que l'auteur d'un tel ordre décore,
> Sous qui le ciel tirant l'effet de ses desseins,
> Fit autrefois ce lieu pépinière de saints.
> Maison de la vertu, séjour de solitude,
> L'arche des bonnes mœurs, cloître de sainte étude,
> L'école de vigueur, dans qui l'austérité
> Montrant d'un rude front la pure intégrité,
> Saint asile d'honneur, victorieuse lice,
> Où se gagnait la grâce et se perdait le vice ;
> L'ornement des picards, la gloire du Vimeu
> Qui verra les lauriers, de son renom fameux,
> Jusqu'aux siècles futurs, tant ces divins oracles
> Là par un Walery montrent de grands miracles,
> Et font que tout le monde, avec un grand concours,
> Implore, humilié, le céleste secours.

Autour de Jacques Leclercq, nous trouvons dom

Adrien Blondin, prieur de l'Abbaye et savant théologien, dom Charles Pruvost, sous-prieur, maître Nicolas Desgardins prêtre, et Guillaume du Neuf Germain, curé de la paroisse Saint-Nicolas, dont nous lisons quelques essais en tête de l'*Uranie pénitente*.

Ce souffle de vie intellectuelle et poétique contribua sans doute à exciter l'imagination d'un enfant de Saint-Valery, dont le nom jouit d'une célébrité plus grande. Nous parlons de *Martin Clairé*.

Né en 1612, il avait été sans doute l'élève des Blondin, des Pruvost, des du Neuf Germain. Il entra dans la compagnie de Jésus en 1629, l'année qui suivit la publication de Jacques Leclercq. Nous avons de lui un gros recueil d'*hymnes ecclésiastiques*, publié en 1673. (Tome 1er, p. 15, art. 5.) Prédicateur célèbre, recteur du collège de Nevers et ministre de celui de Paris, Clairé mourut à La Flèche en 1693.

CHAPITRE VII

Jean de Bentivoglio, septième Abbé commendataire (1628 à 1694).

Le grand honneur de l'abbé Jean, c'est d'avoir introduit la réforme dans le monastère. Voici les principaux incidents de cette histoire.

La réforme de la Congrégation de Saint-Maur avait été établie au collège de Cluny à Paris. Plusieurs des jeunes religieux de Saint-Valery y furent envoyés pour s'y perfectionner dans leurs études. De retour au monastère, ils racontèrent la manière de vivre des religieux de Cluny, et comment plusieurs abbayes, à leur exemple, avaient embrassé la réforme.

Ce récit, fait avec l'enthousiasme que sait mettre la jeunesse, produisit une telle impression sur l'esprit d'un saint religieux, nommé Jean Blondin, qu'il ne parlait plus que des avantages d'embrasser la réforme.

A son instigation, les religieux se décidèrent à écrire à un de leurs anciens confrères, dom Marc Blondin, afin de se mettre en rapport avec la Congrégation de Saint-Maur. Marc Blondin, après avoir fait profession à Saint-Valery, était entré dans la Congrégation, et était devenu prieur de Saint-Quentin, près Péronne.

Grâce à sa recommandation, la requête des religieux de Saint-Valery fut favorablement accueillie. Il fut donc, de concert avec dom Garil, prieur de Corbie, chargé de suivre les négociations.

L'union avec la Congrégation de Saint-Maur fut commencée en 1629, par un concordat entre les pères de la dite Congrégation et les religieux. Le cardinal administrateur des revenus et l'abbé commendataire son neveu, ratifièrent volontiers cet accord. Néanmoins, par suite de diverses difficultés, on dut conclure un autre concordat en 1644, par devant Mᵉ Blondin du Moisnel, notaire à Saint-Valery (1).

En conséquence, le premier octobre de cette année, dom Firmin Ravissant, prieur de Corbie, vient à Saint-Valery avec treize religieux procéder à la cérémonie de l'installation solennelle, en présence d'un très grand nombre de personnes de toutes conditions ; Gabriel Ruault devint prieur, Estienne Pradines sous-prieur, et Hilarion Le Fébure, professeur de théologie.

Signalons ici, à l'occasion de la visite de Louis XIII, à Saint-Valery, la façon particulière dont la pêche se faisait alors.

« Sur la côte de Saint-Valery, dit dom Rupert de Bournonville, il se fait une pêche particulière. Les pêcheurs tendent leurs filets le long de la Somme ou dans les sinuosités du sable. Puis, lorsque la mer vient à se retirer, ces bonnes gens excitent le plus gros poisson qui est ensablé en battant l'eau, et en criant en termes confus, à qui fera le plus de bruit des cinq ou six personnes qui sont dans le bâteau, ce qui fait qu'on les entend de deux grandes lieues. »

« Le roi Louis XIII, pendant le séjour qu'il fit à Abbeville, entendit parler de cette gentille pêche, et de la belle harmonie dont elle était accompagnée.

---

(1) Monasticum benedictinum, tom. 54. Latin 12701. Bibl. Nat. Presque tous les détails qui suivent sont de la même source.

Le manuscrit est intitulé : *Extrait du livre contenant les choses notables arrivées en faveur ou au préjudice du monastère de Saint-Valery, depuis l'établissement des religieux de Saint-Maur.* Il est signé : F. Nicolas de la Salle, *prieur.*

« Aussi, voulut-il s'en payer le plaisir, après avoir goûté le poisson qui en provenait, lequel ils appellent *flets hués,* à la distinction de ceux qui se prennent d'autre façon.

« A cet effet, le 6 août 1638, il fit donner rendez-vous aux pêcheurs de Saint-Valery, à une lieue du port de la Ville, sur le bord de la mer. Ceux-ci s'étant rendus dans leurs bâteaux, au nombre de quinze ou seize, ils commencèrent leur pêche et leur concert, en présence du roi, qui était dans un petit bâteau, afin d'en avoir mieux le plaisir.

« Au récit de ceux du pays, jamais il n'entendit une telle musique ; après le tonnerre et le canon, il n'y a rien dans la nature capable de faire un plus grand bruit, ce qui donna bien de la satisfaction au roi et à toute la Cour (1). »

Les pêcheurs, voyant le roi en si belle humeur, voulurent en profiter pour obtenir une faveur. Les voilà donc qui se précipitent à ses pieds, et le supplient de vouloir les décharger du payement des poissons que réclamaient les religieux.

Le roi, qui était aussi juste que bon, leur demanda de vouloir bien rédiger leur requête par écrit, ce qui fut exécuté. Le lendemain, de retour à Abbeville, Louis fit mander les religieux et les pria de remettre leurs titres entre les mains de M. de Thou, l'un de ses Conseillers d'Etat. Ce dernier rendit l'arrêt suivant :

« Sur ce qu'il a été représenté au Roi, tant par les

---

(1) M. Dusével dit que ce jour là les marins prirent un esturgeon de douze pieds de long.

maîtres de dragues que ravoyeurs de Saint-Valery, que le droit de grande et petite coutume, par eux dû aux religieux, leur était onéreux, et qu'il lui plût les en décharger, moyennant une redevance amiable pour la grande coutume et les décharger totalement de la petite....

« Sa Majesté ayant ..... ouï M. de Thou en son rapport a ordonné et ordonne, en ce qui touche la grande coutume, que la sentence rendue par le sieur *de Laffermat,* Maître des requêtes et Intendant de la justice en Picardie, le 6 janvier 1636, sortira son plein et entier effet ; à savoir les religieux auront le choix de quatre poissons plats ou de deux ronds, au lieu de quatre, ou un rond au lieu de deux, le tout de différentes espèces au choix des religieux. »

« Jouiront aussi les religieux des droits à eux dus par la petite coutume, conformément à leurs titres. Néanmoins sa dite Majesté, pour aucunement gratifier les dits pêcheurs, a ordonné qu'ils demeureraient quittes des droits de la petite coutume, pour vingt ans seulement, en payant toutefois au lieu des dits droits et par forme d'abonnement, dix sols pour chaque bâteau, gobelet ou équipage de pêcheurs, durant un an, chacune des vingt années, lesquelles expirées, les parties rentreront dans leurs premiers droits.

« Ordonne Sa Majesté qu'au cas où les religieux affermeraient la grande coutume, les dits pêcheurs alors seront préférés au bail, en payant la même redevance que le dernier enchérisseur. »

« Fait à Abbeville, en présence des parties qui ont signé : « DE THOU, BLONDIN, DU MESNIL. »

Marque de Nicolas Lebel. Marque de François Le Mercier. »

La présente ordonnance rappelle des usages qui ne sont plus de notre époque. Il est impossible cependant de ne pas admirer l'esprit de transaction qui l'a dictée. Il est impossible surtout de ne pas admirer la sagesse qui, en cas d'adjudication de la grande coutume, autorise les maîtres pécheurs à se substituer au fermier, dernier enchérisseur. Le patron par là avait un moyen certain d'échapper aux tracasseries. Et en réalité, la coutume n'était plus qu'un impôt sur le bâteau.

L'année même de la visite de Louis XIII, la princesse Marie-Louise de Gonzague, duchesse de Nevers, qui depuis fut reine de Pologne, vint à Saint-Valery, dont elle avait la seigneurie.

Les négociants qui s'y trouvaient alors assez nombreux, grâce à la paix dont jouissait le pays, demandèrent à la princesse de vouloir bien faire construire un quai le long du port, afin de faciliter le chargement et le déchargement des navires. Elle promit de s'en occuper.

A la même époque, le seigneur d'Imfreville, Commissaire général de la marine, était envoyé par Richelieu sur les côtes de la Manche, afin d'étudier l'endroit le plus propre à établir un port, capable de recevoir les vaisseaux de guerre.

Le lieutenant de l'amirauté Blondin le reçut à Saint-Valery, et lui donna tous les renseignements qu'il pouvait désirer.

Il résulte du rapport d'Imfreville que le port de

Saint-Valery était déjà d'accès difficile, à cause de l'allongement de la pointe du Hourdel, qui amenait des dépôts d'alluvions entre la ville et la mer. Aussi le rapporteur semble-t-il conclure en faveur de ce qu'il nomme la *Fosse de Cayeux,* afin d'y placer ce port.

Le projet ne reçut pas d'exécution, et Saint-Valery continua à rester le port de la Somme. C'est alors que Charles Sire, marquis de Saveuse, gouverneur de la ville et du château, fit construire des quais en pierre, depuis la bourse jusqu'au magasin au sel, qui était l'entrepôt général de la Picardie. Les travaux commencèrent en 1640.

Cette même année, la princesse de Mantoue vendit la Seigneurie de Saint-Valery et de Cayeux. Le prince d'Estrées avait eu la pensée d'en faire l'acquisition ; il vint même visiter la ville et le pays de Cayeux. Mais trompé par les seigneurs voisins, qui prétendaient l'affaire peu avantageuse, il laissa le marché à Nicolas-Joachim Rouhault, marquis de Gamaches, maréchal de camp et lieutenant général des armées du Roi.

Revenons maintenant au monastère.

Les années qui suivirent l'introduction de la Réforme se passèrent dans des travaux de restauration. La dépense considérable, occasionnée par ces travaux aussi bien que par le nombre des religieux, réduisit l'Abbaye en une telle détresse, qu'elle dut se résigner à des emprunts onéreux.

Pour surcroit de malheur, en 1645, la caisse fut dévalisée. Mais, d'autre part, la même année, le décès de trois anciens religieux Robert Machart, Philippe Prache et Louis Morel, permit à la Communauté d'entrer en jouissance de la mense conventuelle, ainsi que le portait le traité conclu avec la Congrégation de Saint-Maur.

De 1645 à 1648, on boucha la porte de la cour du monastère, afin d'empêcher les séculiers de passer à chaque instant sous les fenêtres des religieux. L'entrée de l'Abbaye et la loge du portier furent placées dans la muraille, vis-à-vis le portail de l'église.

En 1649, les élections du 1er janvier amènent un gros incident (1). Le candidat de la Ferté, Olivier Dugardin, et celui de la ville, Michel Mommignon, obtinrent un nombre égal de voix, pour la fonction de Mayeur.

Le dimanche suivant, l'un et l'autre se considérant comme élus, voulurent occuper à l'église le banc de l'échevinage. La Ferté et la ville naturellement soutinrent chacune leur candidat, et les têtes s'échauffèrent au point d'en venir aux mains. Le sang coula dans l'enceinte sacrée et le prêtre dut interrompre le sacrifice.

Maître Robart, curé de Saint-Martin, prétendit que l'église était polluée. Mais le Grand Vicaire ayant déclaré que l'effusion de sang n'avait pas été notable, ordonna de continuer le service. Appuyé de l'autorité du sieur de Montduien, gouverneur de la ville, il triompha de l'opposition du curé, et fit célébrer la messe en présence de tous les habitants.

Les rapports entre la cure et l'Abbaye laissaient déjà à désirer. Cet incident ne fit que les rendre plus difficiles.

(1) Extrait du livre des choses notables.

Signalons ici un bel exemple donné à la ville et à la communauté de Saint-Valery. Il nous rappellera la manière dont les seigneurs de cette époque sanctifiaient le Carême.

Le prince de l'Epinoy ne pouvant retourner à Paris, à cause des troubles, avait dû se résigner à rester à Mons, qui était sa résidence de province. Désireux de passer saintement le Carême, il supplia les religieux de vouloir bien lui donner une chambre dans la partie du monastère alors affectée à l'habitation de l'abbé, depuis la destruction du logis abbatial.

La faveur lui ayant été accordée, il s'y fixa avec sa sœur et quelques gens de service. Et pendant la sainte quarantaine, il venait souvent manger au réfectoire, se contentant de la portion servie aux religieux. Chez lui, il ne s'accordait que des légumes et des racines. Non content de ces mortifications, il assistait à tous les offices du jour et de la nuit, malgré le froid et les neiges, qui durèrent, cette année, jusqu'au mois d'avril, chantant et priant avec les religieux, avec autant d'édification pour lui que pour le prochain.

Un peu plus tard, le Marquis de Gamaches vint prendre possession de la seigneurie de Saint-Valery. Le canon de la ville, du château et du port, saluèrent son arrivée. Reçu avec honneur au monastère, il fit mille protestations de bienveillance, qui furent bientôt démenties.

Induit en erreur, sans doute, par Liault, bailly de la ville, il s'imagina que les droits du monastère étaient des droits usurpés en l'absence du seigneur, et qu'il devait réclamer. Ce fut l'origine de la lutte.

Elle éclata d'abord à l'occasion des cailloux et des pierres de la grève. De par le Marquis, défense est faite d'y toucher désormais sans sa permission. Le prieur et les habitants ayant protesté, le seigneur envoie des cavaliers pour défendre ce qu'il appelle ses droits.

La vue des cavaliers occasionne une débandade générale des ouvriers et des charriots. Les ouvriers de M. de Pandé étant à charrier ce jour-là, durent comme les autres se retirer à vide. Contrarié par cet incident, le frère du bailly, qui était lieutenant du Marquis de Gamaches, essaya d'en atténuer la conséquence et de calmer le mécontentement du châtelain de Pandé, qui était alors à Paris. S'adressant à la châtelaine, il lui fait remarquer que les grèves appartenant au Marquis de Gamaches, il convenait de lui demander l'autorisation d'y prendre des pierres; il lui donne même l'assurance que cette autorisation lui sera gracieusement accordée.

La châtelaine resta ferme : « M. de Pandé, dit-elle, sait à qui appartiennent les grèves, et je ne demanderai pas d'autre autorisation que celle par lui obtenue des religieux. »

Le Père Prieur, désireux d'éviter toute difficulté, fit plusieurs fois le voyage de Beauchamps, où demeurait le Marquis. Mais ce dernier ne voulut rien entendre.

Pour donner une idée des prétentions de certains laïques de cette époque, nous dirons qu'en présence du sieur d'Angerville, du bailly de Gamaches et d'autres encore, il se laissa aller à des emportements excessifs. A l'entendre : « *lui seul était le maître à Saint-Valery, si les religieux n'obtempéraient pas à ses désirs, ils sauraient ce qu'il en coûte de lui résister. Il les châtierait si sévèrement qu'ils ne sauraient où se tourner..... Si le Père Prieur ne lui cédait, il l'enverrait quérir, et il le ferait fouetter sur sa terrasse, de si bonne sorte qu'il en serait content, etc., etc !..* (1)

Le seigneur de Gamaches, on le voit, était peu clérical.

Il est vrai qu'il était sans cesse excité par le bailly Liault. C'est ainsi que les religieux ayant fait creuser une mare dans leur cour, afin de recevoir le trop plein des eaux de la montagne, le seigneur, à l'instigation du bailly, faisait couper les conduits par où l'eau arrivait dans l'enclos, et ceci, sous prétexte d'assurer l'eau à la mare publique, qui était proche de la vieille porte.

Le fils du Marquis de Gamaches étant mort sur ces entrefaites, Mme de Rouhault, attristée de cette épreuve, disposa son mari à faire enfin la paix avec les religieux, par une transaction du 27 mai 1654.

L'année 1651 fut marquée par la mort d'un des anciens religieux, dont le nom mérite de passer à la postérité. Nous voulons parler de Dom Walery Ozenne, ancien chantre du monastère, et comptant soixante ans de profession. Il fut un de ceux qui s'intéressèrent le plus à la restauration de l'Abbaye, après les désastres causés par les guerres de religion.

(1) Extrait du *Livre des choses notables*, par F. N. de la Salle.

Possesseur d'une certaine fortune, il voulut la laisser au monastère, à la charge d'envoyer chaque année deux religieux à Nibas, où il était né, afin de donner une mission ou retraite à ses compatriotes. Sa fondation n'eut pas lieu.

Ce bon religieux fut enterré dans la chapelle de Notre-Dame ; il est évidemment le même que celui dont le nom était rappelé par un des tableaux de la vieille chapelle, avec cette inscription : *Offert à Dieu, par Dom Valeri Ant. Oȝenne, religieux.*

Le 16 août de la même année, Mathieu Jonault, visiteur de la congrégation de Saint-Maur, fit la reconnaissance des reliques contenues dans les cinq châsses conservées à l'Abbaye. Nous voulons dire les châsses de saint Valery, de saint Blimont, de saint Scévold, de saint Vulgan et de saint Rithbert.

Le fait ayant été connu, il vint de la ville et de tout le Vimeu des foules si nombreuses, que pour satisfaire à leur dévotion, on fut obligé d'exposer solennellement les reliques. Après cette exposition, elles furent renfermées dans leurs châsses et scellées du sceau du visiteur.

Le 10 août 1653, le feu ayant pris dans un baril de poudre déposé dans la tour du château, l'explosion produisit des dégâts considérables. La violence du feu détruisit les voûtes et le toit, ébranla les murailles, blessa plusieurs personnes, et donna la mort à un enfant, dont le cadavre fut projeté en dehors de l'enceinte.

A la même époque, un violent incendie détruisit

également le château de Gamaches et presque tout le bourg de Cayeux.

En 1656, le mont Rôti et la ferme qui y touche n'appartiennent plus à l'Abbaye, une délibération de cette année en décide le rachat, qui ne semble pas avoir été effectué. *(Archives départementales.)*

L'hiver de 1657 à 1658 fut si froid, que du commencement de janvier à la mi-février, ce n'était que glaces entre Saint-Valery et le Crotoy. Elles étaient si solides que l'eau des plus fortes marées ne pouvait les dépasser. On marchait partout avec une telle assurance que quelques cavaliers n'hésitèrent pas à tenter la traversée et à l'exécuter.

Les neiges venant à fondre rapidement, les eaux débordèrent au point que partie des maisons de Pendé, de Nibas et d'autres villages furent submergées. Les murs de l'enclos en grande partie tombèrent au dégel.

Le 17 avril 1659 (1), Saint-Valery échappa à un grand danger. La garnison de Hesdin, grossie de celles de Saint-Omer, d'Auxi et autres villes, qui tenaient pour l'Espagne, sortit de Hesdin vers les neuf heures du soir. Afin de donner le change, elle se dirigea d'abord vers la Broye, comme si elle avait dessein d'aller sur Doullens. Mais bientôt, prenant la direction de Noyelles, elle y arrivait à trois heures du matin.

Douze escadrons de cavalerie se hasardant dans la

---

(1) M. Prarond place cette expédition en 1656, et Louandre en en 1658. Nul doute que la date de 1659 ne soit la véritable. (F. Nicolas de la Salle.)

baie, passent la Somme au pied des Moulins de Saint-Valery. Arrivés sur les cinq heures, ils s'arrêtent, attendant qu'un matelot de Noyelles, qui leur a servi de guide et qu'ils ont envoyé en éclaireur, leur donne le signal que la ville et La Ferté ne sont pas gardées.

Heureusement pour Saint-Valery, la présence de l'ennemi est connue avant le signal donné. A défaut des hommes, deux femmes qui allaient relever leurs filets, veillaient. Effrayées par la vue de nombreux cavaliers, elles s'en vont frapper aux portes des habitants endormis de La Ferté, et donnent l'alarme.

Au bruit qui se fait, les prudents abandonnent bravement la place et ne pensent qu'à se réfugier à la ville. D'autres plus courageux prennent les armes, et vont reconnaître l'ennemi, précédés de deux hommes de la Gabelle.

Le tocsin sonne, le tambour bat la générale, les hommes de la ville arrivent et prêchent la résistance. Le cœur revient aux habitants de La Ferté. Par une circonstance providentielle, un canon se trouve sur l'un des navires du port. Deux coups sont tirés à tout hasard. Et l'ennemi effrayé s'enfuit du côté de Pinchefalise.

Saint-Valery était sauvé, mais les campagnes voisines furent moins heureuses. Pinchefalise, Neuville, Boismont, furent brûlés. A Neuville, l'église elle-même devint la proie des flammes, et celle de Boismont fut pillée.

Un certain nombre de cavaliers s'avancèrent même du côté de Saigneville. Cette alerte et les guerres précédentes avaient laissé à Saint-Valery et dans les villages voisins une telle impression, que récemment encore on disait, dans certaines familles, après un repas terminé : « Encore un dîner que les Espagnols ne prendront pas ! »

La crainte aussi fit prendre des précautions, afin de se garder contre de si désagréables surprises. De Launay, qui commandait à Abbeville, ayant réuni la noblesse, il fut décidé que les passages de la Somme seraient désormais gardés. Sept cents hommes furent levés dans le Vimeu et dans le Ponthieu ; et une compagnie, sous le commandement d'un gentilhomme, fut placée à La Ferté, à Pinchefalise, à Boismont et à Saigneville, comme aux endroits que les ennemis pouvaient plus facilement surprendre.

Les religieux eux-mêmes, malgré toutes ces précautions, n'étaient pas rassurés, aussi prirent-ils le parti de transporter chez les Minimes d'Abbeville, leurs reliques, leurs papiers, et tout ce qu'ils avaient de plus précieux.

Ils y restèrent jusqu'au 20 avril 1660.

Echappé au danger, Saint-Valery ne fut pas ingrat. Persuadés que c'était à la protection de saint Valery qu'ils étaient redevables de leur délivrance, les habitants décidèrent que l'année suivante, à l'époque anniversaire, une grande démonstration religieuse témoignerait de la reconnaissance publique.

Cette démonstration eut lieu le troisième dimanche de Pâques, le 28 avril 1660. La châsse de saint Valery y fut solennellement portée par les religieux. Le clergé de la ville uni à celui du monastère, la confrérie de la Charité, avec sa croix et sa bannière, le sieur de Dancourt, capitaine du château, les officiers de la ville et de l'Abbaye, le mayeur et les échevins avec leurs sergents, précédaient le peuple, qui était venu en foule de la ville et des pays voisins.

De l'Abbaye, la procession alla à la chapelle de la Fontaine. On y chanta le répons du Saint, le *Te Deum* et l'*Exaudiat* pour le roi. Puis, elle alla par la Croix-l'Abbé et les Moulins, jusqu'à l'extrémité de La Ferté. Après une station à la Croix-Blanche, tout près du lieu où les Espagnols s'étaient arrêtés, elle revint le long du port, de La Ferté et de la Grève, jusqu'à la ville, où elle entra par la porte d'en Bas. Après une station à l'église Saint-Martin, elle retourne par le grand et petit Marché dans l'église de l'Abbaye. Et le peuple émerveillé s'écriait que « jamais de mémoire d'homme, on n'avait vu une plus belle, plus nombreuse et plus dévote procession ; et que jamais la châsse de saint Valery n'avait été vue au lieu où elle fut portée cette fois ! »

Nous trouvons à cette époque le nom d'un religieux dont il est bon de conserver le souvenir, Nicolas de Canteleu. A l'âge de vingt ans, il fit profession à l'Abbaye de Vendôme. Il a publié plusieurs ouvrages, et entr'autres une *Vie de sainte Gertrude* assez remarquable, en 1662. Il mourut en cette même année, à l'âge de trente-trois ans. Il appartenait à la famille de ce nom, si connue à Saint-Valery.

Vers le même temps (1), un nommé Pierre Mauguez, présenté par le Curé de Saint-Martin, demande à vivre en ermite dans le petit hermitage ajouté à la chapelle de Saint-Valery. Il est admis à faire deux ans de probation, afin de voir après si l'on devra ou non l'admettre à faire ses vœux (1659).

En 1661, le dernier jour de février, une violente tempête découvre au moins la quatrième partie de la toiture de l'église, ce qui a porté la communauté à la recouvrir toute entière en ardoises (2).

Nous sommes aux beaux jours du règne de Louis XIV. Après les troubles de la Fronde, la France jouissait d'une paix à laquelle elle n'était pas accoutumée. L'Abbaye s'est relevée des malheurs qu'elle a dû subir. L'Abbé n'avait pas moins de 18,000 livres de revenu et les religieux en possédaient 9,500. Cette prospérité permet de s'occuper de travaux importants.

Depuis la guerre avec les Espagnols, le logis abbatial avait été installé au milieu des lieux réguliers. Cette disposition troublait le recueillement de la communauté. Aussi prit-on le parti de le reconstruire en dehors de l'enceinte.

Ce travail eut lieu vers l'époque dont nous nous occupons, bien que nous ne puissions en fixer la date précise. *(Archives départementales.)*

(1) *Archives départementales.*
(2) En 1665, les religieuses dominicaines ne parvenant plus à se recruter, témoignèrent le désir d'être remplacées par des religieuses de l'Hôtel-Dieu d'Abbeville. Depuis cette époque les Augustines donnent leurs soins aux pauvres de Saint-Valery.

Il semblait que l'Abbaye dans ces conditions dut jouir de la paix. Mais la paix n'est pas de ce monde. La vie est une lutte incessante et continuelle et nous allons, en la suite de cette histoire, constater une fois de plus cette vérité.

Ceci nous conduit à dire un mot de la longue contestation qui existait entre les religieux et l'Evêque d'Amiens.

La lutte entre saint Geoffroy et l'Abbaye en avait été un des premiers incidents. Un arrêt du Parlement de 1664, en fut la conclusion plus ou moins amiable.

Pour bien juger de cette contestation qui aujourd'hui semblerait ridicule, il faut se reporter aux idées et aux mœurs de l'époque du litige.

L'Abbaye de Saint-Valery relevant immédiatement du Saint-Siège, n'était, comme on disait alors, *d'aucun diocèse*. Elle était donc exempte de la juridiction de l'Evêque d'Amiens.

Là n'était pas la difficulté. La difficulté, c'était de savoir si la ville de Saint-Valery, et en particulier la paroisse de Saint-Martin, était ou n'était pas du diocèse d'Amiens.

Les religieux s'appuyant sur certaines bulles pontificales, dont l'Evêque contestait l'authenticité, tranchèrent la question en leur faveur.

Pour eux, la Ville, comme l'Abbaye, échappait à la juridiction épiscopale. Ils étaient les *curés primitifs* de Saint-Martin, et le Curé n'était que le *vicaire perpétuel* des religieux.

L'Evêque d'Amiens n'admettait pas ces prétentions. Tout en reconnaissant l'exemption de l'Abbaye, il tenait à rester l'Evêque de Saint-Valery et à compter la paroisse au nombre des paroisses de son diocèse.

En qualité de curés primitifs, les religieux invitaient les prédicateurs, ils autorisaient les confesseurs, ils se réservaient l'administration des derniers sacrements. Ils allèrent même, en 1651, jusqu'à interdire des prêtres autorisés par l'Evêque d'Amiens.

Ces prétentions finirent par leur aliéner l'affection des curés de Saint-Martin. Peut-être aussi, ces derniers trouvaient-ils avantage à être soumis à *l'Évêque qui était loin,* de préférence à *l'Abbé qui était près.*

Plus ou moins ouvertement aussi, le vicaire perpétuel était soutenu par le corps de ville et par les habitants, qui parfois étaient agacés de voir leur paroisse fermée, et d'être obligés d'assister à l'église de l'Abbaye aux jours de certaines solennités.

De là une série de conflits et de misères, dans lesquelles chaque parti prétendait soutenir ses droits.

Les religieux avaient toujours eu le privilège d'inviter les prédicateurs pour les stations de l'Avent, du Carême et du Saint-Sacrement. A la ville incombait la charge de les loger et de les nourrir. En 1651, le maire Michel Anguier, au nom du marquis de Gamaches et de la ville, demande à l'Abbaye de renoncer à ce privilège, ou sinon de vouloir bien se charger du logement et de la nourriture du prédicateur.

Les religieux s'étant retranchés derrière les traditions jusque là suivies, les taquineries devinrent plus vives.

Liault, bailly de la ville, voulut d'abord empêcher les religieux de présider les processions du Saint-Sacrement. N'ayant pu y parvenir, il prétendit au moins prendre la tête du cortège d'honneur, au détriment du bailly de l'Abbaye. De là des scandales regrettables en procession.

Devenu maire, Liault fit fermer les portes de la ville le jour de l'Assomption, afin d'empêcher la procession des religieux d'arriver à l'église Saint-Martin.

A la suite de ces conflits, en 1661, Mgr Faure, évêque d'Amiens, entre en scène. Le 25 juin, par l'intermédiaire du doyen de Gamaches, il présente à signer à la communauté la profession de foi donnée par l'assemblée générale du clergé de 1657 et 1661.

Cette profession de foi portait condamnation des doctrines de Jansénius. La communauté souscrivit en ces termes :

« Nous soussignés, nous soumettons sincèrement à la constitution du Pape Innocent X, selon son véritable sens, qui a été déterminé par la constitution de Notre Saint Père le Pape, Alexandre VII, du 13 octobre 1656.

« Nous reconnaissons que nous sommes obligés d'obéir en conscience à ces constitutions, et nous condamnons de cœur et de bouche la doctrine des cinq propositions de Cornélius Jansénius, contenues dans le livre *Augustinus*, que ces deux papes et les évêques ont condamnées, laquelle n'est pas la doctrine de saint Augustin, que Jansénius a mal expliquée, contre le vrai sens de ce docteur.

« Nous, humble prieur et religieux du monastère de Saint-Valery-sur-Mer, Ordre de Saint-Benoît, Congrégation de Saint-Maur, dépendant immédiatement du Saint-Siège, avons soussigné et souscrit ce formulaire ci-dessus, sans préjudice de notre exemption, le 5 du mois de juin 1661. »

La restriction, que les religieux ne voulurent pas rétracter malgré la sommation de l'évêque, qui exigeait une souscription pure et simple, envenima les choses et amena un arrêt du conseil privé, ordonnant cette souscription, sous peine des censures et de saisie du temporel.

Cette fois il fallut s'exécuter.

L'année suivante, le conflit entre l'évêque et le monastère prend encore un caractère plus vif.

Assuré d'être soutenu par le maire, l'évêque annonce au curé Niquet qu'il donnera la confirmation dans l'église Saint-Martin, le 18 mai 1662, jour de l'Ascension. Le curé aura à le recevoir processionnellement avec son clergé à neuf heures précises.

Le vicaire général de l'abbé appelle aussitôt comme d'abus du mandement de l'évêque. Jusque là, il restait dans son droit. Mais là où il dépassa la mesure, ce fut en défendant au curé de recevoir l'évêque, et en lui enjoignant même d'avoir à fermer son église le jour de l'Ascension, et de venir avec ses paroissiens, assister aux offices de l'Abbaye.

A leur tour, le bailly du château, le maire et les échevins interjettent appel comme d'abus du mandement du vicaire général, et ils enjoignent au curé d'avoir à célébrer les offices le jour de l'Ascension, sous peine de saisie du temporel.

En vain les religieux, pour éviter le scandale, vont au devant de l'évêque à Gamaches et à Ault, et lui demandent de reconnaître qu'il vient à Saint-Valery appelé par eux. Mgr Faure ne veut rien entendre, et il arrive le soir de la veille de l'Ascension. L'église était fermée, et on eut bien de la peine à trouver une clef pour y entrer.

Le pauvre curé, pressé entre l'évêque, les religieux et les autorités de la ville ne vit plus qu'un moyen, ce fut de prendre une voiture la nuit et de s'enfuir à Cayeux.

Le lendemain, l'évêque, qui était reçu au château, dut donner la confirmation sans qu'un seul des prêtres de la ville fût présent.

C'était un scandale, et le scandale suscita un procès devant le Parlement, afin de décider à qui, de l'évêque ou des religieux, appartenait la juridiction spirituelle sur Saint-Valery.

A vrai dire, il eût été plus canonique de s'adresser comme au temps de saint Geoffroy, au tribunal de l'archevêque et du Saint-Siège. Mais l'appel devant le Parlement entrait dans les usages de l'époque.

L'affaire occupa six audiences en présence des évêques de Laon, de Noyon, de Césarée et de Coutances, les deux premiers à titre de ducs et comtes, et les deux autres en qualité d'anciens conseillers à la Cour.

A la suite de ces six audiences, et après avoir entendu, pendant trois heures, l'avocat général Tallon, le 5 février 1664, le Parlement rendit son arrêt en faveur de l'évêque d'Amiens, à qui il reconnut la juridiction spirituelle sur Saint-Valery, y compris la paroisse Saint-Nicolas. *(Archives départementales.)*

La sentence ne termina pas toutes les misères. Le corps de ville et le curé eurent tort de ne pas triompher modestement. Certaines chansons contre les religieux ayant été publiées, le peuple, né malin, en attribua la paternité au curé. Les religieux ou du moins leurs amis y répondirent par d'autres chansons, où le curé, le maire et les échevins étaient pris à partie.

Pour se venger, les autorités et le curé, s'appuyant sur l'arrêt, refusèrent de se prêter aux processions accoutumées de l'Abbaye. Il y eut donc de nouveaux scandales.

Pour en atténuer le mauvais effet, l'évêque vint au mois de septembre donner les Ordres à Saint-Martin. Il y eut, à cette occasion, entre lui et les religieux, échange de bons procédés.

Une circonstance, heureuse aussi, aida à la pacification des esprits. Ce fut une mission de six semaines, donnée par huit Pères de l'Oratoire d'Amiens. La mission réussit parfaitement.

Elle eut même pour résultat de faire disparaître un abus dont bénéficiait le marquis de Gamaches. Sur une simple concession de Henri III, non autorisée par qui que ce soit, le seigneur prétendait exiger deux poissons au lieu d'un. L'abus ayant été dénoncé aux missionnaires, ces derniers après s'être entendus avec le marquis, déclarèrent du haut de la chaire « que ceux-là seuls qui le voudraient, continueraient à payer, à titre gracieux, deux poissons au lieu d'un. »

Les mêmes Pères, paraît-il, s'élevèrent fortement en chaire contre les accapareurs qui empêchaient de faire venir le pain d'ailleurs, où il se vendait à un meilleur prix qu'à Saint-Valery ! En présence de ces résultats, nous ne serons pas étonnés du succès remporté par des missionnaires, assez apôtres pour s'élever contre les abus et en faveur des petits et des pauvres. C'est assez dire que, même à cette époque, les missions avaient du bon !

En ce qui concerne les rapports du monastère et de la paroisse, l'évêque s'étant attribué la nomination des prédicateurs de l'Avent et du Carême, l'abbé cessa de lui donner les 100 livres accoutumées pour ses honoraires.

Les religieux toutefois, en qualité de gros décimateurs, continuèrent de pourvoir aux réparations du chœur de Saint-Martin. Les difficultés, du reste, paraissent avoir été singulièrement apaisées, le 2 décembre 1675, par l'acceptation des conditions suivantes qui auraient été proposées par M. de Boulestegs, curé : *(Archives départementales.)*

1° Le curé s'engageait à reconnaître à l'Abbaye le titre de *Curé primitif;*

2° De payer chaque année 5 sols pour les offrandes et oblations du jour de la Purification ;

3° D'assister avec son clergé à la messe et à la procession du jour de la translation et de la relation des reliques de saint Valery ;

4° La communauté pourra aller en corps faire l'office à la paroisse le jour de la Pentecôte et de la Saint-Martin d'hiver ;

5° Les religieux prêchant à la paroisse ne seront pas tenus de prendre la bénédiction du curé ;

6° Les différents touchant les fonds de défunt François Lalmant seront aplanis, à condition que la communauté paiera au curé une somme à fixer.

A dater de cette année, le clergé de la paroisse et celui de l'Abbaye vécurent en bons rapports. Les religieux furent même souvent appelés à donner les stations dans l'église Saint-Martin, et la chambre au-dessus du sacristain fut construite en vue d'y loger le prédicateur.

Revenons maintenant aux choses de l'Abbaye. Nous l'avons vue tantôt reconstruire le logis abbatial. A la même époque, en 1665, elle éleva sur le chœur de l'église un clocher, et à cette occasion on fit fondre les deux cloches de la tour, qui pour lors était du côté de la ville, et celle de l'horloge. En y ajoutant 800 livres de métal, on put avoir quatre cloches. La première pesait 512 livres, la deuxième 343, la troisième 270, et la quatrième 191. Ajoutons pour l'édification de ceux qui voudraient un jour se donner la satisfaction de faire revivre le passé, que la croix de fer du clocher pesait 158 livres.

Un peu plus tard, l'Abbé, à la suite d'un accord avec les religieux, s'engage à faire reconstruire les lieux réguliers qui font défaut, le chapître, l'hôtellerie et l'infirmerie.

Ajoutons que les murailles de l'enclos datent en partie de l'année 1670 et que la restauration de la vieille chapelle de Saint-Valery a été faite un peu plus tard en 1675, ainsi que l'attestait une inscription gravée sur la vieille poutre en bois de la nef.

Ces réparations considérables n'empêchent pas les religieux de s'occuper d'autres bonnes œuvres. C'est ainsi qu'en 1665, ils consacrent 800 livres au rétablissement de l'église de Neuville, brûlée par les Espagnols de la garnison de Hesdin. (*Archives départementales.*)

En 1667, la mer emporte la chaussée du même village de Neuville. Les terres sises au delà, et notamment la ferme de Gillomer, qui contenait près de 160 journaux à l'Abbaye, étaient inondées. Les religieux la rétablirent, (ibid).

Le 16 mars 1670, fut rapporté d'Abbeville le bras où sont les reliques de saint Estienne, premier martyr, de saint Vincent et de saint Jacques. Le père prieur dom Baillehastres l'avait envoyé, afin de le faire recouvrir d'argent. Il était auparavant en bois doré.

Notons en 1673, un acte de générosité à l'honneur des religieux. Blondin, fermier de l'enclos, se plaignait des pertes à lui causées par les inondations dans des terres appartenant à l'Abbaye. En bons propriétaires, les religieux n'hésitent pas à lui faire remise de 700 livres de fermage.

En 1684, les religieux font preuve d'un autre genre de générosité à l'endroit de Routhier Thomas, leur fermier de Cythernes. Un nommé Legrand leur offrait une surenchère considérable pour la location des terres du monastère. Les religieux, considérant que Routhier était l'ancien fermier, et qu'il avait toujours payé, décident que la ferme lui sera laissée dans les mêmes conditions. Et il se trouvera encore des sectaires pour soutenir que les fermiers des monastères étaient plus malheureux que les fermiers de nos propriétaires actuels ! Nos ancêtres ne le pensaient pas et de là sans doute le proverbe si connu et si vrai : « *Il fait bon vivre sous la mitre et la crosse !* »

Ajoutons que le 1er avril 1684, la communauté acheta un jardin enclavé dans l'enceinte du monastère, appartenant à M. Machart, curé de Saint-Nicolas et à ses héritiers, pour 300 livres. Le dit jardin servira d'entrée au monastère du côté de la Ville, et pourra accroître les appartements de l'abbatiale.

Faisons enfin remarquer que l'Abbaye comptait alors trois cours d'enseignement supérieur : un cours de théologie, un cours de philosophie et un cours de rhétorique.

Terminons ce chapitre en constatant que depuis la cessation des guerres et pendant le XVIIe siècle, Saint-Valery tend à prendre une grande extension commerciale. Le chantier de construction de navires est en pleine activité et le port devient un centre.

En 1675, au témoignage de l'Intendant Bignon, les affaires y sont très florissantes. La plupart des navires, Anglais, Suédois, Hollandais, Hambourgeois, à destination de Paris, préfèrent débarquer à Saint-Valery plutôt qu'au Hâvre. Les capitaines jugeaient la baie de Somme moins dangereuse que l'embouchure de la Seine.

La pêche aussi s'y faisait par soixante-dix bateaux de diverses dimensions. La morue, le hareng et le maquereau sont l'objet principal de cette pêche.

La morue et le hareng étaient débarqués à Saint-Valery, et d'après Clerville, nos ancêtres savaient les accommoder avec une si grande habileté, que les harengs à la marque de Saint-Valery se vendaient couramment 40 sols de plus que ceux des autres ports de Picardie et de Normandie.

La pêche de la baie aussi était abondante. Elle se faisait par des bateaux côtiers ou dragueurs de cinq à six tonneaux. Saint-Valery comptait en 1698, 12 côtiers et 8 dragueurs; au Crotoy, il y avait cinq bâteaux côtiers, et quatre à Saint-Quentin en Tourmont, où la pêche se faisait toujours.

CHAPITRE VIII

François de Salignac de la Motte Fénelon, huitième Abbé commendataire (1694 à 1695).

Le huitième Abbé commendataire de Saint-Valery est assez connu pour que nous n'ayons pas à en faire l'éloge. Au jour de sa nomination, il était précepteur du duc de Bourgogne, et il possédait déjà le prieuré de Carénac, bourg du Querci, sur la Dordogne.

Le 21 janvier 1695, il écrivait de Versailles, à la marquise de Laval, sa sœur, ce qui suit : « L'Abbaye que le Roi m'a donnée, vaudra selon toutes les apparences, quatorze mille livres, toutes charges faites. C'est plus qu'il n'en faut pour être riche avec ce que j'ai déjà. Il n'est question que de vivre avec règle et de se retirer des premiers embarras. »

Il résulte en effet de la correspondance du nouvel abbé de Saint-Valery, que jusque là il a eu à lutter avec les embarras financiers. Ceci ne rend que plus admirable son désintéressement, lorsque l'année suivante, après sa promotion à l'archevêché de Cambrai, il donna aussitôt sa démission d'abbé, afin de ne pas conserver en même temps deux bénéfices. Au témoignage de Mme de Sévigné, ce désintéressement fit d'autant plus de bruit qu'il était trop rare.

L'administration de Fénélon a été si courte qu'il n'a pu rien faire de remarquable en faveur de l'Abbaye. Il a été remplacé par Louis-Anne de Clermont.

CHAPITRE IX

Louis-Anne de Clermont de Chaste de Roussillon,
neuvième Abbé commendataire (1695 à 1701.)

Le successeur de Fénelon fut Louis-Anne de Clermont de Chaste de Roussillon, évêque nommé de

Laon. Nommé en 1695, il ne prit possession par procureur que le 26 juin 1696.

Il y a lieu de croire que peu d'événements importants se sont passés sous l'administration de l'abbé de Roussillon. Il semble même que les religieux ne gagnent ni en nombre, ni en qualité. Précédemment nous trouvons dans les registres aux délibérations des noms connus : Le Poytevin, Innocent de Louvencourt, Rupert de Bournonville, Célestin de Fourcroy, Joseph de Canteleu, Jean-Baptiste de Boulogne, Pierre de Lauvras, Antoine Parmentier, F. de Faverolles, etc. etc. Aujourd'hui nous ne lisons plus que ceux de J.-B. Delecour, Henri Eget, Jean Lecanu, Nicolas Roger, Anthime Le Bègue, et autres assez roturiers. La profession religieuse serait-elle moins appréciée ?

Les actes de l'administration de Louis-Anne sont également de peu d'importance. Le *Gallia christiana* nous apprend qu'il se démit de la commende de Saint-Valery en 1701, et qu'il fut alors pourvu de celle de Saint-Martin de Laon, qui probablement valait mieux.

CHAPITRE X

Jacques de Forbin Janson, dixième Abbé commendataire (1701 à 1741.)

Jacques de Forbin Janson était le cinquième enfant du marquis de Forbin Janson et de Géneviève de Briançon. Il était à l'époque de sa nomination à Saint-Valery, chanoine de Beauvais, et vicaire-général du cardinal de Janson, évêque de la même ville. Nommé en 1701, il prit possession de l'Abbaye le 26 juin de la même année. Promu en 1711 à l'archevêché d'Arles, il y mourut le 13 janvier 1741.

La première affaire à régler ne laissait pas que d'être très délicate.

On sait que par une ordonnance de juillet 1702, Louis XIV autorisa les ecclésiastiques et religieux à rentrer dans les biens qu'ils avaient été amenés à vendre depuis 1556, à charge par eux de rembourser aux propriétaires le prix primitif de la vente..... et surtout de verser à la curie royale le huitième denier.

Nous avouerons en toute franchise, que cette ordonnance nous semble beaucoup laisser à désirer, au point de vue de la justice. Quoi qu'il en soit, elle avait sa valeur légale, et il est assez naturel que les religieux aient songé à en tirer profit, d'autant mieux que la plupart des biens aliénés l'avaient été pour pourvoir aux besoins du royaume.

Parmi les terres vendues depuis 1556, nous signalerons la seigneurie de Méréaucourt, 21 journaux de terre à Nibas, 22 à Citernes, 10 à Fressenneville, le Bois l'Abbé à Estrebœuf, la seigneurie de Martainneville, un fief noble à Boismont, 40 journaux à Woignarue et l'hôtel de Saint-Valery, à Abbeville.

Par une délibération du 5 octobre 1702, il fut donc décidé que la communauté profiterait de l'ordonnance, afin de rentrer dans quelques-unes de ces terres vendues à vil prix, et de réaliser aussi un bénéfice assez considérable. (*Archives départementales*).

Remarquons toutefois que les religieux s'entendirent avec la plupart des propriétaires, qui restèrent ainsi possesseurs incontestés des terres achetées, moyennant une indemnité aux religieux.

Ainsi les propriétaires des biens vendus à Tilloy eurent à payer 16 livres pour chaque journal.

Les familles de Saisseval et d'Hauge, en possession de la terre de Méréaucourt, donnèrent à la communauté une somme de 3000 livres une fois payée, et en plus le huitième denier acquitté par les religieux.

Ces transactions arrivèrent ainsi à adoucir ce qu'il y avait de vexant dans la mesure prise par Louis XIV, dans l'intérêt des religieux, *et surtout du trésor royal.*

En 1703, l'abbé vend 130 journaux de mollières à Woignarue, à M. de la Motte, receveur de tailles de la ville d'Eu.

Le 20 décembre de la même année, à la sollicitation du curé de Bourseville, les religieux et l'abbé lui concèdent bénévolement une portion de terrain, à la fin d'y construire une maison d'école.

En 1708, le marquis de Gamaches réclame des droits de péage sur les marchandises passant à Saint-Valery, la Ferté, le Hourdel et Cayeux. Le Conseil d'Etat, appelé à se prononcer, ordonne que le marquis aura à justifier ses droits.

En 1710, les renclôtures de Routhiauville ont besoin de grands travaux. La communauté, afin de se délivrer de tout souci, se décharge des dépenses à faire, sur Pierre Béguin, son chirurgien. Il est convenu en même temps, que l'on partagera ensuite par moitié les huit ou dix journaux à renclore.

Les sept faisaient autrefois partie de l'enclos de l'Abbaye. Ils en ont été séparés vers cette époque par la muraille actuelle et le chemin qui conduit à la Croix-l'Abbé. Ils étaient loués de 40 à 50 sols le journal. *(Archives départementales.)*

En 1717, le bail de Citernes étant à renouveler, deux fermiers demandent à prendre les terres en bloc. La communauté estime que pour le bien et l'utilité de la localité, il est plus convenable de louer en détail à divers habitants, afin de les aider à vivre. Il y a lieu de louer cette détermination.

L'Abbé ayant été nommé archevêque d'Arles en 1711, le marquis de Janson devint son cessionnaire. Ce dernier abandonne à la communauté toute la recette de l'Abbaye, à charge de donner à l'Abbé chaque année, une somme de 13,500 francs nets. Charles de Montmignon devient alors associé à la recette générale de la mense abbatiale.

L'année 1718 fut pour Saint-Valery une année d'épreuve. Une maladie terrible, *la suette* y éclata. Elle aurait été apportée, dans des balles de laine, par un navire hollandais. De Saint-Valery, le fléau se répand dans le Vimeu et à Abbeville. Les ravages furent affreux. Onze cents victimes auraient succombé en quinze jours. La châsse de Saint-Valery a été descendue et portée en procession, afin d'obtenir la cessation du fléau.

En même temps que la suette, un autre fléau sévissait dans le pays, et surtout dans les maisons religieuses ; nous voulons parler du Jansénisme. L'Abbaye était un foyer d'opposition.

L'évêque d'Amiens ayant publié un mandement, afin de promulguer la bulle *Unigenitus* et les lettres commençant par ces mots : *Pastoralis officii,* il fut demandé aux religieux de vouloir bien y souscrire.

Le 22 novembre 1718, la communauté, dans une longue et confuse délibération, refuse de souscrire au mandement. Elle va même plus loin, et elle en appelle : 1° au futur concile général de la *bulle Unigenitus et des lettres Pastoralis officii,* et 2° au Parlement, et comme d'abus du mandement de Monseigneur d'Amiens.

Cet acte regrettable est signé par Guillaume Roumain, prieur, et par dix religieux. *(Archives départementales.)*

Malgré cette souscription, dom Roumain est maintenu en qualité de prieur par le Chapitre général de 1720. Il est vrai que le supérieur général de la congrégation de Saint-Maur était alors le trop célèbre abbé Denys de Sainte-Marthe.

En même temps que l'Abbaye était un foyer de Jansénisme, la ville à cette époque avait l'honneur de compter au nombre de ses enfants un religieux qui en a été le constant adversaire. Nous voulons parler de Jacques-Philippe Lallemant, né à Saint-Valery, le 12 juillet 1661. Entré dans la Compagnie de Jésus à l'âge de dix-sept ans, il publia une foule de livres, qui lui valurent, avec la réputation d'un savant théologien, une pension de cent pistoles, que lui accorda le clergé en 1723. Il mourut en 1748, dans la quatre-vingt-huitième année de son âge, et la soixante-onzième de son entrée en religion.

La moitié de la nef de l'église de la Croix-au-Bailly était tombée en décembre 1722. Sur la demande des habitants, la communauté leur accorde, à titre de pur don, de faire abattre, à leur profit, les vingt-deux ormes qui lui appartiennent, sur frocs de la haute justice de la seigneurie, à condition de les remplacer par des jeunes arbres (1).

Les digues de rencloture des mollières de Woignarue ayant été emportées par la mer, l'Abbé et les religieux autorisent M. Crinion, curé et doyen de Woignarue, à s'entendre avec le sieur Jean Ricot, négociant de la Ferté, qui s'offre à les reconstruire, à la condition de devenir ensuite fermier des terres, moyennant 30 sols du journal par an. (15 juin 1723) (2).

Des réparations considérables ont dû être exécutées vers cette époque, car nous trouvons, au 30 juillet 1723, l'achat de cinquante chênes dans les bois du comte de Hablois, seigneur d'Arrest, pour la somme de 1,500 livres.

L'église de l'Abbaye en effet était alors dans un triste état; plusieurs parties tombaient en ruines, et le prieur Nicolas Perrin et la communauté adressaient un pressant appel au zèle et à la générosité de

(1) *Archives du département.*
(2) *Ibid.*

Monseigneur d'Arles, afin de venir à leur aide dans ces réparations nécessaires.

A la suite de cet appel, nous trouvons avec la signature du Père prieur, celle de Louis le Seigneur et de Joseph Piolé, secrétaire du Chapître.

Les mêmes signatures se représentent en 1728, au bas d'une relation concernant un incendie considérable, qui, en trois jours, et à trois reprises différentes, faillit consumer l'Abbaye.

Ces tentatives d'incendie étaient l'œuvre de la malveillance, et les religieux, heureux d'y avoir échappé, en témoignent leur reconnaissance à saint Valery, par une procession solennelle d'actions de grâces à la chapelle.

L'année précédente, Cayeux avait été victime d'un incendie, dans lequel fut brûlée la succursale de la manufacture royale des glaces de France.

C'est encore à cette époque qu'il faut rapporter la fondation d'un établissement des plus intéressants, surtout pour les habitants de la Ferté; nous avons nommé la construction de la chapelle Saint-Pierre. Nous en donnons plus loin le récit détaillé.

Si nous en croyons Coquart, (projet pour le rétablissement du port de Saint-Valery-sur-Somme) à cette époque, et jusqu'en 1737, le hâble d'Ault était encore en communication avec la mer. Il servait aux pêcheurs de Cayeux qui y retiraient leurs bateaux; un fanal en éclairait l'entrée. Mais le comte de Rouhault, seigneur de Cayeux, afin de recouvrer des terres que la mer inondait, obtint du Conseil d'Etat un arrêt prescrivant d'en fermer l'entrée. Les travaux furent exécutés aux dépens de la généralité de Picardie, et la digue que l'on construisit porta le nom de grand barrement.

Les bateaux de pêche, qui se retiraient au hâble, furent obligés d'aller se réfugier à l'abri de la pointe du Hourdel, qui s'allongeait toujours.

En 1736, le marquis de Gamaches prit possession du gouvernement de Saint-Valery. Les canons du château, de la ville et du port saluèrent son arrivée, qui attira beaucoup de monde des villes voisines.

Deux ans plus tard nous trouvons encore la même foule, à l'occasion du lancement d'un navire à la mer. Bien qu'à cette époque le Crotoy s'agitât déjà pour la possession du port, Saint-Valery reste toujours le grand chantier de construction.

En 1740, la ville est autorisée à prélever six deniers pour livre, sur le produit des bâtiments qui apporteront des marchandises, et trois deniers seulement les années suivantes pour l'entretien du port.

CHAPITRE XI

Léon Emmanuel, Comte de Ghiselle, onzième Abbé commendataire (1745 à 1788.)

Léon Emmanuel de Ghiselle a été nommé abbé commendataire le 24 avril 1745. Léon Emmanuel était alors chanoine trésorier de la cathédrale de Liège (1).

Depuis sa nomination jusqu'à la révolution, le silence se fait sur l'histoire de l'Abbaye ; l'Abbé commendataire ne résidant jamais se désintéresse de plus en plus, et n'entretient que peu de rapports avec les religieux, toujours portés à lui demander de leur venir en aide.

L'important pour lui, c'est d'avoir le plus de revenus. Aussi laisse-t-il l'administration à un receveur, qui traite avec les religieux ; nous avons vu qu'en 1711, le receveur était Charles de Montmignon. Plus tard Joseph Dupont et Anguier du Peuple lui succèdent dans cette charge.

Le nombre des religieux diminue aussi, et c'est à peine si les ressources qu'on leur laisse suffisent à subvenir à leurs charges. Si nous en jugeons par Saint-Valery, les religieux sont loin de posséder ces richesses qu'on leur attribuait. Ils sont plutôt presque toujours aux prises avec la gêne (2).

Ils n'en restent pas moins une providence pour le pays qu'ils habitent. Sans parler du pain matériel qu'ils distribuent largement aux pauvres, ils sont toujours un centre de vie intellectuelle. Outre les chaires de théologie, de philosophie et de rhéto-

(1) Jacques de Forbin Janson était décédé le 13 janvier 1741. Il est donc probable que la commende est restée sous séquestre pendant quatre ans. C'était alors la manière d'agir du gouvernement, afin de déconsidérer les établissements religieux, et d'arriver peu à peu à les supprimer.

(2) Les revenus des religieux n'ont jamais dépassé 12 à 13,000 livres.

rique dont nous avons parlé précédemment, le monastère, du temps de l'Abbé de Ghiselle, avait un collège d'humanités. C'est là, sans doute, que se sont formés la plupart des marins célèbres et les nombreux capitaines de navire, dont nous aurons occasion de parler plus tard.

A défaut de documents sur l'Abbaye, nous continuerons notre histoire à l'aide des registres de la Fabrique et de la Mairie.

Le Curé de Saint-Martin était M. de Cailly. Installé en 1730, il mourut en janvier 1761. Il est enterré dans le chœur de l'église, du côté de l'Évangile, en face le premier pilier du chœur.

A cette époque les curés n'ont plus de luttes avec les religieux. Les difficultés et les petits conflits ont disparu de ce côté, mais la lutte se perpétue entre l'autorité ecclésiastique et les fabriciens qui tendent à devenir les maîtres dans l'église. Et c'est ainsi que la vie de l'homme est toujours une vie militante !

En 1761, Jean-François Dubrun succède à M. de Cailly. Issu d'une des familles les mieux posées de la paroisse, M. Dubrun mérite une mention spéciale dans notre histoire (1).

En 1765, un vent impétueux découvrit le clocher et la grande nef de l'église. Ce vent fut si violent qu'il roula le plomb du haut du toit, et qu'il l'emporta au loin dans les grèves.

---

(1) Les renseignements qui suivent sont extraits de notes manuscrites de M. Dubrun, ou des registres de la Fabrique.

Il fallut songer à réparer le désastre. Le gouvernement voulut bien y contribuer.

En 1766, la famille Anguier, qui descendait des du Bos est confirmée dans la possession de la chapelle Saint-Roch. La tombe de Guy du Bos, qui était élevée de deux pieds au-dessus du sol, est mise de niveau avec le pavé.

A cette époque encore on a baissé de trois pieds le pavé de dessous le clocher, qui se trouvait plus élevé que celui de l'église de cinq à six marches. Cette différence de niveau rendait difficile l'entrée de l'église. Pour y remédier, on a baissé le pavé du clocher, et on l'a rendu de niveau avec la rue, à l'exception d'une marche à descendre à la grande porte, et d'une petite marche à monter à la petite. Cette disposition existe toujours.

L'autel de la nef principale, les boiseries du sanctuaire et celles du chœur ont été exécutées à cette époque. L'autel et les boiseries du sanctuaire sont l'œuvre de Louis Delabarre; celles du chœur ont été faites par Pierre Coffre et Louis Ruhaut. A vrai dire, les ouvriers de 1768 n'étaient pas inférieurs à ceux d'aujourd'hui.

La construction de la sacristie entre le presbytère et l'église est encore de cette année. L'ancienne était alors derrière l'autel, ce qui avait l'inconvénient de rendre le chœur très restreint.

Le chœur dépendant des religieux qui étaient gros décimateurs, il fallut s'entendre avec eux pour ces travaux de la sacristie. La délibération qui les autorise est du 20 mars 1767. Elle porte la signature de

Dom J.-B. Husson, prieur, Dom André Bizon, procureur et des FF. Husson, L. Blémont, G. Bouliez et N. Landel.

Les fenêtres du fond du sanctuaire ont été bouchées, à l'occasion du placement de ces boiseries. La dépense de ces divers travaux a été couverte, en partie, par la vente du grand candélabre en cuivre très antique, qui séparait la nef d'avec le chœur. Ce candélabre, qui devait être un travail très soigné, remplissait toute la largeur de la nef. Il formait trois arcades, au moyen de quatre piliers. Le haut était formé de feuillages en cuivre, et terminé par des chandeliers, supportant treize cierges. Il fut vendu vers 1768, pour un prix de deux mille sept à huit cents livres. (Note de M. Dubrun.)

Un peu plus tard, le 9 août 1772, le conseil autorise M. le Curé : 1° à acheter la maison de la veuve Jean Brémont qui était appuyée contre la muraille de la vieille église ; 2° à vendre au sieur Isnard ce qui reste des matériaux de la vieille église, consistant en un pilier, appuyé contre le cintre de la grande porte, à gauche, en entrant dans l'église, et dans la muraille, sur laquelle était appuyée la maison de la veuve Brémont ; 3° à faire construire contre le clocher un petit bâtiment, qui servira de dépôt pour les meubles de l'église ; 4° à faire enlever les décombres qui se trouvaient à l'entrée de manière à y former une petite place.

La vieille église dont il est ici question était beaucoup plus belle que celle d'aujourd'hui, si nous en jugeons par ce qui nous en reste dans la chapelle des fonts. Mais elle dut être abandonnée, parce que la mer avait endommagé la falaise sur laquelle elle devait être construite.

Le petit bâtiment destiné à servir de magasin a-t-il été exécuté ? Nous l'ignorons. Ce qui est certain c'est qu'en 1778, le projet fut étendu par la construction de la citerne qui reçoit les eaux de l'église. La dépense en fut faite par M. Œullio, qui donna 1,000 livres à la Fabrique, à la charge par elle d'assurer une pension de 40 livres, par an, aux Sœurs de la Providence. La Fabrique devra trouver ces 40 livres dans la vente de l'eau de la citerne.

La maison actuelle du sacristain fut construite en même temps. La pièce du bas devait servir à loger la personne chargée de la vente de l'eau, et la pièce du haut fut ajoutée, afin d'en faire la chambre du prédicateur étranger, appelé pour les stations de l'Avent, du Carême et du Saint-Sacrement.

En dehors des hommes et des choses de l'Eglise, nous ferons remarquer que pendant tout le XVIIIe siècle, Saint-Valery resta un centre d'activité commerciale. En 1767, le port est désigné par deux arrêts pour l'importation des tissus provenant d'Espagne, d'Angleterre et de Hollande. Il y arrive, du reste, un nombre considérable de navires. On en compte 279 en 1767 et 334 en 1768. 125 sont chargés de blé, 2 de foin et 207 d'autres marchandises. A la même époque, 55 navires restent attachés au port, dont 21 anciens et 34 tout neufs. Les bateaux-pêcheurs sont au nombre de 31. Cette activité maritime subsista jusqu'à l'époque de la révolution, et en 1790, Saint-Valery possédait encore de nombreux capitaines de navires, appartenant aux familles du pays.

Le mouvement maritime aide au mouvement commercial. Aussi voyons-nous, en 1761, les habitants de Saint-Valery solliciter l'autorisation d'établir deux francs-marchés par mois. Abbeville refuse un avis favorable à cet établissement. Mais l'intendant-général de Picardie estime qu'il n'y a pas lieu de tenir compte de cette opposition:

« A son avis, on ne doit pas craindre de multiplier les marchés. Ce sont des facilités que l'on procure au commerce de grains, de bestiaux et de toutes sortes de marchandises. »

Quelques années plus tard, plusieurs des maisons de la falaise étant tombées en ruines, les cultivateurs, qui fréquentent les marchés, demandent que ceux-ci soient tenus sur la place du Petit-Marché, parce que la place Saint-Martin est inhabitable par les mauvais temps.

Le maire et les échevins décident que les propriétaires de la falaise devront au moins faire élever un mur de clôture, sous peine d'être considérés comme ayant fait abandon de leurs droits.

Peu de temps après, les cultivateurs demandent à revenir sur la grande place. Il est probable que les travaux exigés par la municipalité ont été exécutés.

Vers la même époque, le Conseil d'Etat, statuant sur une plainte des habitants contre les envahissements du comte Nicolas-Aloph-Félicité de Rouhault, seigneur de Saint-Valery, maintient le seigneur dans la possession de certains droits qu'il perçoit sur les marchandises arrivant par le port. La municipalité alors essaie de mettre à sa charge l'entretien des quais de La Ferté. Mais l'Intendant décide que ces travaux seront exécutés aux dépens de la caisse du droit de fret. « Il en sera de même pour le quai qui soutient les bâtiments du sieur de Colignon, écuyer, et propriétaire des dépôts de sel. »

Le port, du reste, avait alors besoin de grands travaux. Aussi, voyons-nous le roi Louis XVI, en 1782, autoriser la Chambre de commerce de Picardie à faire un emprunt de 934 mille livres pour les exécuter. Cette somme devra être amortie sur les revenus de l'octroi, que la ville est autorisée à établir pendant vingt ans.

Deux ans auparavant, par contrat du 23 juin 1780, le comte de Rouhault vend au comte d'Artois les terres et seigneuries de Saint-Valery et du roc de Cayeux. Pour compléter cette acquisition, Louis XVI, en 1787, distrait du comté d'Amiens, les mouvances de Saint-Valery et de Cayeux, et il les unit au comté de Ponthieu, pour en relever à l'avenir comme fief immédiat.

En 1786, la ville laisse tomber la couverture de la tour de l'église qui, depuis longtemps, servait de salle d'échevinage. Le haut de cette tour se terminait en plate-forme.

Vers la même époque, nous avons à regretter la disparition de la haute et belle flèche qui surmontait le clocher de l'église. Les propriétaires des maisons voisines, paraît-il, se plaignaient. A les entendre, il était à redouter de voir un jour cette flèche emportée par un coup de vent, venir tomber sur leurs maisons. A la suite d'une visite faite par le sieur Riquier, architecte à Abbeville, il fut décidé que la flèche serait supprimée, et qu'on y substituerait le très prosaïque toit pyramidal, qui supporte aujourd'hui la Croix.

Le sieur Riquier se chargea de l'opération, moyennant la somme de 1200 livres, et les matériaux qui lui appartiendraient.

Le petit bâtiment, qui garantit la porte de la grève, fut exécuté en même temps.

CHAPITRE XII

De Bruyère Chalabre, douzième Abbé commendataire
(1788 à ...)

Nous avons vu que Léon Emmanuel, comte de Ghiselle, avait été nommé Abbé commendataire, le 24 avril 1745. Son successeur fut de Bruyère Chalabre, évêque de Saint-Pons, nommé par le roi, le 5 août 1788.

D'après le *Pouillé* de M. de Cagny, dès l'année 1782, l'abbaye était déjà sans titulaire. La vacance fut donc au moins de six ans. Dura-t-elle plus longtemps ? La chose est possible ; mais nous ne pouvons l'affirmer.

C'était, d'ailleurs, alors la manière d'agir assez

ordinaire du gouvernement. Pendant une période de temps plus ou moins longue, le roi différait de nommer à la commende, afin de percevoir les revenus au profit de l'Etat.

Ainsi le voulait le *droit de régale*. C'était aussi pour le pouvoir un moyen d'influence, afin de s'emparer petit à petit de l'administration des abbayes, et de diminuer le nombre et la considération des religieux.

Ce qui est arrivé ailleurs sera arrivé à Saint-Valery. Nous ne voyons pas cependant que les religieux aient laissé le souvenir des scandales qui auraient été donnés dans d'autres maisons. Il est possible que l'amour du bien-être et du confortable ait amené dans la communauté un certain relachement. Mais tout nous porte à croire que la vie des religieux n'a jamais été scandaleuse. Il est même à constater qu'ils ont laissé ici une véritable réputation de charité, en raison des abondantes aumônes qu'ils distribuaient aux pauvres. Et il est certain, qu'à ce point de vue, les malheureux ont perdu à la suppression des maisons religieuses.

Nous sommes arrivés à l'époque de cette suppression. L'Assemblée constituante vient de commencer la guerre à la Religion. Le 2 novembre 1789, elle décrète que, « tous les biens du clergé sont mis à la « disposition de la Nation, à charge par Elle de « pourvoir, d'une manière convenable, aux frais « du culte, à l'entretien de ses ministres, au soula- « gement des pauvres. »

Le 13 février 1790, la même assemblée va plus

loin, elle « abolit les vœux monastiques et elle supprime les Ordres religieux, et leurs biens seront vendus. »

En conséquence de ces décrets, les municipalités eurent ordre de procéder à l'inventaire des biens du clergé et des congrégations ; de recevoir les déclarations des religieux, afin de savoir s'ils veulent rentrer dans le monde ou vivre en communauté.

Ces décrets furent exécutés à Saint-Valery, comme ailleurs, mais il nous a été impossible de trouver le détail de l'inventaire, ni le texte de la déclaration des religieux. Nous savons seulement, par la tradition, qu'ils restaient au nombre de huit religieux et que pas un seul ne prêta serment à la constitution civile du clergé. Il est probable que tous, profitant de la liberté qui leur était laissée par l'Assemblée nationale, se retirèrent dans leurs familles ou ailleurs, pour y mener la vie privée (1).

---

(1) L'inventaire des biens ecclésiastiques a été régulièrement exécuté, ainsi qu'il est constaté par une lettre de la municipalité aux députés de l'Assemblée nationale, en date du 27 avril 1790, et ainsi conçue :

Nos seigneurs,

« Nous avons l'honneur de vous adresser ci-joint, conformément au décret de l'Assemblée nationale, en date du 13 novembre dernier, sanctionné par Sa Majesté le 18 du même mois, la déclaration des biens ecclésiastiques, situés dans l'étendue de cette municipalité, savoir :

1º La déclaration des biens formant la dotation de l'Abbaye royale de Saint-Valery,

2º Celle des biens appartenant à la mense conventuelle de la dite Abbaye,

3º Celle des biens fonds et rentes de l'Hôtel-Dieu de cette ville,

4º Celle des revenus de la cure de Saint-Martin,

La vente de l'Abbaye eut lieu le 22 janvier 1791, au district d'Abbeville. Cette vente comprenait la *maison abbatiale, conventuelle, ferme, église, cour, jardin, bosquet* et *enclos,* comprenant environ 18 journaux.

L'adjudication eut lieu *sous la réserve,* « quant à
« l'église, des tombeaux, mausolées, tableaux,
« statues, bustes, inscriptions, vases fixés ou non
« fixés dans l'intérieur de la dite église, lesquels
« seront laissés provisoirement en place, pour être
« définitivement distraits des dits objets, ceux com-

5° Celle des bénéfices possédés par M. Dubrun, curé de la dite paroisse,
6° Celle des revenus et charges de la chapelle de Cambron, dont le dit curé est titulaire,
7° Celle des revenus et charges de la fabrique de la dite paroisse,
8° Celle des revenus et biens de la confrérie de la Miséricorde,
9° Celle des revenus et charges de la Confrérie de la Charité, — établies toutes deux dans la dite église,
10° Un état des ornements et linges appartenant à l'église,
11° La déclaration des revenus de la cure de Saint-Nicolas érigée en l'Abbaye,
12° Celle des revenus du sieur Macquet, prêtre titulaire de la chapelle de Saint-Jacques, érigée à Saint-Riquier.
13° Celle de dom Perdriel, religieux bénédictin, titulaire du prieuré de Notre-Dame de Montbaucher-les-Wailly, au diocèse de Meaux,
14° Celle de dom Laby, religieux bénédictin, titulaire du prieuré de Saint-Thomas d'Amboise, de Tours, etc.
(Archives de la Mairie. Copie de lettres.)
Ajoutons encore que le même registre atteste que l'inventaire du mobilier de l'Abbaye, et la déclaration des religieux ont été envoyés aux mêmes députés, le 20 mai 1790.
Il nous a été impossible de trouver ces documents.
Ajoutons que le 5 juin, la municipalité s'offre à acquérir les deux menses abbatiale et conventuelle, qu'elle estime environ *un million*.

« pris, s'il y en a, dans la classe des monuments,
« dont l'Assemblée nationale a entendu prescrire la
« réserve, le surplus compris dans la vente, à l'ex-
« ception des cloches et de l'horloge.

« A la charge en outre par l'adjudicataire, de ne
« pouvoir disposer des lieux, composant l'église,
« qu'après les avoir fait restituer à usage profane ;
« de souffrir les scellés apposés, et les gardiens
« établis à la garde d'iceux, si mieux n'aime l'adju-
« dicataire s'en charger jusqu'à la vente des
« meubles ;

« Et enfin de laisser faire l'office dans la chapelle
« à usage de paroisse, jusqu'à sa réunion à une
« paroisse principale. »

La mise à prix de l'immeuble n'était que de 25,000 livres. Malgré cette modicité de prix, un seul acquéreur se présenta, le sieur Carmier, contrôleur, et l'adjudication fut prononcée pour 25,200 livres. (*Archives départementales.*)

Le lendemain, le sieur Carmier cédait les 3/4 de son acquisition à trois citoyens, dont les noms ont disparu de Saint-Valery, comme celui de l'acquéreur principal. Et bientôt les nouveaux propriétaires, fatigués, dit-on, de se savoir menacés par les habitants du retour des anciens possesseurs, vendirent à démolir l'église à un maçon, et les bâtiments à d'autres industriels. Avait-on besoin de pierres de tailles, de bois de charpente ou d'autres matériaux ? On venait se fournir à l'Abbaye. La destruction de l'église, surtout, offrit pendant longtemps un spectacle désolant. Il était si triste de voir tomber sous les coups de marteaux des démolisseurs, un édifice dont la construction constituait le plus ancien et le plus important monument de la ville !

Est-il vrai, qu'avant de quitter leur monastère, les religieux aient enterré les vases sacrés, avec leurs objets les plus précieux, dans l'espoir de venir un jour en reprendre la possession ? Est-il vrai que ce trésor, une fois caché, n'ait pas été retrouvé depuis ? Nous en doutons. Mais le fait nous a été affirmé par d'anciens habitants du pays, et nous donnons, pour ce qu'elle vaut, la vieille tradition. La vente des biens de l'Abbaye eut lieu la même année. Sur le seul territoire de Saint-Valery, elle possédait alors plus de 150 journaux de terre, sans compter les bois.

Le château appartenait au comte d'Artois. Il fut vendu plus tard, à titre de biens de l'émigré *Philippe Capet.*

La première tentative d'adjudication eut lieu au district d'Abbeville, sur la mise à prix de 6000 livres, le 20 messidor an 2. Aucune enchère n'ayant été présentée, il fut nécessaire de faire une baisse de mise à prix, et une seconde adjudication, le 15 thermidor de la même année.

A cette seconde tentative, les enchères furent nombreuses, et finalement, le château comprenant « *le corps de logis, couvert en ardoises et tuiles,* « une *salle de spectacle,* une *maison* et *chambres à* « *usage de concierge, écuries, remises, bûcher,* le « *jardin* et une *terrasse* » fut adjugé à Charles-Joseph Hourdel, huissier à Abbeville, pour la somme de 21,600 livres. (*Archives départementales.*)

Avec la vente de l'Abbaye, la vente du château constitue la fin du vieux Saint-Valery. Une nouvelle existence va commencer. Nous allons en parler en traitant de la période révolutionnaire et des faits contemporains. Avant d'entreprendre cette partie de notre histoire, nous tenons à compléter les renseignements qui précèdent, en disant quelques mots du temporel de l'Abbaye.

Temporel de l'Abbaye.

S'il nous eût été possible de retrouver la déclaration des biens, formant la dotation de l'Abbaye, dont il est parlé plus haut, et celle des biens composant la mense conventuelle, nous les aurions reproduites avec bonheur. Ces deux documents nous faisant défaut, nous nous bornerons à citer les noms des pays où les religieux avaient le plus de propriétés.

Sans parler des dîmes, des censives, l'Abbaye possédait des biens considérables sur les territoires de Saint-Valery, de Giomer, de Ribeauville, Estrebœuf, Neuville, Routhiauville, Pinchefalise, Boismont, Bretel, Catigny, Tilloy, Herlicourt, Frireule et Saigneville.

En dehors du canton de Saint-Valery, elle percevait les dîmes d'Ault, de Béthencourt, de Tully et de Croix-au-Bailly. Elle avait en plus de très nombreuses terres dans cette dernière localité, ainsi que dans celles de Hautebut, Woignarue, Onival, Bourseville, Wailly, Saucourt et Nibas.

Dans le doyenné actuel de Moyenneville, ses plus

belles propriétés se trouvaient à Cahon, Feuquières, et surtout à Miannay et Lambercourt.

Le plus beau fleuron de sa couronne domaniale, peut-être, s'est trouvé depuis très longtemps dans les environs d'Oisemont, à Biencourt, Forceville, Doudelainville, Martainneville, Cannessière, Neuville-au-Bois, Wiry, Mérélessart, Yonville et Citernes.

Sur la rive droite de la Somme, le monastère jouissait encore de droits et de biens considérables, à Hère, Quend, Monchaux, Routhiauville et Favières.

Nous pourrions encore citer d'autres possessions plus éloignées; mais cette énumération seule suffit à donner une idée du domaine de l'Abbaye, au jour où s'ouvrit la période révolutionnaire, dont nous allons rappeler les principaux incidents.

SIXIÈME PARTIE

Période révolutionnaire et Restauration du Culte

CHAPITRE PREMIER

PÉRIODE RÉVOLUTIONNAIRE

M. Prarond constate que Saint-Valery, comme Abbeville, fut épargné par les passions révolutionnaires. « Les mouvements politiques, dit-il, se font moins sentir sur les côtes, habituées à l'activité du commerce, à la liberté de la vie et au mouvement de la mer. »

Une société populaire cependant se forma dans la ville, mais cette société, dirigée par des hommes bien intentionnés, s'appliqua à maintenir l'ordre et non à le troubler. (Prarond, p. 111.)

Il est bien vrai que Saint-Valery n'eut à regretter aucun crime. Il ne sera pas inutile cependant de rappeler la suite des évènements, afin de montrer ce que deviennent, en temps de Révolution, les pays les plus calmes.

Rappelons d'abord, à l'occasion des évènements qui devaient amener la suppression et la vente de l'Abbaye, une manifestation qui honore nos aïeux.

Le 16 mai 1790, à la suite d'une réunion de tous les habitants, présidée par M. Masset, maire, et par tous les conseillers municipaux, une pétition est adressée à l'Assemblée nationale, à la fin de réclamer la conservation de la châsse de saint Valery et de la chapelle du tombeau. C'est cette pétition, sans doute, qui nous a valu la conservation de la chapelle. (*Archives de la Mairie*. La plupart des renseignements qui suivent viennent de la même source.)

Plusieurs religieux ayant manifesté le désir de se retirer dans leur famille, ils furent autorisés à enlever le mobilier de leurs chambres et leurs effets personnels. Le 29 janvier 1791, Anguier du Peuple et Carmier assistent à l'enlèvement des meubles et effets de dom Formé.

L'avant-veille, le 27 janvier, avait été, pour le clergé séculier, le jour de la manifestation des consciences. Appelé à prêter le serment à la constitution civile, un seul de ses membres eut la faiblesse de céder. Ce fut M. Larcher, curé de Saint-Nicolas. Nous avons constaté que, dans les six lignes de sa main, inscrites au greffe de la municipalité, il n'y a pas moins de trois fautes d'orthographe. Elles sont, sans doute, le résultat de l'émotion d'une conscience troublée.

M. Dubrun, curé de Saint-Martin, MM. Obry et Fiquet vicaires, M. Masse, sous-diacre d'office, refusent le serment.

M. Belliart, diacre d'office, hésite encore. Hélas! il finira par céder, le 13 mars suivant. Cette faiblesse fut pour M. Dubrun, dont il était l'enfant d'adoption, une peine bien vive. Pour prix de sa faiblesse, on en fit un curé constitutionnel de Gorenflos. Chassé par la terreur, il reviendra à Saint-Valery, dont il était originaire, et nous le verrons, en 1795, rouvrir l'église et y exercer le culte schismatique !

La protestation de M. Dubrun, écrite de sa main, sur le registre de la mairie, est si belle, que nous n'hésitons pas à la reproduire.

« Je soussigné, J. François Dubrun, curé de la paroisse Saint-Martin, de la ville de Saint-Valery, pénétré de l'obligation où je suis d'obéir aux puissances de la terre, je déclare que ma soumission aux décrets de l'Assemblée nationale, n'aura jamais d'autres bornes que celles qui me seront essentiellement marquées par la religion catholique, apostolique et romaine, que j'ai toujours professée, et que j'espère, Dieu aidant, professer toute ma vie ; que c'est à regret, le cœur déchiré de douleur, que je me crois forcé de refuser aujourd'hui le serment pur et simple que le décret du 27 novembre prescrit ; qu'il n'y a que la voix supérieure de ma conscience qui me décide à ce refus ; que dans la seule réserve des intérêts de ma religion, je serai toujours disposé à prêter ce serment, et que toute ma vie, je me ferai un devoir de l'accomplir, avec la plus scrupuleuse fidélité ; que, privé de la consolation de pouvoir exprimer mes véritables sentiments à toute ma paroisse assemblée, je veux au moins qu'ils demeurent consignés en ce greffe. C'est pourquoi, je jure ici de veiller avec soin sur les fidèles qui me sont confiés, d'être soumis à la nation, à la loi et au roi, et de maintenir de tout mon pouvoir la constitution du royaume, décrétée par l'Assemblée nationale et sanctionnée par le roi, exceptant uniquement, mais formellement, tout ce qui peut nuire à la Religion catholique, apostolique et romaine, dans laquelle je déclare vivre et mourir. »

Fait au greffe de la Municipalité de Saint-Valery, le 28 janvier 1791. DUBRUN.

Malgré ce refus, la paroisse fut témoin, le dimanche suivant, d'une grande solennité religieuse. Il est vrai qu'elle eut lieu sur la réquisition du Conseil général et du syndic du district d'Abbeville, commissaire nommé pour l'apposition des scellés en l'Abbaye et dans l'Église.

Sur la dite réquisition, le 30 janvier, le clergé de Saint-Martin fait solennellement la translation des reliques de l'Abbaye en l'Église paroissiale ; la translation se composait de sept châsses et de plusieurs reliquaires. Elle eut lieu au bruit de nombreuses salves d'artillerie.

Le 12 février, une jeune anglaise, non catholique, étant venue à décéder, on l'inhuma dans les souterrains de la porte d'en haut, affectés par le Conseil à la sépulture des dissidents.

La population toute entière alors était catholique. Aussi ne sommes-nous pas étonné de voir, le 24 février suivant, les sieurs Bastel, huissier, et Marchant, maître menuisier, se mettre en mouvement, afin de faire signer une pétition, demandant à l'Assemblée nationale la conservation des prêtres insermentés. Le Conseil, craignant de se compromettre,

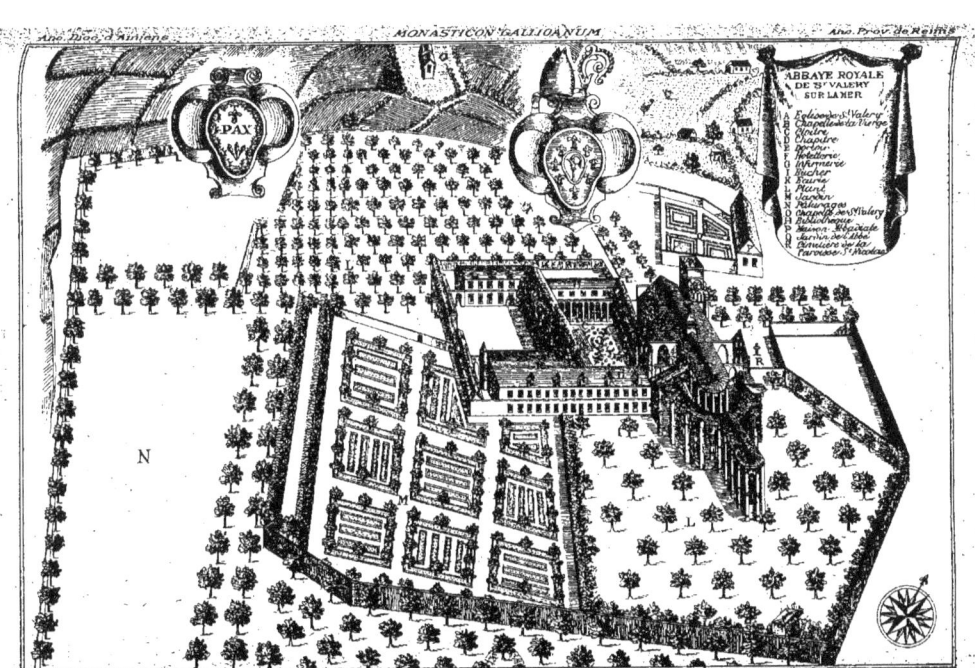

ABBAYE DE St VALERY-SUR-MER (Somme)

interdit sévèrement le colportage de cette pétition, qui se couvrait de très nombreuses signatures.

Nous trouvons, à la même époque, une requête de M. Dubrun à Mgr l'évêque d'Amiens.

Après avoir rappelé les fêtes qui se célébraient en l'église de l'Abbaye, avant sa destruction, le 12 décembre, jour de la mort de saint Valery, le 1ᵉʳ avril, fête de la translation de ses reliques, par saint Blimont, et le 2 juin, anniversaire de leur relation par Hugues Capet, M. Dubrun, interprète de tous les habitants de Saint-Valery, demandait à Monseigneur qu'il lui plût ordonner :

« 1° Qu'indépendamment de la fête principale du 12 décembre, les fêtes de la translation et de la relation des reliques seraient désormais célébrées en la paroisse, comme elles l'étaient en l'Abbaye, et que, pour mettre les habitants en mesure de satisfaire leur dévotion, elles seront remises aux dimanches qui suivront le 1ᵉʳ avril et le 2 juin. »

« 2° Qu'à la fête du mois d'avril, on aurait la liberté de porter solennellement la châsse dans les rues. »

« 3° Que la fête de saint Blimont serait célébrée, non le dimanche qui suit le 26 novembre, qui est ordinairement le 1ᵉʳ de l'Avent, mais le dimanche précédent. »

Considérant qu'il n'y avait dans la requête rien que de conforme à la religion et de propre à favoriser la piété des fidèles, M. Dargnies, vicaire-général, donnait à cette requête une entière approbation, le 15 février 1791.

Le 22 mars, nous trouvons une déclaration de dom Salve-Bruno Joly, né à Amiens, religieux bénédictin, et prieur de l'Abbaye de Saint-Martin-au-Bois, près Laon. Le 24 octobre 1790, il avait déclaré vouloir continuer la vie commune et le 22 mars suivant, il déclare qu'attendu la retraite des religieux composant sa communauté, son intention était de profiter de la liberté laissée par l'Assemblée nationale, et de se retirer dans sa famille, district d'Abbeville, pour y mener la vie privée.

Cette déclaration, qui ne préjudiciait en rien à ses devoirs, le mettait à l'abri des tracasseries, et lui assurait le bénéfice de la pension accordée aux religieux qui rentraient dans la vie privée.

Dom Bruno Joly était encore à Saint-Valery en 1802. Il a dû y mourir dans sa famille.

Malgré son refus de serment, M. Dubrun restait toujours à la tête de la paroisse. Il jouissait de l'estime générale, et personne, à Saint-Valery, n'aurait osé s'attaquer à lui.

Aussi le sieur Larcher, curé de Saint-Nicolas, qui avait prêté le serment, afin d'avoir droit à la cure de Saint-Martin, fut-il obligé de s'adresser aux administrateurs du district d'Abbeville, afin d'être installé en possession du prix de sa lâcheté. La municipalité fut mise en demeure de faire droit à sa demande.

La mise en demeure est du 11 juin, et l'installation eut lieu le lendemain dimanche. La municipalité redoute tellement l'émotion populaire, qu'un détachement de la garde nationale reste sous les armes, afin de maintenir l'ordre.

Ce même jour, la municipalité qui n'avait plus de salle d'échevinage, depuis la destruction de la tour du presbytère, s'empare des appartements au-dessus des portes, afin de les affecter au service de la commune. Le reste est laissé au citoyen Larcher.

En 1792, le curé assermenté, pouvant sans doute disposer de beaucoup de loisirs, s'était passé la fantaisie de se faire élire conseiller municipal. Mis en demeure d'avoir à résigner, soit les fonctions de conseiller, soit celles de curé, il renonce à celles de conseiller.

Au jour de son installation, le dit citoyen curé avait été maintenu en possession de la petite chambre, située au-dessus des portes, et donnant sur la rue de Nevers. Mécontent d'avoir été dépossédé des autres pièces, le curé, qui était musicien, s'amusait à toucher de l'orgue dans sa chambre, pendant les séances du conseil ou du tribunal de commerce.

Le conseil furieux décide, le 24 mars, que l'intrus aura à abandonner la chambre, et il lui donne huit jours comme à un domestique. Le domestique ne s'étant pas exécuté, les gendarmes furent chargés de la besogne, en jetant le mobilier dehors.

Toute autre était l'attitude du conseil vis à vis du curé légitime, le vénérable M. Dubrun. Elle fut toujours des plus respectueuses, et le lendemain de la délibération dont nous parlons, le dit conseil donnait à M. Dubrun une attestation des plus flatteuses, en constatant qu'il avait rempli pendant trente ans les fonctions de curé de Saint-Valery.

Peu de temps après, le 5 septembre 1792, M. Dubrun partait pour l'exil en Angleterre, en compagnie de M. Hénocque, chapelain de l'Hôtel-Dieu.

Les religieuses s'étaient adressés à MM. les membres du Directoire du département de la Somme, à Amiens et à ceux du district d'Abbeville, à la fin de conserver leur chapelain. Il fallut se résigner à se passer de prêtre, au nom de la liberté !

La tyrannie, du reste, s'accentue de plus en plus. Les prêtres déjà assermentés et les fonctionnaires doivent prononcer de nouveaux serments, et jurer d'être fidèles à la nation, et de maintenir la liberté et l'égalité, ou de mourir en les défendant.

Le 27 novembre 1792, eut lieu l'installation du tribunal de commerce. Les premiers juges furent les citoyens Masset, Romain Michel, Vasseur, Fleury, Nicolas Lejoille et Antoine Merchez.

Les affaires n'étaient pas plus prospères. L'argent faisant défaut, force avait été de recourir au papier. L'État émettait des assignats. La ville émit des billets de confiance, en leur donnant un cours forcé.

Nous sommes au lendemain de la mort de Louis XVI. La terreur règne à Saint-Valery, comme ailleurs.

Le 19 avril 1793, la loi des suspects est proclamée, et le conseil décide que tous les citoyens suspects seront désarmés, et que toutes leurs armes seront déposées à la maison commune.

Les prêtres non assermentés, aussi, sont l'objet d'une surveillance active. C'est ainsi que, le 26 juillet, une visite domiciliaire minutieuse est faite en l'Abbaye, chez le citoyen Bruslé, afin d'y découvrir un ci-devant chanoine d'Abbeville, nommé Obry, oncle du propriétaire. Ce chanoine avait fait le serment, mais son nom n'était pas inscrit au-dessus de la porte, comme habitant la maison ; le propriétaire fut blâmé, et sommé d'exécuter la loi.

A la même époque, l'organiste de Saint-Martin était parti, à titre de volontaire, à la défense de la patrie menacée. Le conseil de fabrique, en raison de son dévouement, l'avait maintenu dans sa place d'organiste, et dans les émoluments qui y sont attachés, pendant le temps de son service.

Le curé ayant voulu faire toucher l'orgue, pendant son absence, les parents et amis du titulaire essayèrent de s'y opposer. Le conseil n'admit pas cette opposition, mais il fut décidé à nouveau que la place et les honoraires de l'organiste seraient conservés au titulaire pendant tout le temps de son service, comme volontaire de la garde nationale (1).

Le 10 août, la fête de l'unité et de l'indivisibilité de la République eut lieu sur la place du Petit-Marché et à l'église. Le clergé dut, *par ordre*, chanter un *Te Deum*.

Un mois plus tard, le conseil décide que deux des quatre cloches seront descendues, et que l'aigle du pupitre de l'église sera vendu. Cet aigle était un

---

(1) Après la restauration du culte, le jeune volontaire de 93 reprit sa place à l'orgue, et il la conserva jusqu'à la fin de sa vie.

L'un de ses enfants, M. Eugène Ridoux, était récemment encore Président du Tribunal de commerce, et il est décédé membre du Conseil de fabrique. En raison de leur générosité pour l'église et pour les pauvres, M. Eugène Ridoux et sa digne compagne, Madame Félicie Fournier, ont droit ici à une mention spéciale.

des plus beaux de France, et un véritable objet d'art en bronze. Sa vente avait pour but de venir en aide à la municipalité qui, faute de fonds, ne *pouvait plus se procurer ni papier, ni bois, ni encre, ni lumière, ni plumes*, etc. Nous copions textuellement.

L'aigle a été vendu pour 600 livres au citoyen Charlot. Mais il faut croire qu'il n'a pas été livré, car une note de M. Dubrun, postérieure à la Révolution, constate *avec regret qu'il a été impitoyablement brisé*.

La descente des cloches exigeant trop de travail, elles furent cassées sur place, et les morceaux furent jetés à terre.

Le fanatisme s'accentue. Les arrestations sont à l'ordre du jour. C'est la terreur dans son plein épanouissement. On s'attaque aux fleurs de lys qui existent dans l'église. Ordre est donné de les faire disparaître. On oblige jusqu'aux anciennes religieuses, vivant dans leur famille, au serment de mourir en défendant la République.

Les religieuses de l'Hôtel-Dieu, elles-mêmes, durent s'y résigner, et s'habiller en séculières avec la cocarde tricolore. « Ainsi affublées, nous ne pouvions, disaient-elles, nous regarder sans rire. » Elles étaient au nombre de quinze.

Le fer manquant sans doute pour la défense de la République, la magnifique grille en fer de la chapelle de Saint-Valery, et celle qui fermait le chœur de l'église, furent démolies pour en forger des piques. Il en fut de même de la Croix-l'Abbé et de celles du cimetière. « Ces dernières, dit-on, ne doivent plus être des signes de distinction dans un siècle d'égalité ! »

Les pierres aussi en sont vendues au profit de la commune qui reste pauvre.

La place de la Croix-l'Abbé s'appelle désormais place de la Liberté,

Celle du Petit-Marché, place de la Fraternité,

Et le jeu de battoir, place de l'Unité.

La rue de l'Abbaye s'appellera rue de la Montagne, et l'arbre de la liberté sera planté sur la place de la Fraternité.

Au cimetière, les croix de bois, elles mêmes, sont enlevées, et les morts enterrés d'une manière uniforme. C'est alors que le Grand Crucifix est apporté à l'église.

Huit jours plus tard, le conseil municipal, à la pluralité des voix, et sur la demande de la société populaire, décide que la ville sera désormais appelée *Montagne-sur-Somme*.

La raison du considérant est que la ville a son assiette sur une montagne, et que la République doit son *salut actuel à la Montagne !*

La loi ayant supprimé les dimanches et les fêtes, pour les remplacer *par les décadis*, l'office des patrons devait être transféré au décadi suivant. Le citoyen Larcher, cette fois, trouva que la loi allait trop loin. Aussi, le 21 brumaire an II (11 novembre 1793), le citoyen curé célèbre solennellement la fête de Saint-Martin, patron de la paroisse. Le conseil furieux, le fait arrêter le lendemain et transporter à Abbeville, pour y être mis à la disposition du représentant du peuple.

Le citoyen Larcher était entré par la fausse porte. Il eut le courage de tomber dignement.

La tradition locale nous apprend qu'à Abbeville il s'occupa de commerce pendant la période révolutionnaire. Il profita de son séjour au district, afin d'acheter quelques uns des ornements de l'église ou de l'Abbaye qui y furent vendus. Plusieurs de ces ornements sont encore au bourg d'Ault, dont il devint le curé, après la restauration du culte.

En frimaire, les églises sont fermées, et il est interdit aux prêtres de remplir aucune fonction religieuse. « Nous n'avons plus de nobles, disent nos conseillers, il ne faut plus de prêtres ! »

L'officier public est devenu le prêtre du nouveau culte. Il va chercher les morts à domicile, et il les conduit au cimetière, sans aucune prière.

Le fanatisme ira plus loin. Le 31 janvier, le conseil ordonne de brûler toutes les croix de bois placées par la piété filiale, sur les tombes de parents regrettés ; et défense formelle est faite d'en déposer de nouvelles.

La chapelle de la Ferté devient alors le temple de la Raison, et celle de Saint-Valery le temple de l'Éternel. L'église sera convertie en halle au blé.

Le 14 prairial, une délibération du conseil nous donne tous les détails de la fête de l'Éternel.

La cérémonie aura lieu à neuf heures. La réunion se fera au pied de l'arbre de la liberté, près du grand marché. Un piquet d'infanterie précédera la procession. Les vieillards marcheront à la suite, portant une bannière avec cette inscription : « Rendons hommage à l'Éternel. »

Ils précéderont un groupe de jeunes filles vêtues de blanc, de quinze à vingt-cinq ans. L'une d'elles portera une couronne de chêne et une autre une bannière, sur laquelle on lira : « Nous sommes dans le chemin de la vertu. »

La musique et les tambours viendront après. Ils seront suivis des gendarmes et de la garde nationale, sur deux lignes, escortant les corps constitués et les membres de la société populaire.

Les mères suivront. Leur bannière portera cette inscription : « Nous élèverons nos enfants dans le respect dû à l'Eternel. »

Les hommes marcheront après les mères. Ils seront suivis des instituteurs et des institutrices, avec leurs élèves, et une bannière sur laquelle on lira : « L'Eternel est son nom, le monde est son ouvrage. »

Le cortège se rendra par la Ferté au temple de la Raison et à la place de la Fraternité, en chantant des hymnes. Des discours seront prononcés sur la place, et on se rendra, par les champs, au temple de l'Eternel. L'encens fumera sur tout le parcours de la procession.

Malheur à qui troublerait l'ordre ou *s'abstiendrait par mépris* ! C'était en un mot, *la procession obligatoire* !

Une autre fête, du même genre, est organisée le 23 messidor, en souvenir du 14 juillet, anniversaire de la chute de la tyrannie. *Et vive la liberté* !

Nous disions tantôt que l'église avait été convertie en halle au blé. Il semblait donc que tout devait aller pour le mieux dans le meilleur des mondes possibles. Malheureusement, il advient que la matière première fait défaut. La disette est telle, que pour approvisionner la halle, si merveilleusement trouvée, les gendarmes doivent aller dans chacune des communes voisines, réquisitionner la quantité de blé à apporter sur le marché.

Au 20 germinal an III, la municipalité avait dû se charger de distribuer le pain à tous les habitants, pour les empêcher de mourir de faim. Une demi livre par jour et par personne, voilà la distribution, et on se demande si elle pourra continuer ?

Les esprits, qui n'étaient pas dépouillés de tout préjugé, se demandaient s'il n'y avait pas dans cette disette un châtiment de Dieu. Pour ne pas mourir de faim, on arrive à piller les navires de blé qui entrent dans le port, et on partage avec Abbeville. André Dumont, touché de ces misères, obtient des provisions pour les habitants, et la municipalité lui adresse une lettre de remerciements.

Pour comble de maux, la maladie joint ses ravages à la famine. Les médecins sont sur les dents, et il faut en envoyer d'Abbeville pour les aider. *(Registre aux délibérations d'Abbeville.* Prarond, 115*).*

Ce fut pendant la suspension du culte dans l'église, qu'eut lieu l'orgie, dont le souvenir est resté dans la mémoire des contemporains qui en eurent connaissance.

Je le constate, avec un véritable soulagement, la responsabilité de cette bacchanale n'incombe pas aux habitants. Elle fut l'œuvre de révolutionnaires plus ou moins étrangers à la localité.

Pénétrant dans le lieu saint, ces révolutionnaires mutilent les statues et les tableaux, ils dévastent le sanctuaire et pillent la sacristie. Puis, amassant les débris dans le chœur, ils en font un feu sacrilège.

Les reliques de Saint-Valery, avec beaucoup d'autres, disparurent dans cette saturnale dégoûtante. Et pendant longtemps on put voir, sur le pavé du milieu du chœur, les traces de ce triste incendie.

Le reliquaire du petit Saint-Valery échappa à la destruction. Il fut sauvé par une courageuse chrétienne, *Geneviève Money,* qui le cacha pendant toute la tourmente révolutionnaire.

Il est devenu, depuis, notre plus précieuse relique, avec quelques ossements qui ont été sauvés par des témoins de l'impie bacchanale.

Les excès devaient amener la réaction. C'est ce qui arriva. La loi du 11 prairial et l'arrêté du comité de Législation, du 29 suivant, en furent le commencement. La loi et l'arrêté proclamaient la liberté des cultes. Aussitôt une pétition se signe à Saint-Valery, afin de réclamer la réouverture de l'église. Le Conseil, faisant droit à cette pétition, décide que l'église principale pourra être livrée de nouveau au culte, à la condition que les soumissionnaires, qui en feront la demande, s'obligeront à exécuter toutes les prescriptions de la loi.

Le 7 thermidor, l'ancien diacre d'office Belliart, profitant de cette liberté, déclare qu'il se propose d'exercer le ministère du culte catholique, dans l'étendue de la paroisse.

L'église lui ayant été concédée à cette fin, l'abbé Belliart fit ce qu'il put pour la conserver. Il parvint même à empêcher la construction d'une cloison, au moyen de laquelle on voulait le confiner dans la nef de la Sainte Vierge, en réservant la nef principale pour des usages profanes.

Disons encore à la louange du pauvre prêtre assermenté, qu'un jour, il engagea son couteau pour se procurer les deux cierges nécessaires à la célébration du saint Sacrifice. Mais hélas ! il restait assermenté, et le peuple, désertant ses sermons, refusait son ministère pour courir la nuit, dans quelque appartement isolé et bien secret, entendre la messe de l'abbé Rabouille.

C'est que l'abbé Rabouille était, lui, le prêtre fidèle à son devoir. Obligé de s'exiler pour refus de serment, il n'avait pu se résigner à vivre loin de la chère France. Au risque de s'exposer à la mort, il était donc rentré en 1795, avec tous les pleins pouvoirs, accordés par Mgr de Machault, qu'il avait vu en exil.

Originaire de Bouillancourt-en-Sery, et curé de Belloy-sur-Mer, avant la Révolution, M. Rabouille demanda asile au frère d'une des religieuses de l'Hôtel-Dieu. Celui-ci l'amena à Saint-Valery, où il fût reçu par les sœurs comme un ange envoyé du ciel. Excellentes religieuses, n'ayant voulu avoir aucun rapport avec le clergé assermenté, elles avaient dû, depuis tantôt deux ans, se passer du ministère du prêtre !

Enterré tout vivant dans une cachette creusée dans la muraille, l'abbé Rabouille sortait la nuit pour porter au loin les consolations de son ministère, et renouveler les scènes des catacombes, en célébrant, dans des sanctuaires improvisés, le saint Sacrifice.

Plusieurs fois, il faillit être pris. Mais la Providence veillait sur son serviteur. Il échappa à tous les dangers, et fit un bien immense, non seulement aux religieuses qu'il soutint au milieu de toutes les épreuves, mais aussi dans la ville, dans les paroisses voisines, et même au-delà de la baie. On aurait cru se souiller en s'adressant à l'abbé Belliart, on avait recours au prêtre persécuté.

Aussi lorsqu'en 1800, il eut été nommé curé d'Estrebœuf, il resta toujours le directeur des religieuses, jusqu'à ce qu'en 1803, il devint le vicaire de M. Dubrun, avec M. Hénocque, l'ancien aumônier de l'Hôtel-Dieu.

Le XVIIIe siècle se termine : il nous est agréable d'adresser ici le salut de l'honneur à tant de marins ou de guerriers, à qui Saint-Valery s'honore d'avoir donné le jour. Sur les champs de bataille, comme sur toutes les mers du globe, ils ont porté bien haut le nom et la gloire de leur pays d'origine. Il est juste que la vieille cité ne les oublie pas.

Nous citerons donc le contre-amiral *Perrée*, qui mourut glorieusement sur son banc de quart en combattant Nelson; le capitaine *Le Joille*, enlevé par un boulet, au moment où il forçait l'entrée du port de Brindes ; le lieutenant *Blavet*, qui mourut à Saint-Valery en 1792, des blessures reçues en combattant les Anglais.

Le capitaine de vaisseau *Lambert*, membre de la Légion d'honneur, commandant de *la Flore* et de la division de l'Adriatique, décédé à Corfou, à l'âge de 42 ans.

Le capitaine de frégate *Prosper-Joseph Ravin*, le père du docteur Ravin. Il contribua beaucoup à faire élever à Cayeux un mat de signaux pour les navires en détresse.

Louis-François-Valery Ravin, cousin du précédent, et comme lui capitaine de frégate, nommé en 1814 chevalier de l'ordre de Saint-Louis ; il rentra bientôt après dans la vie privée.

Jacques Parmentier, lieutenant de vaisseau, et capitaine de la 5ᵉ compagnie du 44ᵉ bataillon de flotille. Il mourut en 1812, dans la campagne d'Espagne, à l'âge de 35 ans.

Magloire-Benjamin Chatelain. Comme le précédent, il fut lieutenant de vaisseau et capitaine d'une compagnie dans le même bataillon de flotille. Il mourut à Saint-Valery, dans la vie privée.

Pierre Demay, lieutenant de vaisseau, né à Saint-Valery en 1762 et décédé en 1836.

Jean-Lambert Darras, enseigne de vaisseau, mis à la retraite en 1818. Il fut décoré le 21 octobre 1844.

Ceux qui voudraient connaître les titres de ces illustres enfants de Saint-Valery à l'estime de leurs compatriotes, nous les renverrons aux notices de MM. Prarond, Ravin et Pierru.

CHAPITRE II

Restauration du Culte

M. Dubrun est rentré de l'exil le 22 novembre 1800. Sans être autorisé par la loi, le culte catholique était en fait à peu près rétabli. Le curé légitime put donc faire les offices à l'église. Il y exerçait concurremment avec le pauvre abbé Belliart, le curé constitutionnel de Gorenflos.

Mais bientôt, les offices de ce dernier étant abandonnés, il usa de son influence contre M. Dubrun, qui dut se réfugier à l'hospice, et abandonner l'église au prêtre assermenté.

A la suite du Concordat, l'abbé Belliart fit sa soumission, et le vrai pasteur put reprendre possession de son église, le 25 juillet 1802.

L'abbé Belliart devint le vicaire de M. Dubrun, avec M. Hénocque, l'ancien aumônier de l'hospice.

M. Rabouille fut nommé curé d'Estrebœuf; mais il conserva toujours la direction des religieuses de l'Hôtel-Dieu, jusqu'à ce que bientôt, en 1803, il remplaça M. Masse, en qualité de vicaire.

L'église avait été dépouillée de tout pendant la Révolution. A la suite du Concordat, les fidèles rivalisèrent de zèle et de générosité, afin de contribuer à son ornementation. (1)

Le maître-autel put être remis en son lieu et place. Il avait été trouvé commode, afin d'en former une estrade pour les musiciens, aux jours des fêtes nationales et locales, et il dut à cette circonstance sa conservation.

La chapelle des marins n'a pas changé de vocable. Elle reste, comme autrefois, la chapelle de Saint-Pierre. La chapelle Saint-Roch, au contraire, devient la chapelle de Saint-Valéry, et celle de Sainte-Agnès la chapelle des fonts. Le tableau du martyre de Saint Paul, qui est placé au-dessus de l'autel, a été cédé par Mme Liévin Hurtel, en 1805, pour la somme de 40 livres. Enfin, l'ancienne chapelle du Saint-Sépulcre devint celle de Saint-Joseph.

Pour compléter ces détails, nous croyons bien faire en reproduisant le rapport suivant sur les paroisses du canton.

---

(1) Les registres de la Fabrique ont conservé les noms des principaux bienfaiteurs de l'église à cette époque. Nous sommes heureux de les rappeler ici pour l'édification des familles que ces souvenirs ne manqueront pas d'intéresser : MM. Frédéric Huart, Duez frères, de Rouault, Honoré Tirard, Michel père et fils, Jacques Mélan, Pierre Marchand, etc. ;

Mmes Sœur St-Xavier, Sœur St-Fidèle de l'Assomption, Esther Œullio, Retelle d'Aussy, Delattre-Fleury, Alexandre Œullio, Butard-Fleury, Asselin, Perrée, Lherbier, Valois, Baillet de la Marche, Philippe Anguier, Benjamin Lambert, Dubrun, Le Roux, Vasseur-Fleury, Delahaye, Lebrun, Le Roux-Plancheville, Scelles, Dupont, Casselot, etc. ;

Mlles Duez, Victoire Le Roux, Cécile Œullio, Françoise Bruslé, Agnès Lambert, Pauline Dubrun, etc., etc.

CHAPITRE III

Rapport sur les Paroisses du canton de Saint-Valery-sur-Somme, envoyé a Monseigneur l'Evêque, le 13 décembre 1802, par M. Dubrun, curé de Saint-Valery.

« Le canton de Saint-Valery-sur-Somme est composé de 14 paroisses, qui sont: Neuville, Boismont, Saigneville, Mons-Boubert, Franleu, Arrest, Saint-Blimont, Lanchères, Brutelles, Pendé, Estrebœuf, Saint-Nicolas de Saint-Valery et Saint-Martin de la même ville.

1° *Neuville*. — Neuville ne contient qu'une vingtaine de maisons. Il a pour dépendance Drancourt, hameau de quinze à seize maisons, distant d'un quart de lieue de Neuville. Il y a un presbytère et une église en assez bon état. M. Pierre-Nicolas Devismes, prêtre assermenté, né à Longvillers, arrondissement d'Abbeville, en est le curé titulaire depuis 1780. Il est âgé d'environ 58 ans. On pourrait laisser subsister cette cure et y laisser M. Devismes jusqu'à sa mort. Sinon on devrait réunir Neuville à Saint-Valery et Drancourt à Arrest.

2° *Boismont*. — Boismont avec ses écarts, qui sont Pinchefalise, Bretel et Bruyères, renferme environ cent maisons. C'est M. Travet, prêtre assermenté, né à Agenvillers, qui en est le titulaire depuis 1780. Il est âgé d'environ 56 ans.

Il y a à Boismont une chapelle de commodité, chez

M. de Saint-Elier, principal propriétaire du pays. Cette chapelle a été construite en 1791, du consentement de Mgr de Machault.

Il y a un ecclésiastique d'Abbeville, qui réside chez M. de Saint-Elier. C'est M. Nicolas-Alphonse Blondin, son parent, âgé de 37 ans et ordonné en 1790. Il célèbre la sainte Messe dans la chapelle, et il y est autorisé verbalement par Mgr l'Evêque.

3° *Saigneville*. — Saigneville, y compris *Petit Port*, compte environ cent maisons, et 515 habitants. Cette paroisse n'est pas susceptible de réunion et elle est assez considérable pour occuper un prêtre. M. François-Joseph Delahaye en est le curé titulaire, et y exerce seul le culte. Il a fait le serment, mais il est en communion avec Mgr l'Evêque, et autorisé à continuer ses fonctions.

A une demi-lieue de Saigneville est la paroisse de Cahon, du canton de Moyenneville. Elle est composée de 40 à 45 maisons, et elle paraît devoir être réunie à Saigneville. Le titulaire, M. Froidure, né à Domart, n'a pas prêté le serment. Il est âgé d'environ 54 ans, mais depuis sa rentrée en France, il réside chez ses parents.

4° *Mons* et *Boubert*. — La paroisse de Mons avec Boubert sa dépendance, forme une population d'environ 1200 âmes. L'église paroissiale et le presbytère sont à Mons. C'est M. Gomel, né à Bouillancourt-en-Sery, et âgé d'environ 54 ans, qui en est le curé constitutionnel. Le titulaire est décédé.

Il y a une assez belle chapelle à Boubert, on y chantait autrefois la messe et les vêpres.

M. Riquier, âgé d'environ 40 ans, était vicaire de Mons avant la Révolution ; il y jouissait d'une grande considération. Depuis son retour d'Allemagne, il reste chez son père à Ramburelle. Il y a deux autres prêtres : l'un est Jean-Baptiste Lucquet, né à Tours en Vimeu, prêtre non assermenté, ancien chapelain de la chapelle de Boubert, et qui y exerçait les fonctions de vicaire. Il est âgé d'environ 63 ans. Le second est M. Guerville, âgé d'environ 64 ans, titulaire d'une paroisse près Saint-Denis. Il a été curé constitutionnel dans une autre paroisse. Enfant de Boubert, où il réside, il dit la messe dans la chapelle.

5° *Franleu*. — Franleu, et Mesnil qui y tient, est composé de 125 maisons et compte environ sept à huit cents habitants. Cette paroisse est desservie par M. Jean-François-Marie Mansion, né à Arrest et prêtre assermenté. Lui seul y exerce le culte. Le titulaire est mort. M. Pruvot, qui en était le vicaire, est devenu curé constitutionnel de Bussus, près Ailly-le-Haut-Clocher.

Près de Franleu est un hameau nommé Frireule, qui contient 40 maisons. Ce hameau a été jusqu'ici de la paroisse d'Acheux, dont il est très éloigné. Aussi ses habitants suivent-ils souvent les offices d'Hymmeville, qui probablement ne sera pas conservé comme paroisse. Ils pourraient être réunis à Franleu.

Il y a au Mesnil, chez M. de Frière, principal propriétaire, une chapelle castrale. M. de Cailly, ancien curé de Saint-Paul d'Abbeville, en est le chapelain et y célèbre la sainte Messe.

Franleu avait autrefois comme annexe Valines, où

résidait un vicaire en chef. Ce vicaire était M. Deville-poix, prêtre non assermenté, et âgé de 42 ans. Il demeure avec sa parenté, dans le hameau de Maigneville, dépendance de Frettemeule. Ce village, dont la population est de près de 400 âmes, est aujourd'hui commune, et du canton de Moyenneville. Il pourrait avec Saint-Marc qui y tient former une paroisse. L'église est desservie par un ancien religieux d'environ 55 ans.

6° *Arrest*. — Arrest avec Catigny est une paroisse de plus de 900 âmes. Le curé titulaire est décédé. M. Jean-Baptiste Boinet, né le 13 octobre 1741, au village de Teuffles, et curé desservant de Domvast avant la Révolution, y exerce aujourd'hui le culte, il est autorisé par Monseigneur.

Il y a une chapelle dans le château d'Arrest. On n'y dit plus la messe depuis la Révolution.

Outre le desservant provisoire, il y a un autre prêtre à Arrest. C'est M. Lottin, originaire de ce pays, et ancien curé de Pérache, au diocèse de Meaux. Agé de 70 ans, il ne désire plus reprendre le saint ministère. Il n'y a plus de presbytère à Arrest. M. Boinet habite une toute petite maison vicariale.

7° *Saint-Blimont*. — Cette paroisse contient environ 1400 âmes. Elle a pour hameaux Offeu, Eballais. Elincourt; où il y a une chapelle castrale à la maison de M. des Fontaines. Cette chapelle était ci-devant desservie par le vicaire de Saint-Blimont. Poireauville est aussi de la paroisse de Saint-Blimont; il appartient aujourd'hui à la commune de Vaudricourt et paraît devoir lui être réuni. M. Depoilly, prêtre non assermenté, né à Estrebœuf, âgé de 63 ans, en est le curé titulaire. Il réside à Elincourt, mais sa santé ne lui permet plus d'en faire les fonctions.

M. Duchemin, né à Saint-Maxent, en était le vicaire, et il est devenu le curé constitutionnel ; il y exerce le culte. Il n'habite pas le presbytère qui est en mauvais état.

Il y a encore un prêtre assermenté, nommé Fournier. Il vit chez son frère et n'exerce plus aucune fonction.

8° *Lanchères*. — Cette paroisse, avec les hameaux qui en dépendent, forme une population d'environ 700 âmes. Ses hameaux sont Herlicourt, Lalleu, Watiéhurt et Poutrincourt. M. François-Gabriel Béguin, né à Chaulny, en est le curé depuis 1775. Il est âgé de plus de 60 ans. Il a toujours maintenu la paix parmi les habitants qui, tous sans exception, demandent qu'il leur soit conservé. L'église et le presbytère sont en bon état.

9° *Brutelles*. — La paroisse comprend environ 280 habitants. Bien que récemment construite, l'église laisse à désirer. Le presbytère est logeable.

M. François-Vulfran Dequen, né à Abbeville, en 1740, en est le titulaire depuis 1782.

Cette paroisse, si on la supprime, ne pourrait être réunie qu'à Lanchères. Mais il serait à désirer qu'on puisse la laisser subsister jusqu'à la mort du curé, qui y a toujours entretenu l'union et la paix.

10° *Cayeux*. — Ce bourg est composé d'environ 500 maisons et compte 2,200 habitants. Il a pour hameaux : 1° La Mollière et Le Hourdel, avec 22 maisons à plus d'une lieue de distance de l'église, et de toutes parts environnées de sables; 2° Hurt, à une demi-lieue de l'église et contenant trente maisons; 3° Le Marais, à égale distance avec 14 maisons; 4° Le Montoy, Chanteraine et Montmignon, plus éloignés encore, et avec des chemins très difficiles pendant l'hiver.

Le gros de la paroisse est encore distribué en trois parties, dont l'une entoure l'église, la seconde à près d'un quart-d'heure de distance, et la troisième à une demi-lieue. Les maisons sont perdues au milieu des sables et très difficiles à aborder. On voit combien la desserte en est pénible. Il n'en est pas de plus difficile. Trois prêtres n'y manqueront pas d'exercice.

Le titulaire est mort. Il y avait deux vicaires, l'un était M. Grognet, assermenté et retraité, il dessert la cure de Miannay, l'autre est M. Morel, prêtre non assermenté, né à Cayeux en 1753. Il est rentré en France depuis deux ans, et il y exerce le culte depuis cette époque.

Un autre prêtre, M. Philippe Davergne, ancien curé d'Hinneville, au diocèse de Rouen, et près de Gamaches, né en 1743, est venu s'établir à Cayeux après la mort de M. Dufestel, ancien curé titulaire. Il exerce aujourd'hui conjointement avec M. Morel. Le presbytère étant en mauvais état, M. Davergne habite dans une maison appartenant à la Confrérie de Charité, qui y logeait son chapelain.

Il y a encore à Cayeux un autre prêtre, qui est M. Nicolas-Flour Mopin, ancien Bénédictin de la Congrégation de Saint-Maur. Il est âgé de quarante-cinq ans et il est né à Cayeux. Il aimerait trouver une place de professeur dans un collège.

11° *Pendé*. — Cette paroisse avec ses dépendances qui sont Tilloy et Sallenelle, compte environ 900 habitants avec 200 maisons, dont 48 à Sallenelle, 34 à Tilloy et le reste au chef-lieu. Un hameau de 10 maisons tenant à Sallenelle et nommé Routhiauville, s'est réuni à la commune, il paraît devoir être réuni à la paroisse. Routhiauville était autrefois de la paroisse Saint-Nicolas de Saint-Valery.

M. Obry, originaire de Cayeux, en est le curé constitutionnel et y exerce le ministère. M. Léger, prêtre non assermenté, en est le titulaire. Rentré d'Allemagne depuis quelques mois, il n'y a pas rétabli le culte parce que ses paroissiens étaient à portée d'aller aux offices à Estrebœuf, qui est desservi par un prêtre non assermenté.

Le vicaire de Pendé était M. Fournier, né à Rosières, où il est depuis sa rentrée en France.

12° *Estrebœuf*. — Cette paroisse ne contient que 25 maisons et sa population est d'environ 150 habitants. Le titulaire est décédé. Elle est desservie, depuis le mois d'août 1800, par François-Antoine Rabouille, ancien vicaire de Belloy et âgé d'environ quarante-deux ans. L'église est bien tenue. Il n'y a pas de presbytère. Mais il serait possible d'y suppléer, à moins qu'on ne réunisse la paroisse à celle de Pendé.

13° *Saint-Nicolas*. — Cette paroisse comprenait le château de Saint-Valery, l'enclos de l'Abbaye et les deux hameaux de Ribeauville et de Routhiauville.

Ribeauville compte environ 40 maisons et fait partie de la commune de Saint-Valery. Routhiauville est de celle de Pendé, et paraît devoir être réuni à la paroisse.

L'église paroissiale de Saint-Nicolas était une chapelle de l'église de l'Abbaye. Celle-ci ayant disparu, la paroisse n'a plus d'église. C'est M. Larchez, actuellement curé du bourg d'Ault, qui en était le titulaire.

14° *Saint-Martin de Saint-Valery.* — Cette paroisse renferme plus de 800 maisons et sa population dépasse 3,300 âmes.

Elle est divisée en deux parties principales, l'une appelée la Ville, où est l'église, et l'autre appelée La Ferté, où est le port avec le commerce. La ville et les faubourgs qui y tiennent comprennent environ 1,260 âmes.

Il y avait, avant la Révolution, huit prêtres à Saint-Martin, savoir : le curé et deux vicaires payés par les gros décimateurs ; deux prêtres habitués qui faisaient diacre et sous-diacre d'office avec pouvoirs de vicaires. Il y avait à La Ferté un chapelain qui disait la messe tous les jours à la chapelle, et assistait le dimanche aux offices de la paroisse. Il y avait à l'hospice un chapelain et enfin un curé à la paroisse de Saint-Nicolas.

Aujourd'hui, outre M. le Curé, qui est M. Dubrun, il y a trois prêtres occupés au saint ministère :

Le premier est M. Nicolas-Joseph-Auguste Hénocque, chapelain de l'hospice avant la Révolution, et rentré en France en 1802.

Le second est Louis-Prosper Belliart, ancien diacre d'office de Saint-Martin et puis curé de Gorenflos.

Le troisième est Charles-François Masse, ancien sous-diacre d'office à Saint-Valery et rentré de l'exil en juin 1802. Ils ont tous trois pouvoirs de vicaires.

Citons encore M. Salve-Bruno Joly, ancien Bénédictin, prieur de l'Abbaye de Saint-Martin-au-Bois, né à Amiens. Il reste dans sa famille.

Il existe aussi à La Ferté une chapelle construite il y a environ quatre-vingts ans. Elle est en mauvais état, et on n'y dit plus la messe depuis longtemps. »

Par le rapport qui précède, on peut voir que presque toutes les conclusions de M. Dubrun ont été adoptées pour la réorganisation des paroisses, à la suite du Concordat.

En 1803, Napoléon visite Saint-Valery et il ordonne la continuation des travaux du canal de la Somme. Par suite des évènements, ces travaux furent encore interrompus.

L'année suivante, M. Dubrun procure à la paroisse le bienfait d'une mission.

Elle fut donnée par MM. Thomas et Enfantin. La Vénérable Mère Julie Billiart vint y faire le catéchisme, afin d'aider les Missionnaires (1). La confrérie du Rosaire a été érigée à la suite de cette mission.

A la mort de M. Dubrun, arrivée en 1820, la population entière demande que M. Rabouille lui succède.

(1) La Vénérable reçut l'hospitalité dans une famille, qui est restée depuis l'âme et le centre de toutes les bonnes œuvres, la famille Œullio, si bien continuée aujourd'hui par Mlles Butard.

Les sollicitations furent si pressantes que l'administration épiscopale crut devoir déroger à la règle qui veut qu'un vicaire ne succède pas à son curé.

La suite des évènements prouve que, dans la circonstance, la dérogation avait sa raison d'être. Pendant vingt-huit ans qu'il resta à la tête de la paroisse, le nouveau curé fut chéri de ses paroissiens. Il est vrai qu'il a laissé toute une réputation de bonté et de charité.

Deux grands évènements se passèrent sous son administration. Ce fut : 1° L'ouverture du canal du duc d'Augoulême en 1825, et 2° la visite du roi Louis-Philippe avec toute sa famille en 1839.

Les faits qui suivent sont trop près de nous pour que nous en continuions le récit. Nous laisserons même de côté les faits de l'invasion prussienne, après l'armistice.

Nous pourrions arrêter ici notre récit. Nous tenons à le compléter en ajoutant quelques chapitres qui pourront intéresser les lecteurs.

Ces chapitres seront : 1° Les mayeurs de Saint-Valery ; 2° les curés ; 3° le presbytère et l'église ; 4° la chapelle de Saint-Valery ; 5° la chapelle de La Ferté ; 6° les écoles ; 7° l'hospice ; 8° les rosières de Saint-Valery ; 9° Saint-Valery moderne ; 10° population, commerce, industrie.

SEPTIÈME PARTIE

Les Etablissements de Saint-Valery

CHAPITRE PREMIER

Les Mayeurs de Saint-Valery.

M. Prarond a donné une liste assez exacte des mayeurs connus de Saint-Valery. Nous nous bornerons à la reproduire, en la complétant par l'adjonction de quelques noms qui lui ont échappé et que nous insérons en lettres italiques.

Le premier mayeur connu est celui qui administrait la ville, lors de la révolte de 1232, et qui fut condamné à faire amende honorable aux religieux.

1232. *Gauthier Brunnus.*

En 1500. Nous trouvons Jehan de Ponthieu. C'est ce mayeur qui suivant la chronique de Hainaut trouva le curé dans l'Eglise, en si piteux état.

Nous trouvons ensuite, sans date certaine.

Nicolas Philippe et Pierre Le Sueur. (Cartulaire de Saint-Valery.)

1533. Laurent Dupont, ou de Pont. (Même cartulaire.)

1567. Jean Rosée. Le 20 avril 1567, il assiste à la rédaction des coutumes d'Amiens.

1577. *Jean de Boulogne.* C'est lui qui adresse au roi, en faveur de la religion catholique, la supplique dont nous avons parlé.

Une généalogie de la famille Machart cite sans date certaine Nicolas Dubos ou du Bos.

Voici la liste des autres mayeurs cités par dom Grenier. Paquet, 4 art. 4.

1594. M. Louis Morel.

1595. M. Mathieu Dupont ou de Pont.

1596. M. André de Ponthieu.

1597. Michel de Montmignon. Les de Montmignon étaient seigneurs de Belloy-sur-Mer. L'un des descendants a été enterré dans l'église d'Escarbotin. Le même Michel de Montmignon a été mayeur en 1604, 1610-1613-1617-1625 et 1641.

1598. Phles Le Marchand. Le même a été mayeur en 1601 et 1606.

1599. Robert Machart. La famille Machart était une des principales familles de Saint-Valery. Le même Robert a été mayeur en 1606, 1612, 1613 et 1615.

1600-1614. Antoine Moisnel, même remarque que pour la famille Machart.

1602. Nicolas de Boulogne.

1603. Mathieu de Pont.

1607-1616-1624. Nicolas du Gardin.

1608-1611. Pierre Le Sueur.

1609-1622. Nicolas de Ponthieu.

1618-1631-1638. Charles de Pont.

1619. Laurent de Flocques.

1620-1623-1630. Philippe de Ponthieu.

1627-1629-1632. Antoine La Roque.

1628. Olivier du Bos.

1635-1637 et 1640. Louis Lallemant.

1638. Jean Anguier.

1642 et 1643. Estienne Moisnel.

1644-1645-1651-1652-1662 et 1663. Philippe Liault.

1646 et 1647. Mathieu Machart.

1648 et 1649. Olivier du Gardin.

1650 et 1651. Michel Anguier.

1654-1655 et 1670. Michel de Montmignon, 2^e du nom.

1656 et 1657. Antoine Lallemant.

1658-1659-1666-1667-1674 et 1675. Nicolas Blondin.

1660 et 1661. Jean de Ponthieu.

1664-1665-1678 et 1679. Pierre Anguier.

1668-1669-1680 et 1681. Jacques Anguier.

1671. Nicolas Dubos.

1672-1673-1676-1677 et 1689. Claude de Saint-Germain.

1681 et 1682. Martin Machart.

1683-1684-1690-1691-1704 et 1705. Daniel Machart.

1685-1686-1711 et 1712. Philippe de Ponthieu.

1687 et 1688. Jean de Canteleu.

1692-1702 et peut-être 1703. Olivier Lannel.

1693.

Le nom est laissé en blanc dans dom Grenier. C'était le temps où, pour battre monnaie, Louis XIV fit de la mairie une charge vénale. A la louange des Valéricains, personne ne se présenta pour l'acheter.

La commune fut donc administrée par les échevins en exercice.

En 1701, on revint aux élections ordinaires. Nous trouvons :

1701. Charles Delattre.

Daniel Machart atteste en 1705 que Olivier du Gardin, maire antérieur, avait fait enterrer et ensabler deux cents charretées de grés et de pierres, provenant de la chute des murailles battues par la mer ; que les pierres avaient été enterrées vis-à-vis du pont établi entre les deux grandes portes d'en bas de la ville. (Cartulaire de Saint-Valery et M. Prarond.)

1706 et 1707. Louis Le Marchand.

1708 et 1709. Claude Le Marchand.

1710. Guillaume Bruslé.

1713 et 1714. Claude Machart.

1715 et 1716. D.-F. Machart de la Molière.

1717 et 1718. Charles Anguier, bailly.

1719 et 1720. Jacques Obry.

1721 et 1722. Olivier Machart, bailly.

1723-1724-1733 et 1734. Daniel Machart, 2° du nom.

1725 et 1726. Louis-Ursin Chenel.

1727 et 1728. Philippe Anguier.

1729 et 1730. Adrien Bruslé.

1731 et 1732. François Cherpentier.

En vertu de l'édit du mois de novembre 1733, Daniel Machart fut continué Mayeur pour l'année 1735 et successivement pour les années 1736 et 1737.

1738 et 1739. Antoine de Flocques.

1740 et 1741. Pierre Le Roux.

1742-1743 et 1744. Philippe Anguier, 2ᵉ du nom.

1745 jusqu'en 1752. Adrien Bruslé.

1753 et 1754. *Danzel D'Achy.*

1755 et 1756. *De Flocques.*

1757 et 1758. *Le Roux.*

Les deux noms qui précèdent sont relatés dans les registres du conseil de fabrique.

1758 et 1760. François Œullio.

1761 et 1762. François Cherpentier, 2ᵉ du nom.

1763 et 1764. Dubrun, bailly.

1765-1766-1767 et 1768. Jean-Baptiste Fleury.

1769-1770 et 1771. François Lefebvre.

1772 et 1773. Joseph Dupont.

1774 à 1781. François Lefebvre.

1781 à 1789. François Marie Masset.

Un almanach de Ponthieu de 1783 nous a conservé à cette date la composition de l'échevinage de Saint-Valery, nous copions :

Maire, M. François Masset, négociant.

Lieutenant de maire, M. Frédéric Œullio, négociant.

Echevins: MM. J.-F.-A. Ricot, négociant ; Laurent Claude Delahaye.

Assesseurs : MM. Louis de Rivery, négociant ; Adrien Cospin, négociant ; Anguier du Peuple, procureur de la ville ; Béguin, secrétaire-greffier et Boulanger, receveur syndic.

Après 1789, nous trouvons à la mairie :

1790. Louis Rivery.

1791. François-Marie Masset.

1792. Anguier, notaire.

1793. Daisne.
1794. Baillet.
1795. Philippe Anguier.
1796. Boufflers, agent de la commune.
1797. Marchant, id.
1798 et 1799. Damiens. id.

A partir de cette époque, les maires restent longtemps.

François-Gabriel Scelles, de 1800 à 1833.
Pierre-Louis-François Joly, de 1833 à 1840.
Magloire-Abel Saumon, de 1840 à 1843.
Stanislas-Théophile Walois, de 1843 à 1845.
Jules-Gabriel-Antoine Brulé, de 1846 à 1848.
Philippe-Pierre-Désiré Duboille, de 1848 à 1851.
Le Roux Plancheville, 1er adjoint, maire intérimaire, de 1851 à 1860.
Jules-Gabriel Brulé, de 1860 à 1865.
Edouard d'Arras, de 1865 à 1870.
Gustave Hérichard, de 1870 à 1871.
Edouard d'Arras, de 1871 à 1881.
Jules-Gabriel Brulé, de 1881 à 1883.
Emmanuel Sombret, de 1883 à 1885.
Stanislas Margue, de 1885 à 1888.
Arsène Barbier, de 1888 à 1890.
Ernest Houdant, 1890.

Pour terminer ce qui concerne les mayeurs, ajoutons que les armes de la ville sont : d'azur à la nacelle d'or sur des ondes d'argent, au chef semé de France, à la bordure composée d'argent et de gueules, l'écu accompagné de deux branches de laurier de sinople, liées d'un ruban de gueules. (Prarond.)

Puisque nous sommes sur le chapitre des armes, disons que celles de l'Abbaye portaient : d'azur, chargé de fleurs de lys sans nombre ; environnées de deux branches de laurier, surmontées d'une crosse d'abbé, dont l'extrémité paraît, au-dessous de la pointe de l'écu ; le tout d'argent surmonté d'une mître et d'une crosse d'abbé pâlée d'or. (Dom Rupert de Bournonville.)

Comme complément à la liste des Mayeurs, nous reproduisons le curieux spécimen qu'on va lire de l'enthousiasme des Conseillers municipaux de Saint-Valery, au commencement de la Révolution.

Extrait du Copie de Lettres de la Mairie.

A Nosseigneurs de l'Assemblée Nationale

Nosseigneurs,

Chargés par tous nos concitoyens de porter dans le sanctuaire de Votre Auguste Assemblée l'expression unanime de leurs sentiments, les nouveaux Officiers de la ville de Saint-Valery-sur-Somme s'empressent avec ardeur de satisfaire au vœu général de la commune, et consacrent avec autant de zèle que d'alacrité les premiers instants de leur administration à renouveler ici, à la face du ciel et dans vos mains, le serment solennel gravé dès longtemps dans leurs cœurs et proféré, dans le délire de la joie et de la reconnaissance, par tous les individus qui composaient leur Assemblée d'élections.

C'est au nom de cette commune distinguée depuis des siècles, par son patriotisme, sa fidélité, son attachement inviolable à la personne sacrée de ses Rois, vertus qu'elle a portées au degré le plus éminent et dont l'empreinte ineffaçable décore l'écusson de ses armes, c'est au nom de cette commune que les soussignés jurent aujourd'hui, à l'auguste Assemblée des Représentants de la Nation Française, l'adhésion la plus formelle, la plus sincère et la plus respectueuse à tous ses décrets.

C'est aux pieds de votre saint aréopage, Nosseigneurs, qu'ils déposent, au nom des habitants de cette ville, la renonciation absolue à leurs antiques privilèges, dont ils ont reçu la suppression avec les plus vifs et les plus sincères applaudissements.

Daignez encore, Nosseigneurs, agréer, avec votre indulgence ordinaire, le faible mais volontaire abandon qu'ils présentent à la patrie de la portion contributive à leur décharge, des ci-devant privilèges, pour les six derniers mois de 1789. Cette offrande peu considérable en elle-même et néanmoins plus que proportionnée aux facultés d'une commune qui ne possède rien, envisagée du côté favorable aux sentiments de ceux qui la font, sera sans doute accueillie comme le denier de la veuve.

Disparaissez maintenant des fastes du monde, anciens législateurs de Rome, de Sparte et d'Athènes ; vos noms jusqu'à ce jour immortels vont être désormais éclipsés, remplacés par les noms des législateurs modernes de la France ! Puissent ces noms, chers à la Nation, être à jamais bénis dans l'heureuse compilation qui va réintégrer l'homme dans sa dignité et dans ses droits !

A ces noms déjà fameux, joignons le nom chéri de Louis XVI, de ce roi citoyen, si bon, si vertueux, si patriote qui, de concert avec l'Assemblée Nationale, a posé les premiers fondements de la liberté, de la félicité publiques ; qui, de concert avec elle, élève avec autant de zèle que de courage l'édifice encore chancelant de notre régénération.

Puissions-nous, sous ce prince adoré et si digne de l'être, voir consolider d'une manière ferme et à jamais durable ce grand ouvrage. Puissent enfin nos illustres représentants être parfaitement convaincus du dévouement inaltérable dont cette commune, à laquelle nous nous unissons tous de cœur et d'intention, nous a fait l'interprète et du respect profond avec lequel nous sommes, Nosseigneurs,

Vos très humbles et obéissants serviteurs,

Les Maire et autres Officiers Municipaux
de la ville de Saint-Valery-sur-Somme.

A Saint-Valery-sur-Somme, le 24 février 1790.

CHAPITRE II

La Cure de Saint-Martin et les Curés.

Ainsi que nous l'avons dit, Saint-Valery comprenait autrefois deux paroisses : 1° la paroisse Saint-Nicolas qui se composait du château, de l'enclos de l'abbaye et des hameaux de Ribeauville et de Routhiauville ; 2° la paroisse Saint-Martin qui comprenait la ville, la Ferté et les faubourgs, à l'exception du château et de l'enclos de l'abbaye.

Cette paroisse était de beaucoup la plus ancienne et la plus importante. Aussi, nous nous bornerons à donner la liste de ses curés, de ceux au moins dont le nom nous est connu, d'une manière certaine.

Aux termes d'une note de M. Dubrun, les revenus du curé ne semblent pas avoir été très élevés. « Ils consistaient dans une pension congrue de 950 livres, et dans la dîme des terres novales, des agneaux et des poulets. » Ces dîmes étaient affermées 60 livres.

Le curé recevait de la fabrique 280 livres pour l'acquit des fondations et il avait en plus son casuel. Mais il était tenu de donner 150 livres à l'un de ses vicaires.

La fabrique payait à chaque chappier 100 livres, au diacre et au sous-diacre 70 livres, 150 livres à l'organiste et 60 au bedeau. Elle possédait en rentes et surcens 532 livres et 586 livres en fermages. Les quêtes faites par le marguillier rapportaient environ 100 livres, et les droits sur les inhumations 150 livres.

En résumé, les recettes de chaque année étaient de 1,300 livres et les dépenses de 1,400 livres. Il y avait donc un déficit annuel de 100 livres, qui se trouvait comblé par des fondations nouvelles ou par des rentes qu'on remboursait.

Voici maintenant les noms des curés connus de Saint-Martin :

Le plus ancien est *Marc de Curchellis,* il vivait en 1401.

Le matrologe de la ville nous donne le nom d'Olivier Brecquel, qui fit plusieurs legs à la ville. Il doit être du même temps.

En 1474, nous trouvons celui de D. Isaac des Fontaines. Les des Fontaines ont été les bienfaiteurs insignes de l'abbaye.

En 1500, sir Martin de Piédavant.

En 1525, Raoul de Morvillier, curé de l'église parochiale Dieu et Mgr S' Martin.

Les curés qui suivent signent *Curé de Saint-Martin et official*. Ce sont :

En 1595, M° Charles Barbier.

En 1601, M° Jean de la Roque.

En 1606, M° Rozée.

En 1616, M° Prévost.

En 1622, M° Nicolas d'Orgny.

En 1623, Mgr Fagny, protonotaire apostolique.

En 1628, Jacques Leclercq.

En 1636, Pierre Robart. Il signe simplement curé de Saint-Martin.

En 1652, M° René Nicquet. Il signe curé et prédicateur de Saint-Valery. En 1672, il ajoute doyen de Gamaches. L'Evêque d'Amiens lui avait sans doute donné ce titre, à la suite du procès de 1664.

La première signature de M° Boulestegs est de la même année. Il est décédé le 28 octobre 1693.

M° F. Lallemant qui lui succède, reste trente-six ans à la tête de la paroisse.

M° de Cailly vient après lui, en 1730. A partir de 1742, il signe curé-doyen.

Son successeur est Jean-François Dubrun, né à

Cayeux le 15 août 1735. Nommé curé le 25 octobre 1761, il est installé le 29 suivant. Il est décédé en 1820.

François-Antoine Rabouille lui succède. Né à Bouillancourt-en-Sery le 17 mai 1761, curé de Belloy-sur-Mer avant la Révolution, émigré en 1792, rentré en France en 1795 pour y exercer le saint ministère au péril de sa vie, curé d'Estrebœuf en 1800, vicaire de Saint-Valery en 1803, curé en 1820, M° Rabouille est décédé en 1848.

Il a été remplacé par M° Jean-Baptiste-Florimond Colmaire, né à Villers-Bretonneux en 1799. Il est décédé le 2 juin 1872.

Son successeur est celui qui écrit ces lignes. Né à Oresmaux le 14 février 1830, Elisée-Parfait Caron a été successivement professeur au collège de Roye, vicaire de Saint-Gilles d'Abbeville et aumônier du lycée d'Amiens. Il a été installé à Saint-Valery le 22 septembre 1872.

En 1893, M. Caron a été appelé à la cure de Saint-Vulfran d'Abbeville. Il a été remplacé par M. Paul-Jacques-Marie Farcy, ancien curé-doyen d'Hallencourt.

A cette liste des curés de Saint-Martin, nous ajouterons quelques mots sur le presbytère.

Du temps de Coquart, le presbytère actuel servait déjà à loger le curé. MM. Le Boulestegs, Lallemant et de Cailly l'ont toujours habité. Il en a été de même probablement de plusieurs de leurs prédécesseurs.

M° Dubrun y a résidé avant la Révolution. Mais en 1792, la municipalité s'en est emparée, pour en faire la salle de l'échevinage et le siège du tribunal de commerce.

A l'époque de sa rentrée de l'exil, le curé s'appuyant sur la loi, en réclama la restitution. Mais la ville, occupant les appartements au-dessus de la porte de Nevers, refusa de les rendre. M° Dubrun dut donc chercher en ville une autre habitation, dont il payait le loyer.

M° Rabouille qui le remplaça, avait trouvé à se loger à l'hôtel-Dieu, dont il était le directeur spirituel. La question ne fut donc pas soulevée jusqu'à l'arrivée de son successeur.

Le maire alors était M. Brulé. Il eut la sagesse d'accomplir un acte de justice en autorisant M. Colmaire à rentrer dans les bâtiments qui avaient été occupés par ses prédécesseurs, avant la Révolution.

A l'arrivée du curé actuel, le successeur de M. Brulé, M. Edouard d'Arras, compléta son œuvre, en faisant exécuter au logement curial, de concert avec la fabrique, une transformation qui en fait aujourd'hui une habitation convenable.

Nous accomplissons un devoir en ajoutant à la liste des curés de Saint-Valery, celle des principaux vicaires, qui nous ont aidés en ces dernières années.

Il nous est particulièrement agréable de citer : M. le chanoine Duez, enfant de Saint-Valery et actuellement secrétaire de l'Evêché; MM. Bertin, archiprêtre de Montdidier; Lassiette, curé-doyen d'Ault; Hesse, curé-doyen de Domart; Leblanc, premier aumônier du Lycée de Vanves et chanoine honoraire de Mende; Dumetz, curé de Bailleul;

Lefebvre, curé d'Havernas, et Cottinet, curé de Maisnières.

Nos collaborateurs actuels sont MM. Foratier et Dobémont.

Nous tenons également encore à signaler deux anciens vicaires que Dieu a prématurément appelés à une vie meilleure. Ce sont M. Guidet, curé-doyen de Nesle et l'un de nos meilleurs amis, et M. l'abbé Leroy, jeune prêtre d'élite, qui a fait ici une mort de prédestiné.

CHAPITRE III

L'Eglise Saint-Martin.

Nous avons vu, à l'occasion des difficultés entre saint Geoffroy et les religieux, que dès le commencement du XIIe siècle, il y avait à Saint-Valery une paroisse connue sous le nom de paroisse Saint-Martin. A cet égard, le doute n'est pas possible.

Ce qui est moins certain, c'est l'époque de la construction de l'église actuelle. Sur ce point, les renseignements nous font complètement défaut. A en juger par les piliers de la nef, ou par les restes de la vieille église, dont fit autrefois partie la chapelle des Fonts, on pourrait y trouver des traces du XIIIe et même du XIIe siècle. Mais, d'autre part, le chœur et les chapelles de la nef de la Sainte-Vierge portent évidemment la date du XVe siècle.

Serait-ce au lendemain de la construction de ces

chapelles et du chœur qu'aurait eu lieu la consécration de l'église ? Nous nous le demandons.

Voici, du reste, le récit de l'évènement merveilleux qui serait arrivé au jour de cette consécration ou dédicace. Il est relaté dans les manuscrits conservés à la Bibliothèque Nationale :

« Le curé de Saint-Valery s'appelait alors sir Martin de Piédavant, et il avait reçu l'évêque d'Amiens, pour consacrer l'église le lendemain 23 novembre.

« Afin de se préparer convenablement à ce grand évènement, le curé voulut passer la nuit en prières dans l'église. Or, voici que sur le coup de minuit un personnage, blanc vêtu, se présente à lui, en demandant : « Coquin, que fais-tu ici ? » Et en même temps, il le terrasse et il le frappe avec une telle violence que le pauvre patient se tournant vers l'image de Notre-Dame pousse des cris affreux. A ces cris les paroissiens se précipitent à son secours. Jehan de Ponthieu, maire de Saint-Valery, était avec eux, et c'est lui qui affirme que l'église était comme pleine de poudre et d'horrible et abominable puanteur. L'horloge ne frappa pas, depuis onze heures jusqu'à une heure après minuit, et le lendemain une lumière fut vue sur l'autel Saint-Martin, pendant que l'évêque consacra la dite église. Et après que sir Martin de Piédavant fut si durement maltraité par le mauvais, il rendit son âme à Dieu, parce qu'il avait passé par un merveilleux purgatoire. »

L'évènement est-il vrai ? nous n'osons l'affirmer ni le nier. Une chose certaine c'est qu'il est possible, et il n'est pas le seul de ce genre raconté par l'histoire. Nous lisons en effet un fait assez semblable dans le troisième livre des *Dialogues* de saint Grégoire. Une église appartenant aux Ariens, avait été rendue au culte catholique. Au moment où l'évêque se disposait à la bénir, en présence du peuple assemblé pour la cérémonie, on vit tout à coup apparaître un animal immonde qui courait çà et là dans l'église. Puis il sortit brusquement par la porte. La nuit suivante encore, on entendit un vacarme épouvantable sur le toit. Il semblait que l'édifice allait s'écrouler. Au jugement de saint Grégoire, c'était le démon qui quittait l'édifice consacré.

L'évènement merveilleux raconté par la chronique est donc possible. Peut-être même pourrions-nous en trouver une *demi-preuve* dans la corniche extérieure de l'église. Aujourd'hui encore on voit qu'elle a été peinte en noir, et les interprètes du symbolisme nous apprennent que cette particularité annonçait que le curé était décédé pendant la période de construction.

Mais laissons de côté les suppositions et le merveilleux pour étudier la réalité.

« L'église de Saint-Martin, dit Dom Grenier, n'a rien de remarquable, sinon qu'elle est singulière, en ce qu'elle se compose de deux nefs séparées par des arcades.

« A côté sont les ruines d'une autre qui eût été bien plus belle si elle eût été finie. Les piliers sont en colonnes torses avec des chapiteaux très bien sculptés, ainsi que les figurines que l'on voit en différents endroits. Mais, ce qu'il y a de remarquable est le commencement d'un escalier double, dont une porte en dehors et l'autre en dedans de l'église. Deux personnes montent sans se voir et se trouvent face à face lorsqu'elles atteignent le haut. Il paraît que cet ouvrage fut commencé sous François Ier et abandonné, parce que la mer minait cette partie de la ville, où l'on avait jeté les fondements. » (Tit. 4, parag. 4.)

Les ruines de la vieille église et le merveilleux escalier, dont parle ici le savant bénédictin, ont disparu en 1772. Les matériaux en ont été vendus. Il en reste cependant encore une partie qui constitue aujourd'hui la chapelle des fonts. Si nous en jugeons par ce spécimen, l'église ancienne devait être bien plus belle et plus grande que celle d'aujourd'hui. Un grès énorme faisant partie de la maçonnerie d'un des deux piliers restants, tend à faire croire que la construction aurait été faite en *treize cent trente-cinq*.

On nous assure que sous l'un des piliers du portail on trouverait encore les piliers avec colonnes torses et chapiteaux très bien sculptés dont parle Dom Grenier. Mais ces détails n'ont plus qu'un intérêt rétrospectif.

Aujourd'hui, nous sommes en présence d'un édifice ordinaire, composé de deux nefs d'égale dimension.

L'orgue qui est dans la nef de droite, repose sur deux piliers en chêne sculpté rehaussés de couronnes et de fleurs de lys, mutilées par le vandalisme révolutionnaire.

Une seule chapelle s'ouvre dans cette nef. Elle formait jadis la chapelle du Sépulcre et il fallait descendre plusieurs marches pour y arriver. Aujourd'hui elle est de niveau avec l'église et elle est devenue la chapelle Saint-Joseph.

Les deux premières chapelles de la nef de la Sainte-Vierge sont du XVe siècle; elles sont dédiées la première à saint Pierre, patron des marins, et la seconde à saint Valery. Avant la Révolution, celle-ci formait la chapelle Saint-Roch.

Nous trouvons dans cette chapelle une pierre tombale, qui porte autour d'un personnage gravé au trait cette épitaphe :

« CHY GIST GUY DU BOS,
EN SON VIVANT GRENETIER DE SAINT-VALERY,
LEQUEL TRÉPASSA LE PREMIER JOUR DE SEPTEMBRE
MIL IIIII. V. XXXIII (1533).
PRIEZ DIEU POUR SON AME. P.T.R. N.T.R. (Pater noster.)

Dans la chapelle des Fonts, nous ferons remarquer un tableau dont M. Prarond n'a pas reconnu le sujet. C'est le tableau du martyre de saint Paul, placé au-dessus de l'autel.

Ainsi que nous l'apprend la légende de l'abbaye de *Saint-Paul-aux-trois-Fontaines,* dans la campagne romaine, la tête de l'apôtre martyr fait en tombant trois bonds, et à la place de ces trois bonds jaillissent trois sources. L'eau de la première est chaude, celle de la seconde est tiède et celle de la troisième est froide.

Donné à l'Abbaye au commencement du XVIIe

siècle par un de ses religieux, dont la figure est auprès du saint martyr et qui s'appelait Dom Robert Machart, ce tableau a sans doute été vendu à la Révolution. Il a été depuis cédé à l'église en 1805, par Liévin Hurtel, pour la somme de 40 livres. De tous nos tableaux, c'est celui qui a le plus de valeur artistique.

Ajoutons pour terminer ce qui regarde l'église qu'en 1874, la municipalité, de concert avec le conseil de fabrique, a fait disparaître les quatre ou cinq vilaines mansardes qui lui donnaient un aspect si disgracieux, dans la rue de Nevers. Le conseil de fabrique, à cette même époque, a restauré la chapelle de Saint-Joseph. Il est à désirer que l'on puisse continuer, avec le même goût, la restauration de la muraille extérieure.

En parlant de l'église, nous tenons à acquitter un devoir en citant ici les noms des conseillers de la fabrique en exercice depuis notre arrivée.

Plusieurs sont déjà partis pour une vie meilleure, ce sont : MM. Sanson, Duflos-Nicolle, Caventou, Beaulieu, J. Gaffé (1) et Ridoux-Fournier.

Voici les noms des conseillers en fonctions : MM. Desgroiselles-Fuchs, Delahaye-Padieu, Sorre, Corfmat-Lerond et Adrien Vuigner.

Anciens et nouveaux conseillers, ainsi que tous les maires qui se sont succédés depuis vingt ans ont rivalisé de bienveillance et de générosité pour nous

---

(1) M. Gaffé est le dévoué médecin, qui, pendant soixante ans, s'est fait tant aimer de sa nombreuse clientèle.

aider. Si nous avons pu réaliser d'importantes améliorations, l'honneur et le mérite en reviennent à tous et nous sommes heureux de le constater.

CHAPITRE IV

Chapelle de Saint-Pierre a la Ferté.

Par suite d'une similitude de nom, M. Prarond a confondu la chapelle de Saint-Pierre à la Ferté avec celle de même nom établie en l'église Saint-Martin de la ville, et qui était le siège de la *Corporation des Marins* et de la *Confrérie de Charité*. En raison de cette dernière destination, cette chapelle portait le nom de *Chapelle de Saint-Pierre et Notre-Dame, en Saint-Martin*. Les divers titres cités par M. Prarond se rapportent tous à la chapelle Saint-Pierre de l'église, et non à celle de la Ferté, dont l'origine remonte à la première moitié du XVIIIe siècle.

Jusqu'à cette époque, la Ferté n'a jamais eu de service religieux. Cette situation pesait aux habitants, avec d'autant plus de raison que la Ferté n'étant pas reliée à la ville par une route, les communications avec l'église et l'abbaye étaient bien plus difficiles.

Plusieurs fois déjà les Fertelais avaient demandé une modification à une situation si contraire à leurs intérêts religieux. Mais le Conseil Général de la commune aussi bien que l'abbaye refusaient de leur donner la satisfaction désirée. Sans se décourager de ce refus, les habitants de la Ferté portèrent leurs plaintes jusqu'au Souverain Pontife.

Si nous en croyons leur supplique, la population de la ville basse était alors bien plus considérable qu'aujourd'hui. A les entendre, elle ne comptait pas moins de *quatre mille âmes, et La Ferté était alors le seul bourg de France et de Navarre de cette importance qui fût dépourvu de service religieux.* En conséquence, ils suppliaient le Souverain Pontife de vouloir bien leur accorder la concession d'une chapelle, où ils pourraient avoir la messe tous les jours.

La réponse du pape Urbain VIII fut favorable, et il donna mission à l'évêque d'Amiens de faire droit à la demande des habitants de la Ferté (1716).

L'autorisation de l'évêque d'Amiens permettant la construction d'une chapelle dans la partie de Saint-Valery qui s'appelait la Ferté, est du 13 avril 1723.

Pour donner suite à cette autorisation, le 3 juin suivant, M. Marcassin, curé de Nampont-Saint-Martin, agissant au nom de MM. Raymond, Dequevauvillers, de Villiers, Bruslé, de la Bamberge et Ricot, tous bourgeois de la Ferté, achetait, du sieur Blancart et sa sœur, le terrain sur lequel est bâtie la chapelle.

La vente était consentie, *à la condition de construire sur le dit terrain une chapelle ;* et les acquéreurs s'engageaient à payer à la famille Blancart, chaque année et à perpétuité, un cens de 50 livres. (Archives de la chapelle.)

A la suite de cette acquisition, la chapelle et la maison destinée au logement du chapelain ont été construites à l'aide de dons et de souscriptions, et le service religieux a été assuré par un chapelain, qui pour la juridiction était soumis au curé et qui assistait à tous les offices de la paroisse.

En fait, le chapelain était chargé de l'administration financière des recettes et dépenses. Mais la famille Blancart n'a jamais voulu reconnaître, pour le service de la rente, que les premiers acquéreurs ou leurs ayant-droits.

En 1792, le chapelain ayant suivi en exil le curé de la paroisse, la municipalité s'est emparée de l'immeuble, mais sans payer les propriétaires du terrain.

Cette négligence, lors de la restauration du culte, amena une action de la famille Blancart contre les sieurs Masset, Œullio et autres héritiers des acquéreurs primitifs, à la fin d'obtenir d'eux le paiement de douze années du cens annuel de 50 livres, constitué par le contrat d'acquisition.

Ainsi mis en demeure, les héritiers se sont adressés à la municipalité et à la préfecture, afin d'obtenir le paiement du loyer, depuis l'entrée en jouissance, et le désistement de cette jouissance.

A la suite d'un arrêté préfectoral du 19 janvier 1807, M. Scelles, maire de la ville, remit l'immeuble aux héritiers, avec le compte-rendu des recettes et des dépenses depuis l'époque de sa gestion.

Après cette remise, les habitants de la Ferté, réunis dans une sorte d'assemblée générale, nommèrent un administrateur et quelques conseillers, avec mission de gérer les intérêts de la chapelle et de pourvoir aux réparations nécessaires pour la rendre à sa destination primitive. (Archives de la chapelle.)

L'administrateur réussit à s'entendre avec les héritiers Blancart, au sujet de l'amortissement de la rente. Elle fut définitivement éteinte en 1812, au moyen d'une indemnité de 987 fr. 50, une fois payée, pour le principal et pour les arrérages. Cette somme et celle nécessitée par les réparations exécutées au sanctuaire, ont été réunies au moyen de souscriptions et de quêtes, faites dans la Ferté et dans la ville tout entière.

Les réparations terminées, Mgr l'Evêque autorisa le clergé de la paroisse à y donner la messe tous les dimanches ; et depuis elle y est célébrée tous les jours.

En 1884, grâce à la générosité de la population et au concours bienveillant de MM. les Administrateurs, il a été possible à celui qui écrit ces lignes de faire exécuter des réparations très importantes et notamment la couverture en ardoises et la construction du nouveau clocher. Ce clocher est en petit la reproduction de celui qui existait autrefois sur la tour de l'église, et qui a disparu en 1786.

CHAPITRE V

Chapelle de Saint-Valery, dite des Marins.

Cette chapelle s'élève au-dessus du mont boisé qui domine la tour Harold et la ferme du Cap.

Ce mont, connu sous le nom de Mont de la Chapelle, est curieux à étudier au point de vue géologique. Il est composé, dit M. Ravin, d'un *mètre environ de diluvium,* puis d'un banc peu épais contenant des cyrènes, des mélanies, des cérithes et surtout des huîtres. Nous trouvons ensuite un mètre d'argile plastique, avec un banc de coquilles de tout genre. C'est cet argile avec ce banc qui empêche l'eau des pluies de s'infiltrer et qui forme toutes les sources dont les deux plus abondantes sont celle de la fontaine de Saint-Valery et celle de la fontaine des Dames, dans l'enclos de la ferme du Cap.

Au-dessous de l'argile plastique, sont des sables et des grès ferrugineux, qui renferment toutes sortes de débris marins. Comment expliquer ces débris à une hauteur aussi considérable au-dessus du niveau actuel de la mer ? Y a-t-il là des traces du déluge, comme semble le supposer M. Ravin ? Ou bien, comme le veulent nos savants, le sol, par suite de certaines commotions dont l'histoire n'a pas conservé le souvenir, se serait-il exhaussé peu à peu ? La seconde hypothèse est la plus probable, mais nous laissons à plus savant que nous, le soin de répondre à ces questions, et nous nous bornons à l'étude de la chapelle de Saint-Valery.

Par son admirable situation et par les souvenirs qu'elle rappelle, cette chapelle est l'un des plus intéressants monuments de la vieille cité.

Du haut de la colline au-dessus de laquelle elle s'élève, l'œil ravi jouit d'un panorama splendide. Dominant la baie et la haute mer, le sanctuaire apparaît de loin aux navigateurs, comme pour les inviter à prier et leur promettre le secours. Aussi est-il connu sous le nom de Chapelle des Marins.

Intéressante par son admirable situation, la chapelle de Saint-Valery l'est davantage encore par les souvenirs qui s'y rattachent, et par la vénération dont elle reste toujours entourée.

Bâtie sur l'emplacement du tombeau de saint Valery, son origine se perd dans la nuit des temps. Il est même probable qu'elle remonte à saint Blimont, le jeune gentilhomme guéri par notre saint Patron, et depuis son disciple et successeur dans le gouvernement de l'Abbaye.

Toujours est-il qu'elle est restée le pélerinage vénéré de nos populations. Profanée aux jours de la Révolution, la chapelle devint une salpétrière. Mais elle fut rendue au culte, au lendemain du Concordat. Les marins se chargèrent alors de son entretien, et depuis elle continue d'être l'objet de leur vénération et de celle des habitants de Saint-Valery.

Plusieurs fois la ville a été édifiée par des équipages de marins, qui après avoir échappé à un naufrage en apparence inévitable, se rendaient, pieds nus, à la chapelle, pour accomplir un vœu fait à l'heure du danger. Et aujourd'hui encore, nos pêcheurs descendant à la mer, se découvrent et se signent dans leur barque, lorsqu'ils passent en face du sanctuaire du Saint qu'ils aiment à appeler *le Patron des Marins*.

Les jardiniers aussi considèrent saint Valery comme leur protecteur, et lorsque la sécheresse ou des pluies excessives, menacent de compromettre leurs espérances, ils demandent avec confiance une messe en son honneur, à la fin d'obtenir un temps favorable. Si matinale que soit l'heure du sacrifice, la foule s'y presse toujours nombreuse.

Saint Valery est encore spécialement invoqué par les personnes atteintes des fièvres ou souffrantes de la vue. L'eau de la fontaine qui se trouve à la chapelle et que la tradition affirme avoir servi à saint Valery, a toujours passé pour posséder une vertu miraculeuse dans ces sortes d'affections.

En ces derniers temps, la chapelle était dans un état de délabrement qui faisait peine à voir. Fort de l'amour des enfants pour le Saint qui est la gloire de la cité, le pasteur fit appel à la piété de la générosité de tous. L'appel a été admirablement entendu. Et la bénédiction du nouvel édifice a été faite solennellement, le 7 juin 1880, par Mgr Guilbert, alors évêque d'Amiens, décédé depuis archevêque et cardinal de Bordeaux.

Autel de Saint-Valery.

Remarquable par le fini du travail, cet autel l'est

surtout par son origine. Le plan et l'exécution sont l'œuvre de M. l'abbé Pocholle, curé de Méneslies. Enfant de Saint-Valery et sculpteur sans jamais avoir eu de maître, M. Pocholle a voulu donner ce gage de sa dévotion à notre glorieux Patron, il a bien mérité de ses compatriotes. Le motif de l'arcade du milieu représente le chiffre de saint Valery avec celui de Notre-Seigneur. Les deux arcades voisines rappellent : l'une, les armes de la ville, avec la devise *Fides,* et l'autre, les armes de l'Abbaye, avec la devise bénédictine, *Pax.* Au milieu des arcades de côté, se trouve encore le chiffre du Saint, avec ses principaux titres : « Patron de la ville, apôtre du Vimeu, fondateur de l'Abbaye et protecteur des marins. »

L'inscription latine de l'arcade centrale annonce la dédicace de l'autel : « En l'honneur du Bienheureux saint Valery, abbé. » Les autres inscriptions rappellent les principaux saints de l'histoire locale : « Saint Berchund, évêque d'Amiens et ami de saint Valery; saint Valdolen, compagnon du Bienheureux; saint Blimont, son disciple et successeur; saint Condède, solitaire *près de la chapelle de saint Valery.* »

Sur le côté droit une inscription porte : « Près de ce côté de l'autel, le corps de saint Valery a été enseveli le 12 décembre 622. »

Verrière du fond de l'Abside.

Elle représente saint Valery dans la gloire. Le Bienheureux bénit la mer et le pays dont il fut l'apôtre et dont il est resté le protecteur.

Le vieux saint Valery se dresse à sa droite avec son antique église, la tour du presbytère et celle du château. Sur la gauche s'élève la chapelle du tombeau reconstruite en 1877 et 1878.

L'inscription du bas, nous dit que nous sommes ici sur le lieu même de la sépulture du Bienheureux : « Je sens que Dieu m'appelle à lui, c'est ici que vous m'ensevelirez. »

Dans le bas de la verrière est représenté le plan de l'Abbaye, tel qu'il existe à la Bibliothèque Nationale, avec l'Eglise, son cloître, son hôtellerie et l'enclos. *(Monasticum Gallicanum.)*

Verrière du côté de l'Évangile.

Elle se compose de deux scènes.

La première représente l'apparition de saint Valery à Hugues Capet. Le Bienheureux demande au duc de délivrer ses reliques qu'Arnould, comte de Flandre, retient dans l'abbaye de saint Bertin, à Saint-Omer. Il lui promet en récompense que lui et sa postérité règneront sur le trône de France.

La seconde représente la relation des reliques par Hugues Capet, à travers la baie. Chose admirable ! la mer se divise en deux et ouvre un passage à pieds secs au pieux cortège, à la grande satisfaction du duc et des peuples qui accompagnent les reliques jusqu'au monastère.

L'évènement a eu lieu le 2 juin 981.

Verrière du côté de l'Épître.

De même que la précédente, elle comprend deux scènes.

La première montre saint Valery annonçant l'Evangile à nos ancêtres et guérissant saint Blimont. L'enfant est aux pieds du Bienheureux, présenté par son père et sa mère, qui sont venus du fond du Dauphiné, afin d'intéresser l'apôtre en faveur de leur fils paralysé. Le religieux en prières derrière le saint, est saint Valdolen, compagnon de ses travaux et second apôtre du Vimeu.

Les habitants du pays se convertissent.

La construction qui forme le fond du tableau, reproduit la vieille chapelle de 1675, remplacée par la construction nouvelle.

La scène supérieure rappelle que le 29 septembre 1066, Guillaume le Conquérant, retenu dans le port, demandait une procession, avec la châsse de saint Valery, afin d'obtenir un vent favorable.

Chose admirable ! la nuit même qui suivit cette procession, le vent jusque-là contraire, change de direction, et le lendemain, la flotte du conquérant chrétien voguait vers les côtes de l'Angleterre.

Rosace du Portail.

Cette rosace représente au centre notre Bienheureux et, dans les douze lobes qui l'entourent en formant couronne, les saints de l'histoire locale.

Saint Valdolen, compagnon de saint Valery.

Saint Berchund, évêque d'Amiens et ami du Bienheureux.

Saint Blimont, son successeur et second fondateur de l'Abbaye.

Saint Condède, solitaire près de la fontaine de Saint-Valery.

Saint Vulgan, saint Scévold et saint Rithbert dont les châsses se trouvaient à l'église de l'Abbaye.

Saint Vincent martyr, dont l'insigne relique est toujours l'objet d'un culte spécial.

Saint Martin, patron de la paroisse.

Saint Adéodat et saint Amédée, patrons du donateur du vitrail.

Saint Elisée, patron du restaurateur du sanctuaire.

CHAPITRE VI

Les Ecoles.

Les écoles tiennent une si grande place dans les préoccupations des hommes de nos jours, que nous nous reprocherions de ne pas en parler dans une histoire de saint Valery.

A force de l'avoir entendu répéter, on est porté à croire parfois que la diffusion de l'instruction date de 1789, et qu'avant cette époque, l'Eglise n'avait rien fait pour ce service si important.

De nombreux auteurs de nos jours ont fait justice de cette erreur, qui est en même temps une calomnie, sous la plume de nos adversaires. Nous ne nous arrêterons donc pas à la réfuter. Nous devons cependant constater qu'en ce qui concerne Saint-Valery, nous n'avons rien gagné et nous avons beaucoup perdu.

La ville ne compte aujourd'hui que des écoles primaires, deux à la ville et trois à la Ferté. Or, il résulte d'un dénombrement qui est la propriété de la fabrique, qu'en 1790, la ville possédait cinq écoles, dont trois écoles de filles et deux de garçons. D'autre part, la Ferté comptait trois écoles de garçons et une école de filles ; soit en tout, neuf écoles au lieu de cinq que nous possédons actuellement.

Les cinq écoles de garçons étaient toutes tenues par des laïques. Des quatre écoles de filles, deux étaient dirigées par des laïques et deux par des sœurs de la Providence, la sœur Roblot à la ville et les sœurs Lavenue et Goupy à la Ferté. Les deux écoles congréganistes étaient à peu près gratuites, et avaient été fondées, celle de la ville par Mlle Lallemant et celle de la Ferté par M. Ricot et M. Œullio.

Les maîtresses laïques demeuraient : Madeleine Morel, à la Porte d'en Haut, et Thérèse Delattre, sur le Romerel.

Les maîtres d'école étaient : Jacques Lherbier, à la Ville, Dominique Hazard, au Romerel, Pierre Dégardin, sur le Mauvais Quai, et Louis Doublet et Pierre Gilles, tous deux dans la rue d'Argoules.

Il résulte de ces détails qu'avant la Révolution le service de l'instruction primaire n'était pas moins bien fait que celui d'aujourd'hui. Nous avons d'ailleurs un document qui atteste que bien avant 1790, et dès 1534, l'Eglise s'intéressait très vivement à la diffusion de l'instruction. Ce document c'est la lettre du Cardinal de Bourbon, premier Abbé commendataire. La voici en entier :

« Chers et bien aimés, j'ai reçu ce que vous m'écrivez touchant les escolles de Saint-Valery. Vous savez quand étais par là, me baillâtes requête à cette fin. A quoi je répondis que je voulais garder le droit de l'escollattre. Ce néanmoins, il serait tenu de pourvoir aux dites escolles d'un homme de bien et bonnes lettres, sans aucune chose en prendre ni exiger...

« Je lui écris à cette fin qu'il ne souffre ni permette les dites escolles vaquer, ni les enfants perdre leur temps ; et si le personnage dont me parlez est suffisant comme l'affirmez par vos lettres, qu'il le mette aux susdites escolles, sans lui ni autres, prendre aucun argent. Car si autrement on ferait, je n'en serais content et ne le voudrais permettre ni souffrir. Car je désire merveilleusement que vos enfants soient bien instruits, car c'est le bien de votre chose publique. Je prie le Créateur de vous donner à tous sa sainte grâce. De La Fère, le xv d'octobre 1534. »

Ainsi signé Le Cardinal de Bourbon. (Matrologe de l'Eglise).

C'est assez dire que sous le rapport des écoles primaires nous n'avons rien gagné. Ajouterons-nous que sous d'autres rapports, nous avons beaucoup perdu ?

Pour s'en convaincre il suffit de rappeler qu'avant la Révolution, Saint-Valery possédait, d'abord une école d'hydrographie, où se sont formés les marins célèbres dont nous avons parlé et tant d'autres capitaines de navire, qui faisaient de la cité l'une des plus vivantes du littoral. Il suffit de rappeler encore que l'abbaye était un foyer intellectuel, où nos ancêtres trouvaient, sans chercher au loin, un enseignement secondaire complet, y compris la théologie et la philosophie. Si donc nous voulions comparer le présent et le passé, la comparaison ne serait pas à l'avantage du présent (1).

CHAPITRE VII

L'Hospice

Si nous en croyons Lefils, Orderic Vital et le Père Ignace disent que Bernard II, à son retour de Palestine, établit, hors des murs de la ville, un hospice de lépreux. Cet hospice aurait été situé entre la ville et la Ferté, au lieu où est l'Hôtel-Dieu actuel.

Nous n'avons trouvé aucune trace de cet hospice ou maladrerie. Ce qui est certain c'est que dès le XIVe siècle, en 1391, l'hôpital était dans l'intérieur de la ville, et près du château. Nous avons vu, en effet, à cette date, que les maire et échevins reconnaissaient tenir à cens des religieux la place de l'hôpital située

---

(1) Les lignes qui précèdent étaient écrites depuis plusieurs années. Nous devons ajouter que cette année une Ecole libre vient d'être ouverte sous la direction des Frères des Ecoles chrétiennes. L'honneur de cette fondation revient aux meilleures familles de Saint-Valery. Aussi, en faisant des vœux pour son succès, nous demandons à Dieu d'acquitter la dette de notre reconnaissance, à l'endroit de ceux qui ont contribué à la bonne œuvre, en faveur de nos enfants. Nous n'étonnerons personne en disant que l'honorable famille Vuigner compte au nombre de celles qui se sont le plus occupées de cette fondation.

dans la ville. Cette place est probablement la place actuelle du Petit Marché. Nous savons encore que cet hôpital, qui a subsisté jusqu'au commencement du XVIe siècle, était desservi comme ceux d'Abbeville et de Saint-Riquier, par des Frères de Saint-Nicolas.

A cette époque l'hôpital de la ville tombait en ruines. Peut-être aussi les Frères de Saint-Nicolas n'arrivaient plus à se recruter, à la suite des guerres. Toujours est-il qu'en 1518 des religieuses de Saint-Dominique ou Sœurs blanches, chassées d'Etaples, au diocèse de Thérouanne, par la guerre des Anglais, vinrent s'établir au Romerel, avec la pensée d'y soigner gratuitement les malades.

Autorisées par l'Ordonnance du Cardinal de Bourbon, en date du 18 juillet 1518, les dominicaines le furent également par le maire et les échevins, mais avec des restrictions dont nous avons parlé plus haut.

Les deux premiers bienfaiteurs du nouvel établissement ont été un menuisier, Jean Acloque, et Guy du Bos, le même probablement que celui dont la tombe est dans la chapelle Saint-Roch, qui trépassa l'an 1533. L'un et l'autre donnèrent aux religieuses chacun une maison et un jardin, d'une valeur plus ou moins considérable, mais qui devinrent le premier établissement de la communauté nouvelle.

En 1550, ce premier établissement se développe par une nouvelle donation faite aux religieuses par Jacqueline de Vaudricourt. Cette donation se compose d'un *lieu avec manoir,* nommé *les Flacques,* et *contenant environ deux journaux.* Ce lieu, sans aucun doute, est bien le jardin actuel de l'hospice.

C'était la prospérité. Malheureusement, elle ne fut pas de longue durée. La guerre des protestants et surtout la triste expédition de Cocqueville, réduisit l'établissement à la misère; de sorte qu'à partir de la fin du XVIᵉ siècle il ne fit plus que végéter. Aussi, les dominicaines se sentant dans l'impossibilité de continuer la bonne œuvre commencée, s'entendent avec les religieuses Augustines d'Abbeville qui vinrent les remplacer en 1665.

Les Augustines depuis lors n'ont pas cessé de donner leurs soins aux malades, même aux jours de la Révolution. Disons à leur louange qu'elles eurent alors une attitude vraiment admirable.

Bien loin de profiter de la liberté que la loi leur laissait de rentrer dans le monde, elles préférèrent continuer leur vie de dévouement.

Les temps cependant étaient bien difficiles. M. Hénocque, leur chapelain, ayant refusé le serment, avait dû suivre M. Dubrun en exil. M. Travet, curé de Boismont, leur supérieur ecclésiastique, l'ayant prêté, les bonnes religieuses préférèrent vivre privées de toute direction plutôt que d'avoir recours à son ministère. Et cette privation dura trois longues années, jusqu'à l'arrivée de M. Rabouille en 1795.

Ajoutons à ceci qu'il fallait subir toutes les exigences des lois révolutionnaires, même celle de prêter le serment de mourir en défendant la République. Cette prestation eut lieu entre les mains de la municipalité le 10 octobre 1793.

Les religieuses étaient alors au nombre de quinze. Nous sommes heureux de conserver leurs noms, relatés dans les Archives municipales :

Marie-Jacqueline Petit. — Marie-Madeleine Gadiffait. — Marie-Madeleine Leprêtre. — Marie-Madeleine Jumel. — Marie-Charlotte Beaurain. — Françoise Degardin. — Jeanne Reynaud. — Marie-Madeleine Le Comte. — Marie-Madeleine Pointier. — Marie-Madeleine Dumont. — Géneviève-Eugénie Larchez. — Marie-Anne Harley. — Monique Gricourt. — Félicité Fourdrin. — Elisabeth Gensse.

Il y avait en outre une jeune postulante de Nibas, Marie-Madeleine Fricourt. N'étant pas religieuse elle n'eut pas à prêter serment. Elle eut pu rentrer dans sa famille ; elle aima mieux se dévouer avec sa mère d'adoption. Ce dévouement lui mérita l'honneur d'être seule à participer à la première vêture religieuse qui eut lieu en 1803. La Communauté avait alors été canoniquement reconstituée avec la *mère Saint-Valery*, orpheline élevée dans la communauté, pour supérieure, M. Dubrun, curé de la paroisse, pour supérieur ecclésiastique, et M. Rabouille, curé d'Estrebœuf, pour directeur spirituel.

En 1802, eut lieu la première admission de postulantes ; en 1804, la première profession. Il n'y en avait pas eu depuis 1788.

Plus tard, en 1820, M. Rabouille étant devenu curé de Saint-Valery, les deux titres de supérieur ecclésiastique et de directeur spirituel se trouvaient réunis en sa personne.

Parmi les noms des principaux bienfaiteurs de

l'établissement hospitalier nous trouvons ceux de Jean Lallemant en 1651, de Michel Anquier en 1682, de Philippe Roussel en 1695, de Marie Anne d'Acheux en 1726, et plus tard de Jean François Dubrun, curé de la paroisse, de Marie Catherine Paroyelles, etc.

Citons encore à titre de fondateurs de lit : Dupont, curé de Dargnies, Balin, curé de Boismont, Clotilde Pointfer, la famille Dumont-Buchon, Léon Parmentier, Lherminier, etc. Nous pourrions ajouter le roi Louis-Philippe, qui, à l'occasion de sa visite à Saint-Valery, en 1839, a accordé à l'hospice, sur sa cassette, un secours de 6000 francs, pour concourir, avec les ressources votées par la Commission administrative et par le Conseil municipal, à l'agrandissement de l'établissement. (*Journal d'Abbeville*, 1er février 1840).

Les bâtiments, alors élevés, devront peut-être disparaître un jour par suite du plan général de reconstruction adopté plus tard et en grande partie exécuté.

Disons en terminant qu'en 1856, sous l'inspiration de Mgr de Salinis, évêque d'Amiens, les Augustines de Saint-Valery, qui formaient jusque-là une maison indépendante, se réunirent à celles d'Abbeville, de Saint-Riquier et de Rue. Elles forment depuis lors une Congrégation diocésaine autorisée, dont la maison-mère est aujourd'hui établie dans l'ancien couvent des Minimes d'Abbeville.

CHAPITRE VIII

Les anciennes Rosières de Saint-Valery.

De même que bien d'autres villes, Saint-Valery avait autrefois ses Rosières. La fondation en remontait à messire Ludovic de Gonzague et à dame Henriette de Clèves, qui tenaient la seigneurie, vers le commencement du XVI° siècle.

Par leur testament, Ludovic et Henriette avaient laissé un revenu de 3,000 livres afin d'assurer une dot de 50 livres pour le mariage de soixante pauvres filles de leurs diverses terres, par chacun an et à perpétuité.

Deux de ces dots se délivraient, chaque année, dans l'église de Saint-Martin à deux filles des cinq paroisses suivantes :

Saint-Martin de Saint-Valery,
Saint-Martin de Cambron,
Saint-Nicolas de Goyenval-Beaumets,
Saint-Etienne de Béthencourt,
Saint-Valery de Tœufles.

L'élection des jeunes filles devant bénéficier de la dot, se faisait le dimanche de Pâques fleuries, par trois hommes et trois dames choisis par le curé de Saint-Martin, les officiers de la paroisse et les notables, au nombre de sept au minimum.

Le choix devait tomber sur une fille de bien,

catholique, la plus nécessiteuse, née en la seigneurie et âgée de plus de seize ans.

L'élue de chaque paroisse devait se présenter, le mardi de Pâques, en l'église de Saint-Martin, en présence du curé, du juge, du procureur fiscal, du greffier et de plusieurs paroissiens.

Les procès-verbaux des élections examinés, on donnait à chacune des élues qui paraissait pour la première fois un seul billet, à celle qui comparaissait pour la deuxième fois deux billets, et à celle qui se présentait pour la troisième fois trois billets.

Deux de ces billets portaient cette devise : *Dieu vous a élue.* Sur tous les autres on lisait : *Dieu vous console.*

Les billets ayant été roulés et enfermés dans un vase recouvert d'un linge, on les secouait pour bien les mêler. Puis, le vase était présenté à un enfant de moins de dix ans, qui tirait les billets et les donnait à chacune des jeunes filles. Celles à qui tombaient les deux billets avec *Dieu vous a élue*, étaient proclamées immédiatement les bénéficiaires. Les autres en étaient réduites à demander à Dieu *la consolation,* avec l'espoir d'être plus heureuses l'année suivante, s'il y avait lieu.

Le même jour les officiers donnaient avis aux parents des deux privilégiées, de leur trouver, s'il était possible, parti sortable pour le jour de la Pentecôte et de se présenter, ce jour là, pour être le contrat de mariage signé, et recevoir leur dot, si faire se doit.

Au cas où elles n'auraient pas trouvé parti sortable, elles devaient également se présenter, ce jour là, avec leurs parents, pour être leur dot consignée entre les mains de personnes solvables, jusqu'à l'époque de leur mariage.

Les quatre cérémonies étaient publiques et se faisaient à l'église, savoir :

1° L'élection des Messieurs et Dames, chargés de désigner la jeune fille, le jour de Pâques fleuries, après la grand'messe ;

2° La désignation de la jeune fille, même jour, après vêpres ;

3° Le tirage au sort de l'élue, le mardi de Pâques, après la messe ;

4° La délivrance de la dot, le saint jour de la Pentecôte, après la messe de huit heures.

Les élues qui ont concouru en 1788, sont :

1° Pour Saint-Valery, Françoise Hermet, fille de défunt Louis Hermet et de Madeleine Clairé, vingt-deux ans, comparaissant pour la première fois, un billet ;

2° Pour Cambron, Marie-Thérèse Tellier, trente ans, comparaissant pour la première fois, un billet ;

3° Pour Goyenval-Beaumets, Françoise Carlet, vingt-deux ans, comparaissant pour la première fois, un billet ;

4° Pour Béthencourt, Marie-Madeleine Boutté, trente-deux ans, comparaissant pour la deuxième fois, deux billets ;

5° Pour Tœufles, Marguerite Fréville, vingt-neuf ans, comparaissant pour la troisième fois, trois billets.

Les deux élues ont été Françoise Carlet et Marie-Madeleine Boutté. (Archives de M. P. Parmentier.)

Il est à regretter que cette fondation ait disparu avec la Révolution. Si le souvenir pouvait donner à quelque personne généreuse l'idée de la faire revivre, sous une forme ou sous une autre, nous en serions heureux, dans l'intérêt des pauvres et des jeunes filles vraiment sages.

CHAPITRE IX

Saint-Valery moderne.

La ville de Saint-Valery est située à l'embouchure de la Somme, à 18 kilomètres d'Abbeville. Les souvenirs historiques, le port et une admirable situation en font une des plus intéressantes localités de la Picardie.

La cité se compose de deux groupes ou parties bien distinctes, la Ferté et la Ville proprement dite.

La Ferté ou la ville basse, est le groupe le plus populeux. Elle comprend environ 2,200 habitants, tandis que la ville n'en compte que 1,200, même avec l'Abbaye et la Croix-l'Abbé.

La Ferté possède le port, le quartier du Commerce, le Courtgain ou le quartier des Marins et le chemin de Fer. C'est le quartier le plus vivant et le plus animé, s'il est permis de parler de vie et d'animation dans une petite ville. Le port, la digue et la proximité du chemin de Fer et du Canal sont, pour le visiteur, une promenade des plus agréables.

La ville proprement dite est assise sur une colline, au Nord-Ouest de la Ferté. Avec un peu de bonne volonté, on y retrouve l'enceinte fortifiée du moyen-âge. Le château surtout, malgré tous les sièges qu'il a soutenus dans le passé, est dans un état de conservation parfaite. Il est aujourd'hui la propriété des descendants d'une famille qui a rendu et qui rend encore de grands services à Saint-Valery. Nous avons nommé la famille de M. Beaulieu, ancien inspecteur général des ponts et chaussées et gendre de M. Mary, si connu autrefois au Conseil général de la Somme. Le propriétaire actuel est le colonel Beaulieu, chef du personnel du génie, au ministère de la guerre.

Les deux portes de l'antique cité subsistent toujours. Elles s'appelaient dans le passé la porte d'en Haut et la porte d'en Bas. Dans le présent la porte d'en Haut a pris le nom de porte Guillaume. Elle est encore flanquée de vieilles tours avec un couronnement du XIIe siècle, assez bien conservé. La porte d'en Bas est devenue la porte de Nevers, en souvenir de la famille de Nevers qui possédait autrefois la seigneurie de Saint-Valery.

L'église tient à la porte de Nevers, et la tour qui se trouve à côté du presbytère s'appelait, jadis, la tour de Gonzague, en raison de la famille de ce nom, alliée à celle de Nevers.

L'hôpital se trouve près de la porte de Nevers, en dehors de l'enceinte fortifiée.

Une troisième entrée a été ouverte dans la ville au lendemain de la Révolution, c'est celle qui débouche de la rue du Puits-Salé.

Récemment encore la mer venait battre contre la muraille qui soutient l'église. Elle s'en trouve maintenant éloignée par la digue nouvellement construite et aujourd'hui admirablement plantée. Les terrains gagnés par ce travail, ainsi que ceux de l'ancienne pépinière viennent d'être vendus. Plusieurs chalets ainsi que la gendarmerie nouvelle, y sont déjà construits. C'est l'ancien Saint-Valery qui disparaît pour faire place à une ville plus moderne.

Le quartier de l'Abbaye touche à la ville par le château. On l'appelle ainsi parcequ'il entoure l'antique monastère qui, pendant près de douze siècles, a tenu une si large place dans l'histoire de la cité. La plus grande partie des bâtiments occupés par les Religieux, ainsi que l'église sont tombés sous les coups de marteau des démolisseurs. Une aile de la cour des cloîtres est restée. Elle constitue aujourd'hui une maison d'habitation et peut être la plus belle propriété de la ville. Après avoir été possédée par plusieurs familles connues, les Ricot, les Renouard, les Caventou, elle est actuellement occupée par la famille Demay, qui tient avec les familles Desgroiselles-Fuchs et Scelles, une si grande place dans le commerce de Saint-Valery.

CHAPITRE X

Population. — Commerce et Industrie.

Le doyenné de Saint-Valery, d'après le pouillé de M. de Cagny, a été érigé en 1693, par Mgr Feydau de Brou. Il comprenait alors vingt-trois cures, deux secours et six bénéfices simples.

Actuellement le doyenné ne compte plus que deux cures, Saint-Valery et Cayeux, dix succursales, une chapelle de secours et deux églises sans titre.

A l'exception de Cayeux qui tend à se développer, la population, depuis la Révolution, est restée à peu près stationnaire. Peut-être même a-t-elle une tendance à diminuer, surtout dans les pays purement agricoles.

En dehors des commerçants et des bourgeois, la ville comprend surtout deux classes de personnes, les marins qui se livrent à la pêche et les jardiniers ou cultivateurs occupés aux travaux de la culture. Si nos désirs étaient exaucés, le travail pour tous serait rémunérateur. Quoiqu'il en soit, nous restons pour eux un véritable ami en leur recommandant de rester dignes des vertus de leurs ancêtres et de chercher plus haut, comme eux, une récompense meilleure que celle d'ici-bas.

Dans le passé l'abbaye et le port ont fait la prospérité de Saint-Valery. L'abbaye n'existe plus qu'à l'état de souvenir de l'histoire, et le port ne semble pas appelé à augmenter d'importance. Jusqu'ici, cependant, les importations et les exportations ne diminuent pas. Les bois du Nord, les charbons anglais, le kaolin, la fonte, le minerai de fer, les liquides et spiritueux, et parfois les graines sont les principaux objets d'importation. L'exportation comprend surtout les silex bruts et broyés, les seigles, les légumes, les phosphates et les sucres. Puissent les travaux en cours faciliter l'entrée de la baie et amener le développement du commerce !

La ville vit aussi avec les baigneurs et les étrangers qui, dans la saison d'été, viennent chercher ici, avec l'air vivifiant de la mer, l'ombrage de nos bois et l'agrément de promenades qu'on ne trouve nulle part ailleurs.

Chose remarquable, les étrangers qui viennent ici passer une saison, nous quittent toujours avec une pensée de retour. Aussi la colonie forme-t-elle comme une famille, heureuse chaque année de se retrouver.

Nous terminerons sur cette pensée et en engageant les Valéricains à se montrer de plus en plus accueillants pour les baigneurs. Tout en étant pour le pays un élément de prospérité, ils ne nous apportent, presque toujours, que les exemples d'une éducation parfaite et souvent de véritable et sincère piété.

PLANS & GRAVURES

Afin de compléter notre modeste travail, nous avons tenu à y insérer plusieurs planches ou gravures.

La première est la belle gravure *de Chastillon*. C'est une vue d'ensemble et à vol d'oiseau de *Saint-Valery et pays adjacent, vers l'an 1600*. Aucune autre gravure ancienne ne donne une idée plus complète de l'abbaye, du château, de l'église et des fortifications.

La seconde planche est l'œuvre de M. Pinsard, si connu du monde savant de Picardie. Elle reproduit, aussi exactement que possible, le plan de l'enceinte fortifiée. Ce travail a demandé, à l'infatigable savant, de nombreuses et patientes recherches, dont nous lui sommes sincèrement reconnaissant.

Cette gravure a le grand avantage de reproduire les noms des rues du xvie siècle en regard des noms des rues d'aujourd'hui.

Les noms des rues du *Beffroy*, du *Castel*, de *l'Escheau* et du *Puits Salé*, n'ont pas changé. Par contre la place du *Grand Marché* est devenue place Saint-Martin, la rue *Tantperd-Tant-Paic* s'appelle rue du Comte Robert, et la rue *Putten Questive* est restée simplement la rue Questive.

La rue de Ponthieu paraît avoir été la rue de *l'Hôpital*, alors que l'hôpital était établi dans l'intérieur de la ville. Le petit Marché a dû être le *Marché aux Femmes*, et la rue Jean de Bailleul ou du Flot la rue de la *Porte d'en Haut*, par opposition à celle *d'en Bas* qui est aujourd'hui la rue et Porte de Nevers. La rue Duquesnoy était autrefois la rue du *Moulin*, en souvenir du moulin construit dans l'intérieur de la ville.

Nous trouvons encore parmi les noms anciens, la rue *aux Feurres*, du *Jardin des Abalestriers*, du *Cazier*, de la *Falise*.

Remarquons encore dans ce plan, l'exactitude avec laquelle

ont été si bien reproduites les fortifications de la ville, du château et des deux portes. La porte de Nevers surtout, est curieuse à étudier, à ce point de vue.

Le second plan est le plan d'ensemble du Saint-Valery actuel. Il a été dressé, avec une fidélité parfaite, par une jeune et habile artiste, digne fille d'un Ingénieur en Chef des Ponts et Chaussées, adjoint à l'Inspection générale des Travaux maritimes au Ministère de la Marine, M. G. Renaud. C'est le Saint-Valery moderne, avec tous ses quartiers, l'Abbaye, la Ville, la Croix l'Abbé, le Romerel, le Courtgain, la Ferté, le Port, le Chantier, la Gare, le Mollenel, etc. La légende, du reste, est un guide précieux pour qui veut étudier les principaux monuments du Saint-Valery moderne.

Enfin, la quatrième gravure représente le plan de l'ancienne abbaye, par Peigné Delacour, qui n'a fait que reproduire le *monasticum gallicanum*. Nous devons ce plan à l'amabilité de M. Maurice Pascal, qui, nous l'espérons, publiera un jour le résultat de ses patientes recherches sur une ville à qui il a voué depuis longtemps un amour passionné.

La vue de cette gravure et la légende qui en donne l'explication, ne peuvent que faire regretter la disparition d'un monument qui, pendant deux siècles, a été la gloire de la cité.

VILLE DE SAINT-VALERY-SUR-SOMME

BÉNÉDICTION DE CLOCHES

Nous avons trouvé dans les Archives de la Fabrique le procès-verbal de la Bénédiction des Cloches. Nous croyons bien faire en le publiant ici. Il rappelle des noms qui seront toujours honorés à Saint-Valery.

L'an mil huit cent soixante-quatre, le 4ᵉ jour de Décembre, 2ᵉ Dimanche d'Avent et solennité de la fête de l'Immaculée

Conception de la Sainte-Vierge, a eu lieu la bénédiction de trois nouvelles Cloches.

L'église de Saint-Valery ne possédait plus que deux des quatre Cloches qui composaient la sonnerie avant la révolution de 1793. Chacune d'elles portait cette simple et courte inscription : *Ceste Cloche a esté faicte en l'an 1636*. Ensemble elles pesaient 2,273 kilos, et leur métal a servi à la confection des deux plus fortes Cloches de la nouvelle sonnerie, qui pèsent à peu près le même poids, et donnent absolument le même son.

La troisième, ou petite Cloche, avait été fondue deux mois auparavant, et n'était pas encore bénite lorsque l'une des deux anciennes s'est cassée. Elle a dû les attendre pour la bénédiction.

La première, ou grosse Cloche, a eu pour parrains : M. Martel (Maximilien), Président du Tribunal de Commerce, et M. Colmaire (Jean-Baptiste), Curé-Doyen ; et pour marraines : Mme Boujonnier-Thomas (Marie-Virginie), et Mme Haudry-Hibon de Mervoy (Aminthe), représentée par Mme Brulé de Dancourt, qui l'ont nommée : MARIE-MAXI-MILIENNE-AMINTHE.

La deuxième, ou moyenne Cloche, a eu pour parrains : M. Brulé (Jules), Maire de la Ville, et M. Mary (Charles), Commandeur de la Légion-d'Honneur, représenté par M. Albert Beaulieu, son petit-fils, Lieutenant du Génie ; et pour marraines : Mme Caventou-Matignon (Élisabeth), représentée par Mme Moutard-Martin, née Caventou, et Mme Vuigner-Rousselin (Hortense), qui l'ont nommée : JULIE-ÉLISABETH-CHARLOTTE-HORTENSE.

La troisième Cloche a eu pour parrains : M. Caventou (Joseph), et M. Vuigner (Emile), tous deux Officiers de la Légion-d'Honneur ; et pour marraines : Mme Brulé de Dancourt (Edmée), et Mme Mary-Dupont (Émilie), représentée par Mlle Vasseur (Lucie), qui l'ont nommée : MARIE-ÉMILIE-JOSÉPHINE-EDMÉE.

La Bénédiction a été faite par M. Delasorne, Archiprêtre d'Abbeville, délégué par Monseigneur Boudinet, Évêque d'Amiens.

TABLE DES MATIÈRES

Dédicace... i
Introduction... v

PREMIÈRE PARTIE

Les Temps préhistoriques

Chapitre Premier. — Le passé de Saint-Valery. — Dom J.-B. de Boulogne... 1
Chapitre II. — Noms anciens. — Etymologie............................... 5
Chapitre III. — Antiquités. — Le Camp Romain. — La Pourrière.. 6
Chapitre IV. — Le Vimeu. — Le Ponthieu. — Les Saints contemporains de Saint Valery.. 11

DEUXIÈME PARTIE

La Vie de Saint Valery et celle de Saint Blimont

Chapitre Premier. — Portrait physique et moral de Saint Valery.... 19
Chapitre II. — L'Enfance de Saint Valery................................ 20
Chapitre III. — Saint Valery religieux : Autoingt, Auxerre, Luxeuil. — Saint Colomban.. 24
Chapitre IV. — Saint Valery, apôtre. — Saint Valdolen et Saint Valery. — Ils obtiennent du roi Clotaire et de Saint Berchund l'autorisation de se fixer à Leucone.................................... 29
Chapitre V. — Mission de Saint Valery dans le Vimeu et la Basse-Normandie... 34
Chapitre VI. — Vertus de Saint Valery, sa mort, sa sépulture...... 42
Chapitre VII. — Saint Blimont, Abbé et second fondateur de l'Abbaye. 48

TROISIÈME PARTIE

Depuis la mort de Saint Blimont jusqu'à la restauration de l'Abbaye par Hugues Capet

Chapitre Premier. — Fondation de la Ville. — Saint Condède et ses compagnons.. 57

CHAPITRE II. — Raimbert, troisième Abbé. — Il écrit la vie de Saint Valery. 60

CHAPITRE III. — Théodin Ier, quatrième Abbé. — Nouvelle vie de Saint Valery. — Epoque d'incertitudes........ 63

CHAPITRE IV. — Donation de Charlemagne. — Invasion des Normands. 66

CHAPITRE V. — Hungère, cinquième Abbé........................ 70

CHAPITRE VI. — Hercembold, sixième Abbé. — Larcin du corps de Saint Valery.. 71

QUATRIÈME PARTIE

Depuis la relation des Reliques de Saint Valery, par Hugues Capet, jusqu'à la nomination des Abbés commendataires

CHAPITRE PREMIER. — Relation des Reliques de Saint Valery à Leucone. — Evènement merveilleux. 77

CHAPITRE II. — Restold, premier Abbé (981 à 987)........... 83

CHAPITRE III. — Fulcard, deuxième Abbé (987 à 1016). — Nombreux Miracles 85

CHAPITRE IV. — Adhelelme, troisième Abbé (1016 à 1040). — Les Miracles continuent... 88

CHAPITRE V. — Théodin II, quatrième Abbé (1040 à 1052). — La Trève de Dieu. — Evènement étrange. — La fontaine de la Chapelle.................................... 90

CHAPITRE VI. — Guathon ou Wallo, cinquième Abbé (1052 à 1059). — Il assiste au sacre de Philippe Ier à Reims................ 94

CHAPITRE VII. — Bernard Ier, sixième Abbé (1059 à 1104). — Restauration de l'Abbaye. — Guillaume le Conquérant à Saint-Valery. — Première Croisade................................. 95

CHAPITRE VIII. — Lambert, septième Abbé (1104 à 1131). — Difficultés entre Saint Geoffroy et l'Abbé de Saint-Valery. — Décision du Pape 100

CHAPITRE IX. — Gelduin, huitième Abbé (1131 à 1143). — Convention avec les chanoines de Sery, pour les terres de Mérélessart. 104

CHAPITRE X. — Révérin, neuvième Abbé (1143 à 1165). — Accord avec les Religieux de la Ville d'Eu 105

CHAPITRE XI. — Ascelin ou Anselme, dixième Abbé (1165 à 1183). — Bulle d'Alexandre III, déclarant l'exemption de l'Abbaye. — Le château du Crotoy.................................... 106

CHAPITRE XII. — Jean Ier, onzième Abbé (1183 à 1209). — Propriétés en Angleterre. — Nombreuses donations. — L'évêque de Tusculum. — Le roi Henri d'Angleterre. — Le comte de Ponthieu.

— Le droit de Lagan. — Saint-Valery brûlé par Richard roi d'Angleterre. — Les Reliques ont-elles été emportées à Saint-Valery-en-Caux?.. 109

Chapitre XIII. — Gauthier, douzième Abbé (1209 à 1235). — Les Religieuses de Sainte-Marie d'Epagne cèdent à l'Abbaye le moulin de Pont. — Thomas de Saint-Valery et bataille de Bouvines. — La commune de Saint-Valery. — Révolte des Bourgeois et leur châtiment.. 114

Chapitre XIV. — Christophe, treizième Abbé (1235 à 1252). — Difficultés entre les Religieux et les Seigneurs ou Avoués de Saint-Valery. — Liste des Avoués de Saint-Valery........... 121

Chapitre XV. — Gilles, quatorzième Abbé (1252 à 1273. — Innocent IV lui accorde les insignes pontificaux. — Accord avec le bourg d'Ault. — Suite des Seigneurs de Saint-Valery...... 128

Chapitre XVI. — Nicolas Ier, quinzième Abbé (1273 à 1291). — Donation à l'Abbaye d'une maison près de l'église Saint-Martin.. 134

Chapitre XVII. — André Ier, seizième Abbé (1291 à 1303).......... 136

Chapitre XVIII. — Jean II, dix-septième Abbé (1303 à 1340). — Serment de fidélité par les Seigneurs. — Association de prières avec les Religieux de Saint-Riquier. — Combat de l'Ecluse... 137

Chapitre XIX. — André II, dix-huitième Abbé (1341 à 1371). — Passage des Anglais à Blanquetaque. — Bataille de Crécy. — Traité de Brétigny. — Saint-Valery aux Anglais.............. 140

Chapitre XX. — Firmin, dix-neuvième Abbé (1372 à 1389). — La Chapelle de Cambron au Château. — Rétablissement de la Commune.. 145

Chapitre XXI. — Edmond de Boubers, vingtième Abbé (1379 à 1407). — Accord avec le Seigneur et la Commune de Saint-Valery. — Vente des biens d'Angleterre. — Acquisition du fief de Saucourt. — Digue du Crotoy.. 147

Chapitre XXII. — Pierre, vingt et unième Abbé (1407 à 1436). — Luttes des Dauphinois et des Bourguignons. — Bataille de Monsboubert. — Prise de Saint-Valery par les Anglais. — Jeanne d'Arc à Saint-Valery. — Période de guerre............ 153

Chapitre XXIII. — Balduin Quiéret, vingt-deuxième Abbé (1436 à 1466). — Traité d'Arras avec le duc de Bourgogne. — Expédition contre le Crotoy. — Peste terrible..................... 158

Chapitre XXIV. — Robert de Putot, vingt-troisième Abbé (1466 à 1477). — Guerre entre Louis XI et Charles le Téméraire. — Saint-Valery brûlé... 161

Chapitre XXV. — Wallerand de Launoy, vingt-quatrième Abbé (1477 à 1481)... 163

Chapitre XXVI. — Jacques de Haudrechier, vingt-cinquième Abbé (1481-1482)... 165

TABLE DES MATIÈRES

CHAPITRE XXVII. — Nicolas d'Ellecourt, vingt-sixième Abbé (1482 à 1517). — Il rétablit tous les lieux réguliers. — François Ier à Saint-Valery. — Suite des Seigneurs de Saint-Valery....... 166

CINQUIÈME PARTIE

Les Abbés commendataires jusqu'à la Révolution

CHAPITRE PREMIER. — Louis, cardinal de Bourbon, premier Abbé commendataire (1518 à 1556). — Commencement de la Commende. — Les Dominicaines à Saint-Valery................ 173

CHAPITRE II. — Charles, cardinal de Lorraine, deuxième Abbé commendataire (1556 à 1574). — Expédition du huguenot Cocqueville. — Son exécution.. 177

CHAPITRE III. — Louis, cardinal de Guise, troisième Abbé commendataire (1574 à 1579). — La guerre civile. — Saint-Valery adhère à la Ligue.. 181

CHAPITRE IV. — Le cardinal d'Est, quatrième Abbé commendataire (1579 à 1586). — Les processions blanches à Saint-Valery..... 182

CHAPITRE V. — Alexandre Péretty, cardinal de Montalte, cinquième Abbé commendataire (1586 à 1622). — Saint-Valery, pris et repris, finit par être déclaré ville neutre. — La Trotterie. — La restauration de l'Abbaye................................ 183

CHAPITRE VI. — Guy, cardinal de Bentivoglio, sixième Abbé commendataire (1622 à 1628). — Saint-Valery centre de vie intellectuelle. — Jacques Leclercq. — Martin Clairé, etc.......... 194

CHAPITRE VII. — Jean de Bentivoglio, septième Abbé commendataire (1628 à 1694). — Introduction de la Réforme à l'Abbaye. — Visite de Louis XIII à Saint-Valery. — Construction de quais sur le Port. — Les rapports deviennent difficiles entre la Cure et l'Abbaye. — Il en est de même avec le marquis de Gamaches. — Reconnaissance des Reliques. — Explosion au Château. — Les Espagnols essaient de s'emparer de Saint-Valery. — Conflit entre l'Evêque et le Monastère. — Activité commerciale... 196

CHAPITRE VIII. — François de Solignac de la Motte Fénelon, huitième Abbé commendataire (1694 à 1695)................ 223

CHAPITRE IX. — Louis-Anne de Clermont de Chaste de Roussillon, neuvième Abbé commendataire (1695 à 1701)................ 224

CHAPITRE X. — Jacques de Forbin Janson, dixième Abbé commendataire (1701 à 1741). — Transaction avec les propriétaires des biens vendus. — La suette à Saint-Valery. — Le Jansénisme à l'Abbaye. — Jacques-Philippe Lallemant. — Construction de la chapelle de la Ferté. — Le hâble et le Hourdel......... 225

TABLE DES MATIÈRES

CHAPITRE XI. — Léon-Emmanuel, comte de Ghiselle, onzième Abbé commendataire (1745 à ....). — Le nombre des Religieux diminue. — Dubrun, curé. — Travaux à l'Eglise. — Mouvement maritime et commercial. — Le comte d'Artois, seigneur de Saint-Valery. — Destruction de la flèche du Clocher...... 232

CHAPITRE XII. — De Bruyère Chalabre, douzième Abbé commendataire (1788 à ....). — L'Abbaye en économat. — Suppression des Ordres religieux. — Vente de l'Abbaye et du Château. — Temporel de l'Abbaye... 240

SIXIÈME PARTIE

Période révolutionnaire et Restauration du Culte

CHAPITRE PREMIER. — La Révolution (1790 à 1802). — Le Clergé et le Serment. — Conduite admirable de M. Dubrun. — Larcher, curé constitutionnel. — Fermeture de l'Eglise et Chapelles. — Temps troublés et malheureux. — Marins célèbres de Saint-Valery.. 249

CHAPITRE II. — La Restauration du Culte (1802). — Principaux bienfaiteurs de l'Eglise.. 267

CHAPITRE III. — Etat des Paroisses au lendemain de la Révolution. — Rapport de M. Dubrun à Mgr l'Evêque d'Amiens......... 269

SEPTIÈME PARTIE

Les Etablissements de Saint-Valery

CHAPITRE PREMIER. — Les Mayeurs de Saint-Valery.............. 279
CHAPITRE II. — La Cure et les Curés de Saint-Martin............. 287
CHAPITRE III. — L'Eglise et la Paroisse de Saint-Martin.......... 292
CHAPITRE IV. — La Chapelle de Saint-Pierre de la Ferté......... 298
CHAPITRE V. — La Chapelle de Saint-Valery, dite des Marins..... 302
CHAPITRE VI. — Les Ecoles...................................... 308
CHAPITRE VII. — L'Hospice...................................... 311
CHAPITRE VIII. — Les Rosières de Saint-Valery.................. 316
CHAPITRE IX. — Saint-Valery moderne. — Topographie........... 319
CHAPITRE X. — Population. — Commerce. — Industrie........... 322
APPENDICE. — Plans et Gravures................................. 324
Procès-verbal de la Bénédiction des Cloches.................... 325

Abbeville, imprimerie C. PAILLART.

www.ingramcontent.com/pod-product-compliance
Lightning Source LLC
Chambersburg PA
CBHW072014150426
43194CB00008B/1100